Deborah Fowler

MICHAEL

Aus dem Englischen
von Jutta Hein

BASTEI-LÜBBE-TASCHENBUCH
Band 61240

1. + 2. Auflage September 1992

Die englische Originalausgabe
erschien 1991 unter dem Titel »Michael«
bei Ebury Press, einem Verlag der
Random-Century-Gruppe, London
Copyright © Shepherd's Keep Studio Ltd 1991
Copyright © 1992 für die deutsche Ausgabe:
Gustav Lübbe Verlag GmbH, Bergisch Gladbach
Printed in Germany, September 1992
Umschlaggestaltung: Manfred Peters
Titelbild: Bill Dodwell
Satz: Fotosatz Schell, Bad Iburg
Druck und Bindung: Ebner Ulm
ISBN 3-404-61240-X

Für die Kinder von Rumänien
Gebe Gott, daß die Welt sie nie vergißt

»Die Liebe ist dieselbe, ganz gleich, in welchem Land sie verschenkt wird.«

Dr. Liliana Bacila, Waisenhaus Nr. 1, Bukarest, Januar 1990

Inhalt

Danksagungen

Die Geschichte von Michael erstreckt sich über einen Zeitraum von neun Monaten. In dieser Zeit hatten wir allen Grund, vielen Leuten dankbar zu sein, die es in einem größeren oder kleineren Umfang ermöglicht haben, daß diese Geschichte ein glückliches Ende fand.

An der Heimatfront möchten wir ganz besonders Margaret Wiltshire, Viola Niness (Tante Vi), Fran Swanson, Sue Timms, Tom und Anne Reeve und ihren Töchtern Sarah, Karen und Vickie, Sally Drummond-Hay und Lesley Burt danken. Außerdem vielen Menschen, deren Aufgabe es war, uns zu helfen, die aber im Interesse von Michael weit mehr als ihre Pflicht taten – Jane Allan, Dr. Adrian Young, Dr. Unescu, Dr. Magdalena Dragon, Nicolae Ivan, Bob House und natürlich Dinu Ianculescu. Wir sind außerordentlich dankbar für den Rat und die Hilfe, die wir von Caroline Martin, Suzy Gale, Harry McCormick, Ion Mazilu, Kerry Male und Miranda Cavill erhielten.

Ein besonderer Dank geht an Alans Partner, John Runacres, und meine Agentin, Vivienne Schuster, weil sie es ertrugen, daß wir über einen so langen Zeitraum unsere Arbeit aufgeben mußten. Am unerläßlichsten aber ist schließlich der Dank an Adrian und Marianna Gligor,

»Oma und Opa« Carstulescu und Cristian Filip (Christie), die mit ihrer liebevollen und zuverlässigen Betreuung Michael höchst wahrscheinlich das Leben retteten.

Alan und Deborah Fowler
Oxford, 1991

Vorwort

Ich hatte nie die Absicht, dieses Buch zu schreiben. Am Anfang unseres Versuchs, ein rumänisches Waisenkind zu adoptieren, beschloß ich mit ziemlicher Endgültigkeit, daß dieses eine Geschichte war, die ich nie erzählen würde, obwohl ich von Beruf Schriftstellerin bin. Die Geschichte war zu gefühlsbeladen, zu persönlich, die Erfahrung ein so ungeheures Durcheinander von Trauer und Freude, Hoffnung und Hoffnungslosigkeit, daß ich nicht sah, wie ich ausreichenden Abstand gewinnen könnte, um meine Gedanken zu Papier zu bringen.

Was meine Einstellung veränderte, war die Erkenntnis, daß wir, während wir mit der festen Absicht nach Rumänien gefahren waren, ein Kind zu adoptieren, nach Hause zurückkamen und ein Land adoptiert hatten. Es war so, wie eine Mutter zu mir sagte, die selbst drei Kleinkinder adoptiert hatte: »Ganz gleich, wie viele Kinder Sie aus Rumänien mitbringen, Sie werden immer an das Kind denken, das Sie zurückgelassen haben.«

Man könnte anführen, daß wir, wenn wir Michael zu einem glücklichen, ausgeglichenen, gesunden Kind heranziehen, »unser Scherflein« für Rumänien beigetragen haben. Wenn es doch nur so einfach wäre. Wir können es in dieser Angelegenheit nicht dabei belassen, denn die Skala der Probleme ist so riesig und das Leiden so groß.

Ich glaube nicht, daß jemand, der in Rumänien war und die Waisenhäuser selbst gesehen hat, als derselbe Mensch zurückkehren oder das Land und seine Probleme hinter sich lassen und wieder zur eigenen Tagesordnung übergehen kann. Ich schäme mich nicht zu sagen, daß ich mir manchmal wünschte, wir könnten das.

Weder mein Mann Alan noch ich haben irgendeine medizinische Ausbildung, und da wir uns um unsere sehr junge Familie kümmern müssen, ist es augenblicklich einfach nicht machbar für uns, auch nur kurze Zeit in Rumänien zu verbringen. Als wir nach einer Möglichkeit zu helfen suchten, wurde uns klar, daß es die Lösung sein konnte, wenn wir Michaels Geschichte – unsere Geschichte – erzählten. Denn jetzt ist es wichtig, daß Ceaucescus Kinder nicht vergessen werden.

In den letzten Monaten gab es viele Berichte, daß ein großer Teil der ausländischen Hilfsgüter aus den Waisenhäusern geklaut worden wäre, daß Lastwagen mit Spenden überfallen worden seien und daß Medikamente und Babynahrung auf dem schwarzen Markt nicht nur in Rumänien, sondern auch in Ungarn zur Verfügung stünden. Das stimmt, und solche Rückschläge werden es in Zukunft zweifellos schwieriger machen, Spenden für die Kinder zu bekommen. Mehrere Waisenhäuser, die mit neuen Kinderbetten, Spielzeug und vernünftigen Installationen ausgestattet worden waren, wurden innerhalb von Tagen, nachdem die Helfer wieder abgereist waren, ausgeraubt. Es hat Vorfälle gegeben, daß man Kindern ihre neuen Sachen aus und die alten Lumpen wieder angezogen, ihnen das Spielzeug aus den Bettchen und das Essen fast aus dem Mund genommen hat. Ich weiß, daß diese Berichte nicht übertrieben sind, denn ich habe solche

Dinge selbst gesehen. Es ist entsetzlich entmutigend für all die Menschen, die oft mehr Zeit und Geld geopfert haben, als sie sich leisten konnten, zu wissen, daß ihre Bemühungen weitgehend vergeblich waren.

Ziel dieses Buchs ist es, Sie aufzufordern, die Kinder nicht aufzugeben — denn sie brauchen Sie, sie brauchen Sie so sehr. Es ist leicht, den Rumänen Vorwürfe zu machen, zu sagen, daß mit einer Nation, die kranke und sterbende Kinder bestiehlt, etwas nicht stimmen kann. Solche Kritik ist hart und unfair. Wichtig ist zu verstehen, daß die Waisen und die verlassenen Kinder nur ein Symptom einer kranken Nation sind. Die Menschen in Rumänien haben nichts: ihr Leben ist ein ständiger Kampf. Ja, sie sind streng zu ihren Kindern und erziehen sie auf sehr ähnliche Weise, wie die Menschen im viktorianischen Zeitalter unsere Urgroßeltern erzogen haben. Es werden keine Zugeständnisse an Kinder gemacht, sie müssen sich anpassen, man erwartet von ihnen, daß sie schwer arbeiten und diszipliniert sind — und das sind sie auch. Aus diesem Grund gibt es keine Sentimentalitäten in bezug auf die verlassenen Kinder. Sie liegen ganz unten in dem großen Haufen; das ist ihr Pech, aber irgend jemand muß da unten sein. Die Menschen in Rumänien können es sich nicht leisten, ihre Energie — emotionale oder körperliche — auf anderer Leute Kinder zu verschwenden, und ich frage mich, wie viele von uns den Waisen das Essen aus dem Mund stehlen würden, um die eigenen hungernden Kinder zu füttern. Die meisten von uns, vermute ich.

Fünfzig Prozent der Gewinne aus diesem Buch gehen an die Rumänische Waisenhausstiftung, die damit Familienunterkünfte für kleine Gruppen von Kindern einrichten soll. Aber ich hoffe ebenso, daß dieses Buch auch andere dazu ermutigt, die Adoption eines rumänischen Kindes in Betracht zu ziehen. Den Zustand der Waisenhäuser zu verbessern, ist nur die halbe Lösung. Sie können so viele Badezimmer einbauen, wie Sie wollen, mit Marmor und vergoldeten Wasserhähnen, Sie können die teuersten Bettchen ins Haus stellen und die Kinder in Designer-Klamotten stecken, Sie können für eine ausgeglichene Kost aus einer hygienischen, gut geführten Küche sorgen, und dennoch ist ein Heim nicht der geeignete Ort für ein Kind. Kinder brauchen Familien, Kinder brauchen Väter und Mütter, und wenn Michaels Geschichte dazu beiträgt, daß auch nur ein Kind eine eigene Familie findet, dann wurde dieses Buch nicht umsonst geschrieben.

Wichtig ist, daß die Welt jetzt, da die Bedingungen in vielen Waisenhäusern verbessert und viele Waisen adoptiert wurden und die Chance auf ein neues Leben bekommen haben, nicht vergißt, daß es immer noch Zehntausende von Kindern in Rumänien gibt, deren trostloses Leben um nichts besser ist als an dem Tag, an dem Ceaucescu erschossen wurde. Wir beten darum, daß die Geschichte von den Leiden eines kleinen Jungen dazu beiträgt, das Bewußtsein dafür lebendig zu erhalten, daß die meisten der verlassenen Kinder Rumäniens immer noch in der Hölle gefangen sind.

1. Die Kinder des Falken

An dem Tag, an dem sie Ceaucescu erschossen, am 25. Dezember 1989, war ich herrlich ahnungslos, welchen Kampf Rumänien führte, um sich von seinem wahnsinnigen Diktator zu befreien. Erschöpft von der Weihnachtskocherei und mit einer erweiterten Familie beschäftigt, wurde mir erst bewußt, was passiert war, als die Nachricht abends um neun Uhr kam. Mit Sicherheit gab es eine klare Rechtfertigung dafür, Nicolae Ceaucescu zusammen mit seiner Frau Elena für die Greueltaten, die sie beide ausgeübt hatten, umzubringen. Doch als wir an diesem Weihnachtsabend die Nachricht hörten, waren Alan und ich schockiert über die Gewalttätigkeit. Sechsunddreißig Stunden später beherrschte die Geschichte die Titelseiten der Zeitungen. »Der Tyrann ist tot« schrie die Schlagzeile der *Daily Mail*, gefolgt von einer entsetzlichen Reportage über das gequälte rumänische Volk.

Wir lasen den Artikel aufmerksam und diskutierten ihn in der Familie ziemlich ausführlich, als ob wir spürten, daß Rumänien noch eine besondere Bedeutung für uns bekommen sollte. Ich erinnere mich daran, daß ich an dem Tag immer wieder über das nachdachte, was ich gelesen hatte. Da ich 1947 geboren bin, kannte ich Blutvergießen in Europa nur vom Hörensagen, und vielleicht verstörte mich Ceaucescus Tod aus diesem Grund so nachhaltig. Wie alle anderen auch, hatte ich in den Wochen vor Weihnachten den Zusammenbruch des Kommunismus beobachtet und mich über das Tempo gewundert, mit dem ein – einst so beherrschendes – Regime auseinanderbrechen konnte. Doch die Situation in Rumänien schien anders zu sein. Sie war natürlich blutiger als bei den Nachbarn, aber so einfach war das nicht. Ich kann nur beschreiben, wie sie mir damals vorkam – irgendwie düster, bedrohlich. Monate später, in einem Hotelzimmer in Bukarest, sollte eine verzweifelte Amerikanerin, die ein verlassenes zwei Monate altes Baby fest in den Armen hielt, zu mir sagen: »Rumänien macht mir angst.« Ich wußte damals, was sie meinte, und ein Teil dieser Angst schien mich zu berühren, als ich, sicher wie ich war, von der Familie umgeben, behütet und geschützt vor der Gewalt in der Welt, die Berichte über Rumäniens Kampf las.

Am nächsten Tag fingen Alan und ich an, den weihnachtlichen Schutt aufzuräumen, und die Familie ging wieder auseinander. Zur Mittagszeit waren nur wir vier noch übrig – Alan und ich, unsere Tochter Lucy, Locket genannt, gerade eben fünfzehn und erschreckend erwachsen werdend, und Charlie, elf Monate alt, bei dem sich mit dem Alltag nach dem Weihnachtsrummel die gute Laune wieder eingestellt hatte.

Nach dem Essen machte Locket mit Charlie einen Spaziergang, und Alan und ich ließen uns im Spielzimmer mit den Zeitungen in die Sessel fallen. Es war ein wunderschöner Nachmittag, hell und frisch nach zwei trüben, feuchten Tagen. Die Aussicht vom Spielzimmer aus ist ziemlich einmalig, denn der Blick geht auf Felder, auf denen einst ein blühendes Dorf der Angelsachsen stand, und weiter auf ein zerfallenes elisabethanisches Herrenhaus, hinter dem der Fluß Cherwell auf seinem Weg in Richtung Themse verläuft. Eine stille, sehr englische Landschaft.

Ich kann mich ganz genau an den Augenblick erinnern, in dem ich die *Daily Mail* aufschlug und zum erstenmal etwas über die Kinder in Rumänien las. Da war ein Artikel von Anne Barrowclough mit der Überschrift »Die verlorenen Kinder des Falken«. Es war früh, viel zu früh, als daß irgendein Journalist das ganze Entsetzen der Waisenhäuser schon hätte aufdecken können, aber Anne war auf dem richtigen Weg. Sie hatte erfahren, daß Kinder auf eine Weise wie bei Orwell erzogen wurden, um den Nachwuchs für die Securitate, die Geheimpolizei, zu stellen. Die Kinder wurden ohne Liebe, mit unzureichender Ernährung und dem absoluten Minimum an Grundversorgung großgezogen. Mit fünfzehn wurden sie für die Securitate rekrutiert und buchstäblich zu Killermaschinen ausgebildet. Wenn man nie Liebe, Mitleid, Trost und Freundlichkeit kennengelernt hat, kann man das alles auch nicht geben. Ceaucescus großer Held, so scheint es, war Adolf Hitler, doch selbst Hitler war nicht so weit gegangen. Hitler hatte seiner Jugend eine normale Erziehung in der Familie zugestanden, hatte ihr Freundinnen, Frauen, Schwestern erlaubt. Das hier war anders.

Die Kinder des Falken, wie sie genannt wurden – ihren Namen haben sie von dem nationalen Symbol, dem Falken der Karpathen –, lernten, nur einen Vater und eine Mutter anzuerkennen: Nicolae und Elena Ceaucescu. Sie lernten, ohne Gefühle zu töten, sie waren dem Regime sklavisch ergeben und lernten die neuesten Terrortechniken von rekrutierten Libyern, die Oberst Gaddafi ausgeliehen hatte. Sie waren todbringend, wenig mehr als Roboter, unmenschlich … Es war eine entsetzliche Vorstellung.

Ich las Alan den Artikel vor, und sein langes Schweigen, nachdem ich geendet hatte, war Hinweis genug, daß er genauso schockiert war wie ich. Wir, Alan und ich, haben unsere Fehler wie jedermann, aber wir haben einen ausgeprägten Familiensinn. Wir lieben unsere Kinder von Herzen, und trotz der Tatsache, daß unsere Familie nicht gerade eine der konventionellen Art ist, stehen wir uns alle sehr nahe und sehen uns regelmäßig. Daß Kinder so kaltblütig und lieblos großgezogen werden, war nicht die Art von Zeitungsbericht, den wir einfach beiseite schieben und vergessen konnten.

Alan und ich waren seit zehn Jahren ein Ehepaar. Wir waren beide vorher schon einmal verheiratet, Alan mit Sonja, mit der er zwei Söhne, Russell und Murray, hat, und ich mit Alastair Mackillop, der bereits zwei Söhne, Lorne und Innes, hatte, und von dem ich eine Tochter, Lucy, bekam. Nach Jahren der erfolglosen Versuche, ein Baby zu bekommen, wurde uns Charlie geschenkt, der am 29. Januar 1989 geboren wurde. Das Ergebnis war, daß das etwas merkwürdige Bild unserer Familie zu der Zeit so aussah: Lorne, 37; Innes, 32; Russell, 29; Murray, 23; Lucy (Locket), 15; und Charlie, elf Monate. Zu irgendeinem Zeitpunkt in den ersten Monaten unserer Ehe strichen wir die Vorsilben »Stief-« und »Halb-« — es war einfach zu kompliziert. Jeder war Bruder oder Schwester, Mama oder Papa von irgend jemandem. Es funktionierte gut, und das tut es immer noch.

Wir hätten nicht unterschiedlicher sein können, Alan

und ich. Alan war ausgebildeter Bilanzbuchhalter und stieg dann in schwindelerregende Höhen auf, als er Leitender Direktor einer Aktiengesellschaft wurde. Nach einer Auseinandersetzung mit seinem Vorsitzenden beschloß er, nicht mehr für andere, sondern nur noch für sich selbst zu arbeiten, und in den vergangenen zwölf Jahren ist er Partner einer Anzahl von Leuten gewesen, um ihnen zu helfen, ihr Geschäft aufzubauen. Zusammen haben wir eine Reihe von Ratgeberbüchern darüber geschrieben, wie man sich selbständig macht. Alan ist dreizehn Jahre älter als ich, auch wenn ich nicht glaube, daß einer von uns beiden den Altersunterschied überhaupt bemerkt. Was ich allerdings bemerke, ist, daß er beträchtlich klüger ist als ich, und er ist auch viel effizienter – ein sehr ordentlicher, organisierter Mensch. Wie er es mit meinem kontrollierten Chaos aushält, werde ich nie verstehen, aber ich danke Gott jeden Tag dafür.

Nach einer frühen, kurzen und erfolglosen Ehe schlug ich mich ein paar Jahre allein mit Locket durch. Weil ich nicht wollte, daß irgend jemand anderer meine Tochter großzog, aber für den Lebensunterhalt für uns beide sorgen mußte, gründete ich ein Versandgeschäft für Kinderkleidung, so daß ich eine flexible Arbeitszeit hatte. Das Unternehmen wuchs wie verrückt – wir rutschten von einer Krise in die nächste, meistens finanzieller Art, und erst als ich Alan kennenlernte, der mein Partner wurde, um zur Stabilisierung des Geschäfts beizutragen, machten wir wirkliche kommerzielle Fortschritte ... und fanden uns.

Zu dem Zeitpunkt, als wir uns kennenlernten, konnten unsere jeweiligen Wohnungen deutlicher als alles andere demonstrieren, wie unglaublich unterschiedlich wir waren. Lucy und ich wohnten in einem baufälligen, aber schönen Bauernhaus, vollgestopft mit Spielsachen, Hundehaaren und Zubehörteilen meines Unternehmens – Stoffen, Nähmaschinen, Postpaketen. Es war ein fröhlicher und freundlicher Ort – Kaffee stand stets für jeden bereit, der einen sauberen Becher finden konnte. Wir wohnten in der Küche und verbrannten halbe Bäume in einem riesigen offenen Kamin. Alan dagegen wohnte in einer sehr gekonnt umgebauten Dorfschule. Sie war wie ein Vorführhaus, peinlich sauber und ordentlich, nicht ein Kissen am falschen Platz, kein mit schmutzigem Geschirr vollgestopfter Spülstein. Die spartanische Ordnung und Sauberkeit beeindruckten und erschreckten mich.

Wie also konnte ein so ungleiches Paar zusammenfinden? Eine gute Frage. Wir lebten beide allein und haßten das, wir liebten beide unsere Arbeit und waren sehr engagiert. Wir genossen beide die Gesellschaft des anderen, mochten dieselben Leute, aber natürlich reicht das alles nicht. Wenn ich jetzt an meinem Schreibtisch sitze, finde ich nicht die Worte, um den besonderen Funken zu beschreiben, der, wenn er einmal gezündet hat, einem zu der Einsicht verhilft, daß man den Rest seines Lebens mit jemandem verbringen muß, wenn man glücklich sein will. Ich bin ein bißchen schüchtern, glaube ich, und es widerstrebt mir, etwas zu beschreiben, was ja nicht das Thema dieses Buchs ist. Es kroch ganz tückisch in uns hoch – wir waren beide verletzt worden und sehr mißtrauisch gegenüber einer neuen Bindung. Am Ende nahm mich Alan auf ein langes Wochenende nach Jersey mit und stellte mich vor die Entscheidung. »Entweder heiraten wir oder wir leben zusammen, eins von beiden müssen wir tun«, sagte er mit Nachdruck. Ich versuchte mir vorzustellen, wie ich, Locket, unser struppiger Köter Bentley und unsere schwachsinnige Katze Jessie in Alans makelloses Haus einzogen. Ich konnte es einfach nicht — es schien unwahrscheinlich, daß unsere Beziehung auch nur eine Woche halten würde. Aber er hatte recht, es gab keine Alternative. Aber wir wußten, daß wir zusammensein mußten, und auf wunderbare Weise sorgte eine Verbindung aus der großartigen britischen Kunst zum Kompromiß und einer absoluten Entschlossenheit auf beiden Seiten, nicht noch eine Ehe scheitern zu lassen, für das Gelingen. Alle Kinder gaben uns ihren Segen, und wir konnten unser Glück kaum fassen.

Eine merkwürdige Familie vielleicht, doch unsere Ehe war von Anfang an sehr stabil. Aber wenn ich jetzt zurückblicke, sehe ich uns sehr als ein Produkt von Thatchers Großbritannien, relativ erfolgreich, Mittelklasse, bequem, selbstzufrieden — viel zu selbstzufrieden und so in einem deutlichen Gegensatz zu dem rumänischen Volk. Um die Wahrheit zu sagen: Wir waren entsetzlich schockiert, als wir von den Kindern des Falken lasen, aber die Situation hatte keinen realen Bezug. Zu der Zeit war keiner von uns beiden jemals in einem Land des Ostblocks gewesen, wir hatten dem Kommunismus niemals ins Gesicht gesehen. Auch wenn wir beide in unserem Leben schwere Zeiten gehabt hatten, waren wir nie ohne eine Mahlzeit, warme Kleidung, ein Dach über dem Kopf oder Hoffnung auf morgen gewesen. Wir lasen von den Leiden Rumäniens und empfanden Trauer für sein Volk, aber in unseren kühnsten Träumen hätten wir uns nicht vorgestellt, daß Ceaucescus Tod der Katalysator sein würde, der unser Leben im Kern erschüttern und uns verändern, uns alle unwiderruflich verändern sollte.

2. Die Entscheidung

Das Dorf Hampton Gay ist in jeder Hinsicht klein – sehr klein. Wir sind vor fünf Jahren hergezogen, und mit uns beträgt die Anzahl der Familien im Dorf jetzt drei, wobei die beiden anderen die Reeves sind, die das Land um uns herum bewirtschaften, und Mrs. Dunn, die auf halbem Weg ins nächste Dorf wohnt. Die Reeves haben drei Mädchen, alle mit einem oder zwei Jahren Abstand mehr oder weniger in Lockets Alter. Da wir an einem so einsamen Ort wohnen, verlassen wir uns sehr aufeinander, nicht nur in Augenblicken einer Krise, sondern auch, um Gesellschaft zu haben. Wir sind alle sehr beschäftigt, wir belagern uns nicht gegenseitig, aber wir empfinden die anderen Bewohner von Hampton Gay als erweiterte Familie.

Charlie zu bekommen, war eine ziemliche Tortur, irgendwie ein Wunder. Bevor wir uns kennenlernten, hatte Alan sich sterilisieren lassen, und als wir beschlossen, daß wir gern noch ein Kind hätten, mußte er drei Operationen, die die Sache rückgängig machten, über sich ergehen lassen, bis man endlich meinte, die »Installationen« funktionierten wieder richtig. Dann hatte ich eine Fehlgeburt. Als Charlie schließlich unterwegs war, war ich zweiundvierzig und Locket vierzehn – ein viel größerer Altersunterschied bei den Kindern, als er uns gefiel. Die Schwangerschaft war eine mühsame Angelegenheit, weit mehr als meiner Erinnerung nach bei Lokket. Die meiste Zeit fühlte ich mich miserabel, und dann setzten in der zwanzigsten Woche vorzeitig die Wehen ein, und nur unser schnelldenkender Arzt und die hervorragenden Leute im John Radcliffe Hospital retteten Charlie das Leben. In der zweiten Hälfte der Schwangerschaft nahm ich ein Asthmamedikament und erlitt alle schrecklichen Nebenwirkungen, und auch wenn es uns schwerfiel, darüber zu sprechen, fragten Alan und ich uns dauernd, warum ich nach der Hälfte der Schwangerschaft das Baby fast verloren hätte. War es so, weil irgend etwas mit ihm nicht stimmte? Als Charlie heil und gesund geboren wurde, waren Freude und Erleichterung riesig.

Es dauerte daher einige Monate, bis es uns dämmerte, daß die Tatsache bestehen blieb, daß wir Charlie zu einer einsamen Kindheit verdammten, auch wenn wir das Glück hatten, in einer Umgebung zu leben, die für andere Leute eine ländliche Idylle war. Wenn er zur Schule kam, würde Locket schon die Universität besuchen, die Reeve-Mädchen wären auch erwachsen und würden das Elternhaus verlassen. Er wäre das einzige Kind in Hampton Gay. Ja, natürlich würden wir Freunde für ihn herbeiholen, und er mußte unbedingt Freundschaften in der Schule schließen — er war von Geburt an ein geselliges Kerlchen —, aber das wäre nicht das gleiche, wie Geschwister zu haben. Bei den ihn abgöttisch liebenden älteren Eltern bestand jede Wahrscheinlichkeit, daß er zum verzogenen Balg heranwachsen würde, dem Baby in der Familie, dem Augapfel aller. Vielleicht wäre ein zweites Baby die Lösung, aber in unserem Alter?

Wir suchten Rat, fingen bei Locket an. Ja, sie meinte,

daß ein weiteres Baby ein wunderbarer Gedanke war, fand aber die Vorstellung, daß Mutter wieder schwanger wurde, wirklich entsetzlich. Das Zusammenleben mit mir sei unmöglich gewesen, versicherte sie mir. Ich wußte, daß sie recht hatte. Der nächste Anlaufpunkt war der Gynäkologe. Er sah keinen Grund, warum ich nicht noch ein gesundes Kind bekommen sollte, solange ich nur schnell schwanger wurde, da die Zeit knapp war. Die Geburt würde einfach sein, versicherte er mir, aber die Schwangerschaft so schwierig wie die letzte, vielleicht noch schwieriger, und die Wahrscheinlichkeit, daß ich wieder das Medikament brauchen würde, sehr hoch. Wir besprachen die Sache unter allen Gesichtspunkten. Alan wollte gern noch ein Kind, spürte aber, daß die Kosten für mich und das Kind zu hoch sein könnten. Aus meiner Sicht waren die Risiken annehmbar – ich wußte, daß mir sehr schwierige neun Monate bevorstanden, aber was waren neun Monate im Vergleich zu einem ganzen Leben? Es bestand das zusätzliche Risiko, ein mongoloides Baby zu bekommen, aber das Leben im allgemeinen war ein Risiko. Ich wurde sehr schnell schwanger, und neun Wochen später, am ersten Märzsonntag, verlor ich das Baby.

Die Fehlgeburt traf mich schwer. Wenn man sie fragt, werden viele Frauen zugeben, daß sie irgendwann im Anfangsstadium eine Fehlgeburt erlebt haben. Die allgemeine Meinung geht dahin, daß eine Fehlgeburt im Anfangsstadium nicht viel mehr als eine Störung des monatlichen Zyklus ist, bei fortgeschrittener Schwangerschaft dagegen eine entsetzliche Erfahrung. Das stimmt nicht, zumindest traf das nicht auf mich zu. Ich hatte das Gefühl, jemanden verloren zu haben, den ich hätte kennenlernen müssen. Ich trauerte, ich blies Trübsal, und ich wußte, daß der Schmerz nicht vergehen würde, bis ich wieder schwanger war, und selbst dann ... Der Gynäkologe ermunterte mich sehr. »Da nicht mehr viel Zeit ist, warten Sie einen Zyklus ab und versuchen Sie es dann noch einmal«, sagte er. »Ich werde Ihnen nächstesmal ein paar Hormonspritzen geben, die sollten dafür sorgen, daß es an Bord bleibt.«

Ich wollte es noch einmal versuchen, ich wollte noch ein Kind, doch langsam und hinterhältig kam mir ein anderer Gedanke in den Kopf. Vielleicht sollten wir kein weiteres eigenes Kind haben. Zusammengerechnet waren Alan und ich dafür verantwortlich gewesen, vier glückliche, gesunde Kinder in die Welt zu setzen, und wir hatten die zusätzliche Freude, zu wissen, daß Lorne und Innes, meine älteren Stiefsöhne, uns als ihre Familie betrachteten. Hatten wir das Recht, noch ein Baby zu bekommen, wo es so viele unterernährte, ungeliebte Kinder in der Welt gab? Als er zum erstenmal auftauchte, stand der Gedanke in keinem direkten Zusammenhang mit Rumänien. Es war nur die Erkenntnis der Tatsache, daß wir in unseren Herzen und, im praktischen Sinn, in unserem Haus Platz für ein weiteres Kind hatten, und ich fragte mich, ob es vielleicht egoistisch war, den Versuch zu unternehmen, ein weiteres Kind nach unserem Bild zu machen.

Ein paar Tage lang entwickelte sich dieser Gedanke nicht weiter, und wir warteten geduldig darauf, daß der Monat vorüberging, damit wir es noch einmal probieren konnten. In diesem Stadium teilte ich Alan meine Gedanken nicht mit, denn ich hatte Angst, daß er sie mißverstehen könnte. Er wußte, daß die Fehlgeburt mich hart getroffen hatte, und ich wollte nicht, daß er dachte, ich würde deswegen vor einer neuen Schwangerschaft kneifen. Ich bin sicher, daß das nicht der Fall war. Ich wußte, daß ich nur wieder ganz ich selbst werden konnte, wenn ich nach vorn schaute. Es war nur so, daß die Fehlgeburt bei mir einen Schock ausgelöst hatte, daß sie dazu geführt hatte, daß ich mir überlegte, was wir taten, und mich fragte, ob wir das Recht hatten, es zu tun. Ich weiß nicht, ob ich ihm je von meinen Gefühlen erzählt hätte, wenn es nicht dieses sonntägliche Mittagessen mit der Familie Ende April gegeben hätte.

An diesem für diese frühe Jahreszeit außergewöhnlich schönen Tag saß ich nach dem Essen mit Mitch, Russells Frau, am Planschbecken. Im Becken waren Charlie, Russell und Mitchs Tochter Madi, die nur sechs Wochen jünger als Charlie ist. Als wir den Kindern beim Spielen zusahen, waren wir uns einig, daß wir dafür sorgen sollten, daß sie öfter zusammenkamen. Wir lebten nur rund dreißig Kilometer voneinander entfernt, aber es gibt so viele Zwänge im Leben, daß wir uns eigentlich nicht oft genug treffen. Ich erklärte Mitch einige Probleme, die auftreten, wenn man eine ältere Mutter ist. Alle meine Freundinnen haben Kinder in Lockets Alter, und zu der Zeit kannte ich keine andere Frau mit einem Kleinkind, was es noch wichtiger machte, daß Charlie mit Madi häufiger zusammen war.

»Warum bekommst du nicht noch ein Kind?« fragte Mitch. Und ich gab ihr gegenüber zu, daß ich gerade vor ein paar Wochen eins verloren hatte, und dann, fast als ob irgendeine andere Person mir die Worte in den Mund legte, sagte ich voller Überzeugung, daß ich nicht daran dachte, um jeden Preis noch ein Kind zu bekommen, sondern daß wir vielleicht über eine Adoption nachdenken sollten.

Bis ich diese Worte aussprach, wußte ich eigentlich nicht, daß ich so empfand, doch in dem Augenblick, in dem ich meine Gedanken formulierte, schienen meine Worte eine Eigendynamik zu entwickeln. Ich ertappte mich dabei, wie ich Mitch erzählte, daß wir meiner Meinung nach einem Kind viel bieten konnten, daß viele Leute über Adoption redeten, aber nie etwas unternahmen, und daß ich nicht in diese Falle gehen wollte ... Ich sagte Dinge, die mir selbst eigentlich auch neu waren. Es entstand eine lange Pause, nachdem ich aufgehört hatte zu reden.

»Du redest also über ein Baby aus Rumänien?« fragte Mitch, und während sie das aussprach, wußte ich plötzlich, daß es so war. Seit Weihnachten hatte ich wie alle anderen Menschen auch mit wachsendem Entsetzen verfolgt, wie sich die Wahrheit über die grausamen Leiden von Ceaucescus Kindern herausschälte, wie Frauen gezwungen wurden, fünf Kinder zu bekommen, die sie nicht ernähren konnten und nicht haben wollten, und wie diese Kinder dazu verdammt waren, in Waisenhäusern zu leben, in denen die Bedingungen schlimmer waren als alles, was Oliver Twist je durchmachen mußte.

»Ich bin mir nicht sicher«, log ich, wobei mich immer noch die Einsicht erschütterte, daß ich mir in Wirklichkeit sehr sicher war — sicher, daß ich, ja, ein rumänisches Baby adoptieren wollte, und daß ich, nein, kein weiteres eigenes Baby wollte, und daß all das so klar war und so plötzlich kam, daß ich kaum begriff, was da passierte.

Mitch starrte mich merkwürdig an, und dann erzählte sie mir ihre Geschichte. Es gab keinen Grund, überhaupt keinen Grund, daß sie und Russell nicht noch ein Kind bekommen sollten. Obwohl Mitch relativ klein und zart ist, waren Schwangerschaft und Geburt ziemlich einfach gewesen. Sie und Russell waren bestens in Form, gesund und vor allem jung, doch sie hatten mehr oder weniger dieselben Skrupel wie ich. Hatten sie wirklich das Recht, ein weiteres Kind in die Welt zu setzen, wenn so viele andere litten? Vollkommen unabhängig von uns waren sie zu dem Schluß gekommen, daß sie, statt ein eigenes zweites Kind zu bekommen, einem rumänischen Waisenkind ein Zuhause anbieten wollten. Sie hatten bereits alles in Bewegung gesetzt. Sie hatten Kontakt mit der Rumänischen Botschaft aufgenommen und Berge von Unterlagen erhalten. Sie standen außerdem in Kontakt mit einem Paar in Oxford, das gerade zwei kleine Mädchen aus Rumänien mit nach Hause gebracht hatte, und sie hatten sich vorgenommen, diese Leute in der kommenden Woche zu besuchen.

Immer noch schockiert von der plötzliche Erkenntnis dessen, was ich tun wollte, fühlte ich mich wie auf einer Achterbahn. »Ehe wir dieses Gespräch noch weiterführen«, sagte ich, »muß ich mit Alan sprechen.«

Ich wartete, bis Locket und Charlie im Bett waren, und zum erstenmal redete ich mit Alan über eine Adoption, speziell über die Adoption eines rumänischen Kindes. Wir gingen von Anfang an sehr vorsichtig miteinander um, weil wir erkannten, wie ungeheuer wichtig es war, daß wir beide unsere Ansichten offen und ehrlich aussprachen, wir aber gleichzeitig fürchteten, die Gefühle des anderen zu verletzen. Wenn aus der Idee etwas werden sollte, dann war es wichtig, daß wir beide voll dahinterstanden, statt einfach zuzustimmen, weil der andere es gern wollte.

Selbst zu dem frühen Zeitpunkt kamen wir, glaube ich, keinen Moment auf den Gedanken, daß wir irgendwelche Schwierigkeiten haben würden, ein Adoptivkind genauso zu lieben wie unsere eigenen. Wir waren damals erfahrene Stiefeltern; wir waren an dem einen Ende der Skala mit einer Reihe von Teenagern fertiggeworden und am anderen mit Charlies Koliken und allgemeinem Desinteresse am Schlafen. »Wir haben so viel zu bieten«, sagte ich, als ich ihm erzählt hatte, was ich empfand, »ein liebevolles Heim, ein Paradies, in dem ein Kind heranwachsen kann.«

»Aber wir sind so alt«, antwortete Alan, »das ist bestimmt nicht fair gegenüber einem Kind. Ich meine, sehen wir den Tatsachen ins Auge, du bist mit zweiundvierzig schon kein Küken mehr, aber ich mit meinen fünfundfünfzig habe mit Sicherheit meine besten Jahre hinter mir!«

»Die Natur hat uns nicht für zu alt gehalten. Die Natur schenkte uns Charlie«, sagte ich.

Bis spät in die Nacht diskutierten wir das Für und Wider, nicht nur den Versuch, ein rumänisches Waisenkind zu adoptieren, sondern eine Adoption überhaupt, redeten darüber, in unseren Herzen und unserem Heim Platz für ein weiteres Kind zu schaffen.

Unsere ersten Gedanken galten dem Kind – jedes beliebige Kind, das aus einem rumänischen Waisenhaus kam, würde verhaltensgestört sein. Waren wir in der Lage, damit fertig zu werden, war unser Heim das Richtige für so ein Kind? In unserem Haushalt ist es nie ruhig – es ist immer etwas los und es sind immer viele Leute da. Die Tatsache, daß wir beide zu Hause arbeiten, verursacht eine beträchtliche Menge an Aktivitäten, und Lokkets geselliges Leben muß man einfach gesehen haben, um es zu glauben: Durch das Haus zieht ein ununterbrochener Strom von Teenagern. Für ein Kind, dem das Leben so schwere Wunden geschlagen hat, schien eine ruhigere Atmosphäre besser zu sein. Und doch, ein Kind, das ein Heim gewohnt war, würde eine intensive und enge Beziehung zu Eltern, die es abgöttisch liebten, vielleicht zu sehr als Kontrast empfinden. Doch trotz unserer Unzulänglichkeiten waren wir zumindest erfahrene Eltern, und viele – vermutlich die meisten – Adoptivkinder kommen zu Paaren, die noch nie Eltern gewesen sind.

Wir dachten auch an unsere Kinder – an Locket, die vor einem wichtigen Abschlußjahr in der Schule stand. War es fair, das Haus in so einer Zeit auf den Kopf zu stellen? An Charlie, der so daran gewöhnt war, der Liebling aller zu sein – wie würde er klarkommen? Und doch blieb bei uns das Gefühl, daß ihr Leben durch die Erfahrung reicher würde und daß die Vorteile selbst, verglichen mit den schwierigsten Anpassungen, überwiegen würden.

Schließlich war es Alan, der sagte: »Wir wollen uns besser informieren. Tatsächlich hat Russell heute nachmittag mit mir darüber gesprochen, und er hat angeboten, Kopien von den Unterlagen mitzubringen, die er morgen von der Rumänischen Botschaft bekommt. So wie ich es sehe, kann es nicht schaden, wenn wir herausfinden, was alles dazugehört.« Alan ist nicht der Mensch, der sich gern in eine Verpflichtung stürzt, und die Tatsache, daß er schon zugestimmt hatte, daß Russell uns mit den grundlegenden Informationen versorgte, ließ mich erkennen, wie ernst es ihm sein mußte.

Die Dinge gerieten sehr schnell in Bewegung. Russell

und Mitch besuchten das Paar in Oxford und lernten die beiden kleinen Töchter kennen. Die Leute waren sehr hilfsbereit und gaben Russell und Mitch eine Aufstellung von den Unterlagen, die erforderlich waren, und die Namen von zwei Anwälten in Rumänien, die auf Adoption spezialisiert waren. Sie hatten die Hilfe eines Mannes mit Namen Poenaru gesucht, den sie sehr empfahlen.

Es wurde deutlich, daß, bevor man überhaupt den Versuch einer Reise nach Rumänien machen konnte, ungeheuer viele Dokumente zusammengestellt werden mußten — Gesundheitsgutachten, polizeiliche Führungszeugnisse, Referenzen von Arbeitgebern, Freunden und Banken, Geburtsurkunden, Heiratsurkunde usw. Die Hauptsache aber war, wie wir herausfanden, die berüchtigte Prüfung der häuslichen Verhältnisse. Diese Prüfung, erklärte man Russell und Mitch, wurde normalerweise von der Sozialbehörde durchgeführt, um abzuschätzen, ob Eltern für die Adoption eines Kindes geeignet waren. Doch ganz allgemein schien es so, als ob die Behörde nicht bereit war, eine solche Prüfung für die Adoption rumänischer Kinder oder überhaupt irgendwelcher ausländischer Kinder durchzuführen, weil die Sozialarbeiter bereits durch britische Kinder überlastet waren. Das klang nach einer Sackgasse, aber es gab eine Alternative: eine private Prüfung der häuslichen Verhältnisse, die, wie man uns sagte, tausend Pfund und mehr kosten würde.

Russell und Mitch bekamen die Adresse von Pamela Dowling, die eine internationale Vermittlungsstelle für Adoptionen leitet und qualifizierte Sozialarbeiter beschäftigt, die in der Lage sind, private Prüfungen durchzuführen, die die Rumänen auch akzeptierten, so daß dann das Kind in Rumänien adoptiert werden konnte. Doch die britische Einwanderungsbehörde erkannte sie nicht an, was erklärte, warum schon so viele Kinder illegal ins Land gebracht worden waren.

Die Bedeutung all dessen diskutierten wir beim Abendessen am Donnerstag. Wir waren verzagt, aber auch auf merkwürdige Weise in Hochstimmung. Es war mit Sicherheit nicht einfach, aber vielleicht war es möglich. Am Freitagmorgen rief Alan die Sozialbehörde in Oxford an und sprach mit Jane Allan, die für Adoptionen und Pflegestellen in der Region zuständig war. Sie machte uns nicht viel Mut. Sie bestätigte, daß die Sozialbehörde durchaus eine Prüfung der häuslichen Verhältnisse durchführen könnte, aber keineswegs gesetzlich dazu verpflichtet war. Die Erstellung eines solchen Berichts dauerte lange, sagte sie, und sie sähe nicht, wie sie irgendeiner Bewerbung großen Vorrang einräumen könnte, wenn sie daran dachte, daß es in Oxfordshire sechzig Kinder gab, die ein ständiges Zuhause suchten. Bis dahin, sagte sie, wäre noch keine Bitte um Prüfung im Zusammenhang mit einem rumänischen Kind an sie herangetragen worden, auch wenn sie wußte, daß schon mehrere im Land waren. Das Übergehen der Behörden gefiel ihr überhaupt nicht − was verständlich ist. Alan beschrieb unsere Familie. »Sie klingen nach idealen Adoptiveltern«, sagte sie, »aber warum ein rumänisches und kein englisches Kind?«

»Wir sind zu alt für eine Adoption in diesem Land«, sagte Alan ehrlich.

»Sind Sie nicht. Für ein Neugeborenes, ja, auch für ein Kleinkind, aber ein Kind im Schulalter würde perfekt in Ihre Familie passen. Meinen Sie nicht, daß Sie über ein Kind aus Oxfordshire nachdenken sollten?«

»Aber sind das nicht alles Problemkinder?« fragte Alan.

»Aber Sie wissen wenigstens, um welche Probleme es sich handelt«, antwortete Jane. »Weiß der Himmel, welche Schwierigkeiten Sie sich selbst einhandeln, wenn Sie ein unbekanntes rumänisches Baby zu sich nehmen.« Sie ging noch einen Schritt weiter. »Hören Sie«, sagte sie, »warum kommen Sie nicht zu einem Adoptionsgespräch? Das nächste findet am Donnerstag, dem 17. Mai, in der County Hall statt. Ich schicke Ihnen eine Einladung.«

Das Telefongespräch mit Jane Allan brachte uns aus dem Konzept. »Sie ist eine nette Frau«, sagte Alan, »und versteht eindeutig etwas von ihrem Geschäft. Vielleicht hat sie recht, vielleicht wurde uns von den Medien die Vorstellung eingeredet, daß die einzigen Kinder, die Hilfe brauchen, die rumänischen Waisen sind.«

Ich war nicht überzeugt. Seit meinem Gespräch mit Mitch verfolgten mich die Reihen von Kinderbettchen, diese verzweifelten Gesichter der Kinder, die sich nach Liebe, nach irgendeiner Aufmerksamkeit sehnten. Alan verstand das sofort, meinte aber, wir sollten zu dem Gespräch in die County Hall gehen, und wenn nur, um uns von dieser Möglichkeit zu verabschieden.

Es regnete, als wir bei der County Hall ankamen, und Alan und ich hatten uns unterwegs gestritten. Ich weiß nicht mehr, worum es ging, es war so nebensächlich, aber ich weiß noch, daß wir zu früh da waren, draußen im Wagen sitzen blieben und uns zankten. Wenn ich jetzt zurückblicke, bin ich sicher, daß es nur die Anspannung war. Wir fühlten uns unbehaglich und fehl am Platz. Doch was auch immer unsere Differenzen waren, wir schafften es, sie aus der Welt zu schaffen, bevor wir in den Raum des Komitees geführt wurden und Jane Allan zum erstenmal persönlich gegenüberstanden. Sie begrüßte uns und bat uns, an einem riesigen Tisch Platz zu nehmen, an dem schon acht andere Paare saßen. Wir bekamen einige Informationen über Pflegestellen und Adoption in die Hand gedrückt, und kurz nachdem wir angekommen waren, begann das Gespräch.

»Ich glaube, ich sollte Ihnen erst meine Position erklären«, sagte Jane, »oder besser die meiner Abteilung. Mir ist klar, daß viele von Ihnen einen sehr weiten Weg hinter sich haben, um an diesen Punkt zu kommen, einen Weg, der schmerzlich und von Enttäuschungen geprägt war. Glauben Sie nicht, daß ich für das, was Sie durchgemacht haben, kein Mitgefühl hätte, aber ich muß betonen, daß es sich hier nicht um eine Agentur handelt, die Kinder für kinderlose Paare findet. Unsere Verantwortung gilt dem Kind. Was wir versuchen, ist, ein gutes Zuhause und gute Eltern für unsere Kinder zu finden, da liegt unsere Priorität.«

Ich sah mich am Tisch um. An diesen Aspekt der Adoption hatte ich bisher nicht gedacht: die schreckliche Enttäuschung der Kinderlosen. Ich dachte zurück an die Gefühle von Verzweiflung und Enttäuschung, die wir in den Jahren durchgemacht hatten, als wir versuchten, ein Kind zu bekommen, und diese Gefühle entwickelten sich vor dem Hintergrund, daß wir ja schon Kinder hatten. Wie mußte es bei diesen Leuten aussehen? Ihre Gesichter sprachen Bände, die Blicke waren auf Jane Allan fixiert, die für die meisten die letzte Hoffnung war.

Jane fuhr fort, die Lage in Oxfordshire zu erklären. Im Durchschnitt standen jährlich vier Neugeborene für eine Adoption zur Verfügung, und mit Blick auf die geringe Zahl galten sehr strenge Vorschriften bei der Auswahl der

Eltern, die in die engere Wahl kommen wollten. Paare, die ein neugeborenes Kind adoptieren wollten, mußten unfähig sein, eigene Kinder zu bekommen, und zum Zeitpunkt der Adoption mußten beide Partner unter fünfunddreißig sein. Da es eine vierjährige Wartezeit gab, war es sinnlos, wenn Leute über dreißig sich bewarben. Zu der Zeit gab es in der Grafschaft siebenundvierzig Kinder unterschiedlichen Alters, die auf eine Adoption warteten, doch mehr als ein Drittel von ihnen war farbig und stand daher für die Leute, die hier versammelt waren, nicht zur Verfügung. Der Rest, erklärte Jane, waren fast ausschließlich Kinder im Schulalter mit irgendeiner körperlichen oder geistigen Behinderung oder tiefen psychologischen Wunden. Die Ausnahme davon bildeten Geschwistergruppen, die man nicht trennen wollte und die daher schwer unterzubringen waren.

Das war für keinen von uns vielversprechend. Ich hatte das Gefühl, ich müßte unbedingt gegen die Vorschriften in bezug auf die schwarzen Kinder protestieren, aber ich traute mich nicht, weil ich mir Jane Allan nicht zur Feindin machen wollte. Es wirkte verrückt. Hier war eine Gruppe von Menschen, die sich verzweifelt ein Adoptivkind wünschten, aber weil sie alle weiß waren, bedeutete das, daß kein schwarzes Kind auf Janes Liste eine Chance hatte, eine Familie zu finden. Wenn die zivilisierte Welt Fortschritte machen will, dann müssen Vorurteile hinsichtlich der Hautfarbe überwunden werden, und mit Sicherheit sind die Kinder einer Nation die beste Möglichkeit, sich weiterzuentwickeln. Wenn weiße Kinder von schwarzen Familien adoptiert werden und umgekehrt, dann wachsen sie mit gegenseitigem Verständnis auf. Vielleicht sehe ich die Dinge zu einfach, aber vor Jahren beschäftigte ich in meinem Unternehmen ein schwarzes Mädchen, Lyn, das von weißen Eltern adoptiert worden war. Man hätte sich kaum einen kontaktfreudigeren, glücklicheren, ausgeglicheneren Menschen vorstellen können, und ich kannte Lyn während ihrer turbulenten Teenagerjahre, in denen sie eigentlich am schlimmsten hätte sein sollen. Was zählt die Hautfarbe, was zählen Rasse oder Religion bei einem Kind, das ein liebevolles Zuhause braucht, und hier in Oxford haben wir einen hohen farbigen Bevölkerungsanteil in Cowley; diese Menschen hätten mit Sicherheit Vorteile von einer liberaleren Politik. Nur mit Anstrengung konnte ich den Mund halten.

Die Veranstaltung zog sich hin. Jane erläuterte das Vorgehen bei einer Adoption und wollte am Ende wissen, ob noch jemand Fragen hätte. Niemand hatte welche. Alle sahen benommen und verstört aus. Vielleicht haben einige der Paare, die an dem Tag da waren, inzwischen ihr ganz besonderes Kind gefunden; ich hoffe es. Aber es gab keine offensichtliche Begeisterung, kein Ansteigen des Interesses. Diese Leute waren keine Heiligen, nicht Mutter Teresa, sie waren ganz gewöhnliche Menschen, die sich verzweifelt eigene Kinder wünschten. Vielleicht hatten sie eine falsche Einstellung, oder die Gesellschaft insgesamt vermittelt uns ein eingeschränktes Bild dessen, was eine glückliche Familie ausmacht, aber ein siebenjähriges mongoloides Mädchen oder eine Gruppe von drei Brüdern, die immer noch Kontakt mit ihrer Mutter hatten, oder ein Kind mit schwerer zerebraler Lähmung entsprach nicht den Träumen dieser Leute. Und genau das hatte Jane Allan natürlich gesagt. Die Erfüllung der Träume war nicht ihre Aufgabe. Ihre Aufgabe war es, ein gutes Zuhause für die Kinder zu finden, ganz gleich, wie deren Probleme aussahen.

Es wurde Tee angeboten, und als die Leute dadurch wiederbelebt waren, stellten sie auch eine oder zwei Fragen. Uns allen blieb dann die Entscheidung überlassen, ob wir uns für eine Pflegestelle, eine Adoption oder beides eintragen lassen wollten.

Wir gingen. Es regnete immer noch, und das schien zur Stimmung zu passen. »Das ist nichts für uns, oder?« sagte Alan.

»Es sollte etwas für uns sein, wenn unsere Herzen groß genug wären«, sagte ich.

»Ich weiß nicht, wie das irgend jemandem helfen könnte, wenn wir ein Kind mit schweren Problemen zu uns nach Hause holten«, sagte Alan. »Ich weiß, daß es eigentlich etwas für uns sein sollte, ich weiß, daß es uns alle zu besseren Menschen machen sollte, wenn wir einem Kind helfen, riesige Schwierigkeiten zu überwinden, aber ich habe das Gefühl, daß es für uns nicht das Richtige ist.«

»Sollten wir dann überhaupt noch an Adoption denken?« fragte ich. »Jedes Kind, das wir aus Rumänien holen, ist wahrscheinlich schwer gestört, jedenfalls anfangs. Vielleicht sind wir nicht stark oder selbstlos genug, um eine solche ungeheure Verantwortung auf uns zu nehmen.«

Das war unser Tiefpunkt in jenen Anfangstagen. Wir fühlten uns plötzlich gehandikapt durch unsere eigenen Unzulänglichkeiten und dachten, um gute Adoptiveltern zu sein, müßten wir bereit sein, jedes Kind, egal, wie die Bedingungen aussahen, zu nehmen, um ihm die besten Chancen für ein vernünftiges Leben zu geben.

An jenem Abend, als ich Charlie seine letzte Flasche

gab, erinnerte ich mich an die Gesichter der anderen Paare bei dem Gespräch. Ich konnte natürlich nicht sicher sein, aber ich bin ziemlich fest überzeugt, daß wir das einzige anwesende Paar gewesen waren, das bereits Kinder hatte. Ich drückte Charlie fester an mich, weil ich erkannte, wieviel Glück wir hatten, und ich fragte mich, wie das kam, daß wir das Glück unserer Familie riskierten durch unseren Plan, einen kleinen Fremden zu uns zu holen, der unsere sicheren Strukturen durchaus zerstören könnte. Es schien Wahnsinn zu sein … aber das war, bevor wir die Martins kennenlernten.

An dem Tag, an dem wir in der County Hall waren, brachte uns unsere Sekretärin Vi, in der Familie als Tante Vi bekannt, einen Zeitungsausschnitt. Russell und Mitch waren »an die Öffentlichkeit gegangen« mit ihrem Wunsch, ein rumänisches Waisenkind zu adoptieren, und waren auf der Titelseite des Lokalblatts, *The Banbury Cake*. Sie meinten, daß die Öffentlichkeit in ihrem Fall weiterhelfen könnte, indem sie Druck auf die Sozialbehörde ausübte. Da war ein großes Foto von Mitch und Madi, aber nicht das erregte unsere Aufmerksamkeit. In dem Artikel erwähnte der Journalist James und Caroline Martin, die drei rumänische Kinder mit nach Hause gebracht hatten. James war Arzt, und sie wohnten in Bloxham, nur ein paar Kilometer entfernt von unserem alten Haus in Adderbury.

Ich rief Caroline Martin an und hatte ein sehr schlechtes Gewissen, sie zu stören, wo sie doch drei Kleinkinder versorgen mußte. »Natürlich werde ich Ihnen helfen«, sagte sie. »Ich erzähle Ihnen alles, was ich weiß. Kommen Sie am nächsten Montag zu mir. Haben Sie Kinder?« Ich erzählte ihr von Charlie und Locket. »Bringen Sie Charlie mit«, sagte sie, »eins der Kinder, das ich mitgebracht habe, ist achtzehn Monate alt. Ich möchte gern sehen, wie weit es in der Entwicklung sein sollte. Wenn ich Charlie sehe, hilft mir das sehr.«

Caroline Martin wohnte in einem geräumigen alten Haus. Ich wußte, daß sie eine Stieftochter in Lockets Alter hatte, und sie war viel jünger, als ich erwartet hatte, blond, hübsch, erschöpft, aber triumphierend. Sie stellte mir Alexandra vor, achtzehn Monate alt, winzig und dunkel wie ein Spatz, auf dem Boden herumrutschend, immer noch bei dem Versuch, das Krabbeln zu lernen. Dann war da Toby, vier Monate alt, der schon fast vier Wochen in England war, als wir ihn zum erstenmal sahen. Er lag in Carolines Eßzimmer in einem großen alten Kinderwagen, und auf den ersten Blick war er ein Bild der Gesundheit: Pausbäckchen, ein glückliches, brabbelndes, zufriedenes Kind – bis Caroline die Decke zurückzog und wir seinen winzigen, zerstörten Körper sahen. Und Emily, die kleine Emily ... von Kopf bis Fuß mit Mückenstichen übersät, das Gesicht wie ein Teenager, der böse unter Akne litt, und sie weinte traurig und verzweifelt. »Mit ihr haben wir noch einen weiten Weg vor uns«, sagte Caroline. »Sie ist sehr schwach; James macht sich große Sorgen um sie.« Sie sah überhaupt nicht wie ein drei Monate altes Baby aus – ich hatte noch nie ein Kind gesehen, das so krank wirkte.

Im Gegensatz dazu marschierte Charlie wie ein Ausbund an Gesundheit durchs Haus, stämmig, rosig, mit einem frischen Gesicht. Fast schämte ich mich. Die Babys waren erst so kurz da, das Haus war noch nicht hergerichtet für Kleinkinder. Alexandra sah verwundert zu, als

Charlie versuchte, die Treppe zu bewältigen, wertvolle Dekorationsstücke in die Finger nahm, Bücher umwarf, sich den Weg durch einen Berg Zeitungen auf dem Fußboden bahnte ... Sie war nie auf die Idee gekommen, so etwas zu tun.

Caroline hatte ein Mädchen aus dem Dorf als Hilfe, aber diese drei kranken, verwirrten Kinder brauchten jeden Augenblick ihrer Zeit. Dennoch fand sie Muße für uns, setzte sich mit Alan zusammen und erzählte ihm alles, was sie über Rumänien in Erfahrung gebracht hatte – sprach von unehrlichen Anwälten, schwierigen offiziellen Vertretern, der sehr unfreundlichen Britischen Botschaft ... Es klang immer entmutigender. Wir erfuhren ein wenig über die Probleme der Rumänen, die nichts hatten und nichts bekommen konnten, selbst wenn sie Geld besaßen. Bestechung war an der Tagesordnung. Wir mußten Cognac, Whisky, Zigaretten, Parfüm, Seife, Toilettenartikel und amerikanische Dollar mitnehmen. »Sie erreichen nichts ohne Bestechung«, sagte Caroline, »und sie muß ständig stattfinden. Sie geben jemandem an einem Tag eine Schachtel Zigaretten, weil Sie etwas erledigt haben möchten. Am nächsten Tag haben Sie keine Zigaretten, und man wird so tun, als ob man Sie nicht einmal kennt.« Es klang feindselig und sehr fremd.

Sie gab uns eine Reihe von Kontaktadressen. Wieder fiel der Name des Anwalts Poenaru. Dann nannte sie uns einen Mann mit Namen Mazilu. »Er ist Regierungsmitglied«, sagte sie, »zuständig für Adoptionen. Man hat mir gesagt, daß er der einzige ehrliche Mann in Rumänien ist, und nach meinen Verhandlungen mit ihm zu urteilen, ist das der Fall.« Sie gab uns seine Telefonnummern zu Hause und im Büro.

Nach einiger Zeit ging ich mit Charlie nach oben, um die Windel zu wechseln, und Alexandra begleitete uns. Sie saß da und sah ruhig zu, während ich Charlies Sachen zurechtstellte, und während sie so dasaß, hämmerten ihre winzigen Fäustchen gegen die Badewanne. Ich bückte mich, um sie zum Aufhören zu bringen. Ihre Knöchel waren schon knallrot. Sie hatte ihr ganzes Leben in einem Waisenhaus verbracht, und es schien, daß selbst Schmerzen eine Abwechslung von der Langeweile waren. Die Erkenntnis schockierte mich, denn ich bekam eine Ahnung, eine plötzliche Vorstellung von dem, was Waisenhäuser sein mußten, was dieses Kind erlitten haben mußte.

Als ich wieder nach unten kam, beendeten Alan und Caroline ihre Diskussionen. »Ist es so schlimm, wie die Medien es darstellen?« fragte ich, immer noch besorgt über Alexandra.

»Schlimmer«, sagte Caroline, »viel schlimmer. Da war ein kleiner Junge im Waisenhaus – laut seinen Unterlagen war er sieben Jahre alt, aber er sah aus wie zwei und war mit zwei anderen Zweijährigen in einem Bettchen. Er geht mir nicht aus dem Kopf. James sagt, daß wir hinfahren und ihn holen, wenn ich das will, aber mit mehr Kindern werde ich nicht fertig, es wäre gegenüber allen nicht fair.« Sie sah uns lächelnd an. »Das ist das schlimme an Rumänien«, sagte sie, »ganz gleich, wie viele Kinder Sie herholen, Sie werden immer an das eine Kind denken, das Sie zurückgelassen haben.«

Wir fuhren langsam nach Hause. Charlie fiel in seinem Kindersitz sofort in tiefen Schlaf. Wir fingen an, über die Dinge zu sprechen. Wir waren einer Meinung, daß wir Caroline sehr gern mochten, daß ihre Hilfe unschätzbar war und daß ihre Erfahrungen für uns sehr nützlich sein konnten. Alan bremste ab, um nach links abzubiegen. »Was machen wir also?« sagte er. »Sollen wir drangehen?«

»Ich glaube, du weißt, was ich fühle«, antwortete ich. »Von Anfang an war es etwas, was ich tun wollte, aber ich weiß nicht, ob es fair ist, von dir zu erwarten, genauso zu fühlen. Weil ich mich um Locket und Charlie kümmern muß, bist du derjenige, der die Hauptlast bei der Angelegenheit tragen muß, du wirst den ganzen Papierkrieg erledigen, offizielle Vertreter auftreiben und anschreien und beschimpfen müssen. Vermutlich wirst du auch öfter nach Rumänien fahren müssen als ich. Ich kann Charlie nicht allein lassen, und es sieht nicht so aus, als ob ich ihn mitnehmen könnte. Es wird bedeuten, daß auf dich ungeheuer viel harte Arbeit und Mühe zukommt.«

Alan lachte. »Charlie bedeutete viel harte Arbeit und Mühe für dich, wenn ich mich richtig daran erinnere. Du könntest sagen, daß es nur gerecht ist, wenn ich jetzt an der Reihe bin.«

»Du bist sehr lieb«, sagte ich.

Für einen Augenblick herrschte Schweigen. »So wie ich das sehe«, sagte Alan schließlich, »haben wir eigentlich keine Wahl mehr, oder?«

»Nein«, antwortete ich.

3. Nach Bukarest

Ich wollte nicht weg. Es war fast Mitternacht, als ich am Ende von Charlies Bettchen stand und ihn beobachtete, wie er schlief. Alan war schon früher an diesem Tag nach Bukarest geflogen, und Locket und ich sollten ihm am nächsten Morgen folgen. Ich hatte Charlie noch nie allein gelassen, bis zu diesem Zeitpunkt war seine Welt vollkommen sicher gewesen. Es überraschte nicht, daß ich voller Angst war, weil ich mir ausmalte, daß Alan und mir etwas passieren könnte, daß wir mit unserer Reise nach Rumänien zur Rettung eines Waisenkindes vielleicht ein neues hinterlassen würden. Das war der tiefste Instinkt einer Mutter – Angst, ihr Kind allein zu lassen. Während wir fort waren, wurde Charlie von Margaret Wiltshire versorgt, die er gut kannte und sehr liebte. Seit er vier Monate alt war, hatte Margaret ihn an jedem Wochentag vormittags betreut, damit ich schreiben konnte, und damit diese Gewohnheit so wenig wie möglich unterbrochen wurde, hatte sie das großzügige Angebot gemacht, mit ihrer ganzen Familie in unser Haus zu ziehen, während wir auf Reisen waren. Ich wußte, daß er uns vermissen würde, aber ich wußte auch, daß er gut betreut wurde.

Während es keine vernünftige Rechtfertigung für die Sorgen um Charlie gab, fand ich, daß meine Angst um Locket begründet war. Es gab bisher keinerlei Probleme, was ihre Einstellung zu der geplanten Adoption anging. Sie war ungemein begeistert und entschlossen, sich an allem stark zu beteiligen, aber war es richtig von uns, sie mitzunehmen? In den Wochen seit unserem Zusammentreffen mit Caroline Martin war Rumänien von zwei weiteren verheerenden Schlägen getroffen worden, einmal von einem Erdbeben und dann von dem Marsch der Bergarbeiter nach Bukarest. Es war die Rede von Vergewaltigungen, Tätlichkeiten. Waren wir denn verrückt, unsere fünfzehnjährige Tochter in so einem Augenblick in so eine Stadt mitzunehmen? Wir wußten jedoch, daß wir nicht ohne sie fahren konnten. Die Suche nach einem Adoptivkind ging sie genauso viel an wie uns selbst; sie mußte mit, wenn wir überhaupt fahren wollten.

Wir hatten Rat gesucht, und Ion Mazilu, »der einzige ehrliche Mann in Rumänien«, war eine große Hilfe gewesen. Er hatte versprochen, uns zu helfen, wenn wir während unseres Aufenthalts in Bukarest irgendwelche Schwierigkeiten haben sollten, und er hatte uns beruhigt, daß uns keine körperliche Gefahr drohen würde. Das Außenministerium machte nicht soviel Mut. Alan hatte am Vortag angerufen und gefragt: »Würden Sie im Augenblick eine fünfzehnjährige Tochter mit nach Bukarest nehmen?«

»Um Himmels willen, nein«, lautete die Antwort.

Daher hatten wir den Plan gemacht, daß Alan vorausreiste, damit er die Stadt selbst sah und entscheiden konnte, ob wir ihm sicher folgen konnten. Er hatte gerade angerufen und von der schrecklichen Reise in einem wahren Flugzeugwrack, das Stunden Verspätung hatte, berichtet. Um die Sache noch schlimmer zu machen, war sein Gepäck immer noch in Heathrow. Nachdem er uns um neun Uhr morgens verlassen hatte, war es Mitternacht geworden, bis er sein Hotel erreicht hatte. Doch die gute Nachricht war die, daß es für uns ungefährlich war, zu kommen. Die Stadt war ruhig, ein großer Teil der Aufregung über die Bergleute, war, so meinte Alan, von den Medien aufgebauscht worden. Er hatte mit vielen Leuten gesprochen, auch mit Kerry Male und dem Mädchen, das mit ihr das Hotelzimmer teilte, eine Amerikanerin mit Namen Karen. Beide hatten das Gefühl, es sei ungefährlich, wenn wir auch kamen.

Wir kannten Kerry Male erst seit einer Woche, aber durch die Umstände schien es irgendwie schon viel länger zu sein. Sie und ihr Mann Steven wohnten in Abingdon. Ihren Namen hatten wir von einem Sozialarbeiter erhalten. Kerry konnte keine Kinder bekommen, und vor zwei Wochen waren sie und Steven nach Bukarest gereist und hatten einen vier Tage alten Jungen, Alexander, gefunden. Sie hatten eine Entbindungsanstalt im Land, etwas sechzig Kilometer von Bukarest entfernt, besucht, wo man ihnen gesagt hatte, es wären Kinder zur Adoption frei, die, wenn man nicht schnell ein Zuhause für sie fand, in Waisenhäuser kommen würden. Bevor sie überhaupt das Gebäude der Entbindungsstation betreten hatten, hatte eine junge Frau winkend ihr Taxi angehalten und ihnen ihren Sohn angeboten. Ihre erste Reaktion war Entsetzen gewesen, daß eine anscheinend gesunde junge Frau ihr Kind den ersten Ausländern geben wollte, die ihr über den Weg liefen, aber als sie ihre Geschichte hörten, fingen sie an zu begreifen.

Alexander war das dritte Kind der Frau. Sie war mit seinem Vater verheiratet, aber so unglaublich es auch schien, sie war erst siebzehn Jahre alt. Es gab keine Möglichkeit, das Baby zu versorgen, keine Möglichkeit, noch einen Esser durchzufüttern. Kerry und Steven lernten Alexanders Vater und die anderen Kinder kennen. Das junge Paar war verzweifelt; es wollte das Baby nicht in ein Waisenhaus geben, konnte es aber auch nicht behalten. Sie baten Steven und Kerry, ihn zu nehmen, und für die Males war das kein großes Opfer – ein Blick auf Alexander, und sie liebten ihn. Sie hatten lange mit der Familie geredet und mochten sie sehr gern. Kerry hatte versprochen, ihnen regelmäßig Fotos von dem heranwachsenden Alexander zu schicken, und sie wollte dafür sorgen, daß er von ihren Lebensbedingungen erfuhr, wenn er alt genug war, um selbst zu entscheiden, ob er seine leiblichen Eltern kennenlernen wollte.

Es war zum Verzweifeln traurig, daß ein Kind nicht von seinen leiblichen Eltern großgezogen werden konnte, aber gleichzeitig war es wenigstens eine Beruhigung, daß Baby Alexander der rauhen Wirklichkeit des Lebens im Waisenhaus entkommen war. Kerry und Steven konnten ihn nur vor dem Waisenhaus bewahren, indem sie ihn am nächsten Tag mit in ihr Hotelzimmer nahmen. Sie waren nicht ausgerüstet, hatten keine Nahrung, keine Windeln, gar nichts, aber zum Glück hatten sie Karen kennengelernt, eine junge Amerikanerin, die im Waisenhaus ein Baby gefunden hatte, und als Amerikanerin war sie wunderbar ausgestattet mit allem, was ein Baby nur brauchen konnte, und sie hatte großzügig mit ihnen geteilt. Locket und ich nahmen einen Koffer voll Milch und Ausstattung für Alexander mit.

Am folgenden Morgen wachte Charlie Punkt fünf auf, und dieses Mal war ich froh darüber. So hatte ich reichlich Zeit, um mit ihm allein zu sein, bevor Russell uns um acht abholte, um uns zum Flughafen zu fahren. Angesichts der Unsicherheit in Rumänien — Gewalttätigkeiten der Bergleute und Erdbeben — hatten Russell und Mitch beschlossen, ihre Adoptionspläne so lange zurückzustellen, bis sie sahen, wie die Dinge bei uns liefen. Das schien ein vernünftiger Schritt zu sein.

Ich gab Charlie seine Flasche und machte ganz spontan ein paar Polaroid-Fotos von ihm. Er war in bester Stimmung und lachte viel. Das machte es mir aus irgendeinem Grund noch schwerer, ihn zu verlassen. Ich ließ Wasser in die Badewanne laufen und stieg hinein. Ich hatte Charlie schon für den Tag angezogen, aber während ich ihm für einen Augenblick den Rücken zuwandte, schaffte er einen sauberen Schwalbensprung über den Rand der Badewanne, um zu mir zu kommen ... vollständig angezogen mit Socken und Schuhen. Wir hatten einen Riesenspaß, und auch das machte alles nur noch schlimmer. Als wir erst einmal wieder trocken und angezogen waren, ging alles sehr schnell. Ich weckte Locket, die wie ich eine unruhige Nacht hinter sich hatte, und als Margaret und ihre Familie eintrafen, war Charlie begeistert, sie zu sehen. Er würdigte mich keines Blickes mehr, als er auf sie zulief. Es war, wie es sein sollte. Als Russell kam, wußte ich plötzlich, daß ich schnell gehen mußte, oder ich würde nie gehen. Wir packten unsere Koffer hinten in das Auto, und ich verabschiedete mich eilig von Margaret. Wir hatten Tage mit der Planung dieses Augenblicks verbracht. Sie verfügte über reichlich Notizen zu jeder denkbaren Schwierigkeit, die es mit Charlie geben könnte, und über eine Tiefkühltruhe voller Lebensmittel. Wir hatten alles organisiert, und doch ...

Auf dem Weg zum Flughafen redeten wir sehr wenig.

Locket war müde, ich fühlte mich elend, und Russell hatte am Abend zuvor sehr lange gearbeitet und war mehr als nur ein bißchen erschöpft. Wir hatten für uns selbst sehr wenig eingepackt, nur etwas Kleidung zum Wechseln, denn wir wollten am nächsten Mittwoch zurückfliegen. Der Rest des Gepäcks war Babyausstattung für Alexander Male und unser eigenes Kind. Es schien alles unwirklich zu sein. Unsere Akte war vollständig, auch ein Bericht einer privaten Prüfung der häuslichen Verhältnisse war dabei, und wir hatten mit dem Anwalt Poenaru gesprochen, der uns helfen wollte. Es blieben uns nur drei Tage, um ein Baby zu finden.

Was das Kind anging, so hatten wir alle das Gefühl, daß es wichtig für uns war, so aufgeschlossen wie möglich zu bleiben, aber grundsätzlich waren wir uns einig, daß wir ein kleines Mädchen suchten, das so jung wie möglich, mit Sicherheit aber jünger als neun Monate sein sollte. Wir fanden es richtig, nach einem Kind mit einem natürlichen Altersabstand zu Charlie zu suchen, und Locket blieb hartnäckig dabei, daß ihr fünf Brüder reichten und sie jetzt eine Schwester brauchte.

Wenn wir wählen konnten, so bevorzugten Alan und ich aus praktischen Gründen ein Mädchen. Charlie war ein aufgewecktes Kind und körperlich sehr weit entwickelt. Ein Kind, das Monate in einem Waisenhaus verbracht hatte, würde wahrscheinlich in seiner Entwicklung zurück sein, und wir wurden das Gefühl nicht los, daß die offensichtlichen Unterschiede zwischen den Kindern dem adoptierten gegenüber besonders unfair beurteilt würden, wenn man Kinder in etwa gleichem Alter und desselben Geschlechts miteinander verglich. Ich glaube, in Gedanken ließen wir uns von der Geschichte von

Kerry und Steven inspirieren, und ein neugeborenes Kind vor dem Waisenhaus zu retten, war einfach eine wunderbare Vorstellung.

Wenn ich jetzt zurückblicke, frage ich mich, ob ich in Wirklichkeit nicht versuchte, einen Ersatz für das Kind zu finden, das ich bei der Fehlgeburt verloren hatte, und die Vorstellung von einem sehr kleinen Kind deshalb auch so einen Reiz ausübte. Ich weiß es nicht, aber unabhängig von unseren persönlichen Sichtweisen waren wir uns alle einig, daß wir es wissen würden, wenn wir unser Kind gefunden hatten. Das war vermutlich eine recht naive Vorstellung. Aber die ganze Geschichte, Waisenhäuser zu besuchen und ein Kind auszuwählen, war eigentlich so abstoßend, daß wir irgendwie einen geheimnisvollen Nimbus schaffen mußten, sonst wären wir, davon bin ich ehrlich überzeugt, mit der ganzen Idee, überhaupt nach Rumänien zu fahren, nicht zurecht gekommen.

In Heathrow ließ Russell uns in einer chaotischen Schlange an Terminal 2 zurück. Am Vortag, als ich Alan zum Flughafen gebracht hatte, hatte ich unsere Tickets bei Harry McCormick abgeholt, einem reizenden Mann mit einem, trotz seines Namens, deutlichen rumänischen Akzent. In den folgenden Monaten lernten wir ihn recht gut kennen, und es stellte sich heraus, daß sein Vater Ire und seine Mutter Rumänin gewesen war. Harry hat eine Firma mit dem Namen *Friendly Travel*. Er hatte diese Firma vor ein paar Jahren gegründet, um Kirchenmitgliedern bei Rumänienbesuchen zu helfen. Die Revolution veränderte alles; sein gesamtes Haus ist buchstäblich zum Büro geworden, und er beschäftigt mehrere Familienmitglieder, um mit den Arbeitsmengen, die als Folge der Revolution anfallen, fertigzuwerden, vor allem aber mit den Adoptionswünschen.

Man kann auf verschiedene Weise nach Rumänien reisen, aber der Weg, den die meisten Leute wählen, ist der direkte mit der rumänischen Fluglinie Tarom. Es gibt reichlich Geschichten über die Tarom. Man sagte uns, daß die Tarom-Piloten die besten der Welt seien – das müssen sie auch sein, wenn sie das Fliegen mit Flugzeugen in so katastrophalem Zustand überleben wollen. Um fair zu sein, viele Piloten wurden von der eigentlich nicht existierenden rumänischen Luftwaffe abgestellt und sind daher sehr gut. Die Maschinen sind entsetzlich ... Die Sitze passen nicht zusammen, viele Lampen funktionieren nicht, der Teppichboden ist fleckig, und das Essen ist unglaublich – ein Stück trockene Salami, ein bißchen seifenartiger Käse und ein altbackenes Brötchen. Als wir zum erstenmal mit Tarom flogen, war uns kaum bewußt, daß dieses die Standardverpflegung in den meisten Hotels in Bukarest ist. Es gibt einfach nicht mehr.

Vor uns in der Schlange zum Einchecken standen drei Ärzte mit Kästen medizinischer Ausrüstung für die Waisenhäuser. Als sie an der Reihe waren, kam der Tarom-Vertreter die Treppe herunter und ließ das übergewichtige Gepäck aus Gründen der Wohltätigkeit gebührenfrei passieren. Wir hatten einen riesigen Koffer voller Milch für Alexander dabei, wodurch wir, wie uns klar war, die Gewichtgrenze überschritten. Wir nahmen uns ein Beispiel an den Ärzten und sagten einfach, das alles sei für ein Waisenhaus, und mußten auch keine Gebühr bezahlen. Es war eine freundliche Geste, die ich auf unseren verschiedenen Reisen immer wieder beobachtete. Die Tarom hätte an den Gebühren für zuviel Gepäck ein Vermögen verdienen können, denn verzweifelte Paare auf der Suche nach einem Kind schafften Unmengen an Babynahrung,

Windeln und Milch hinaus, aber es wurde nur selten einmal eine Gebühr erhoben.

Als wir eingecheckt waren, gingen wir in die Abflughalle, wo wir, anders als der arme Alan, feststellten, daß unser Flug nur eine Stunde Verspätung hatte. Wir besorgten uns etwas zum Frühstück. Ich trank einen großen Cognac dazu und versuchte, nicht über Charlie nachzudenken. Während wir warteten, kaufte ich ein paar Sonntagszeitungen. Auf der Titelseite der *Sunday Times* stand ein Artikel über den Marsch der Bergleute auf Bukarest. »Sie haben eine Stadt zurückgelassen, die vor Angst zittert«, warnte der Artikel. Ich versteckte die Zeitung vor Locket. Jetzt war es zu spät; ich wußte, daß ich ihr nicht ausreden konnte, mitzureisen. Wir waren unsere Verpflichtungen eingegangen. Wir waren unterwegs.

Die Maschine war voll, und als wir saßen, sahen Locket und ich uns um in der Hoffnung, andere Adoptivwillige auszumachen. Auf der anderen Seite vom Gang saß eine Frau in etwa meinem Alter, die sich als Marie vorstellte. Sie war Irin, und bald waren wir in ein Gespräch vertieft. Vor vier Wochen hatte sie in einem Waisenhaus ein neun Monate altes Mädchen entdeckt und versuchte nun, es zu adoptieren. Sie hatte das Kind nur einmal gesehen, und es war ungeheuer schwierig für sie, die Papiere in Rumänien unterschrieben zu bekommen. Sie war verzweifelt und hatte Tränen in den Augen, als sie sprach. »Es ist schon schlimm genug, wenn man die Bilder im Fernsehen sieht«, sagte sie, »aber wenn Sie einen Namen und ein Gesicht miteinander verbinden und wenn Sie sich für ein bestimmtes Kind entschieden haben, dann ist es noch schlimmer. Sie stirbt vielleicht, bevor ich sie mit nach Hause nehmen kann.«

Der irische Adoptionsvorgang ist viel einfacher als der britische, erfuhr ich. Die Sozialbehörden dort führen recht bereitwillig Prüfungen der häuslichen Verhältnisse durch, wenn ein Kind aus dem Ausland adoptiert werden soll, und wenn das Paar für geeignet gehalten wird, dann gibt ihm der Bericht automatisch das Recht, das Kind ins Land zu bringen. Was das Vereinigte Königreich angeht, so müssen wir ein Kind finden und dann unbestimmte Zeit darauf warten, bis der Prüfungsbericht mit Blick auf dieses Kind abgeschlossen ist, was das Leiden natürlich verlängert. Was Marie betraf, so waren ihre Dokumente jetzt vollständig, aber man sprach von einer rumänischen Gesetzesänderung, und sie hatte Schwierigkeiten mit der Anerkennung ihrer Adoptionspapiere. Es war nicht das erstemal, daß wir von einer Gesetzesänderung hörten, und es war beunruhigend.

Marie machte uns mit einem Paar bekannt, das vor uns saß, Jane und John McGuire. Sie hatten bereits einen zehnjährigen Sohn und hatten beschlossen, statt selbst noch ein Kind zu bekommen, lieber eins zu adoptieren. John selbst war ein Adoptivkind und liebte seine Adoptiveltern sehr. Das hatte ihre Entscheidung sicherlich sehr stark beeinflußt.

Wir fingen an, von dem Elend der Waisen zu sprechen, und nach ganz kurzer Zeit begann Jane zu weinen. Die Situation war ungewöhnlich und sehr gefühlsbeladen, weil wir alle ins Unbekannte flogen, alle ein ganz besonderes Kind suchten. Doch die Entschlossenheit aller, zumindest ein Kind zu retten zu versuchen, war so stark, daß wir kein Unbehagen bei dem fühlten, was wir taten. Die Medien hatten gelegentlich versucht, Paare, die nach Bukarest flogen, um rumänische Waisen zu adoptieren, herunterzumachen und zu kritisieren, indem sie andeuteten, das gliche ein wenig einer Einkaufsfahrt. Vielleicht gibt es Paare, die einfach auf den fahrenden Zug aufsprangen, weil sie es für eine vergnügliche Angelegenheit hielten. Wenn es die gibt, so haben wir sie nie kennengelernt. Alle, die wir trafen, hatten ein einziges gemeinsames Ziel: einem Kind zu helfen, aus der Hölle heraus in ein besseres Leben zu kommen.

Wie Caroline Martin geraten hatte, hatten Locket und ich Zigaretten und Whisky zollfrei eingekauft. Auf Alans besondere Anweisung hin hatten wir auch eine Flasche Champagner gekauft. »Ich glaube, wir sollten den Champagner sofort aufmachen«, sagte Locket, als sie die Tränen fließen sah. Das taten wir und teilten ihn mit unseren drei neuen irischen Freunden. Wir tranken auf unseren Erfolg, und dann, vom Champagner angeregt, fingen wir an, den wirklich ekelhaften, warmen Rotwein zu trinken, der zusammen mit der alten Salami serviert wurde. Es flossen noch mehr Tränen, aber wenigstens vertrieb das die Zeit.

Es herrschte immer noch Tageslicht, als wir über Rumänien kreisten und dann in den Landeanflug auf Bukarest gingen. Unser unmittelbarer Eindruck vom Land war tristes Grau, und die Landschaft wirkte auch sehr flach. Nach der Landung wurden wir aus der Maschine und in Busse geschafft, und das erste, was uns traf, war die unglaubliche Hitze, die wir nicht erwartet hatten. Als wir im Flughafengebäude die Betonstufen zu dem hochstiegen, was man lachend als Ankunftshalle bezeichnen könnte, trat plötzlich ein Soldat auf Locket und mich zu. Er hatte ein Maschinengewehr lässig über eine Schulter gehängt. Er war sehr jung, fast noch ein

Kind, aber sein Alter war alles andere als beruhigend, denn ich mußte daran denken, was ich über die Kinder des Falken, Ceaucescus Truppe von jugendlichen Killern, gelesen hatte. Unter der neuen Regierung gab es sie sicherlich nicht mehr ... oder doch? Plötzlich lächelte er. Das hier war kein düsterer Roboter. »Haben Sie eine Zigarette?« fragte er höflich.

»Nein«, log ich, »ich rauche nicht.«

»Okay.« Er trat einen Schritt zur Seite und ließ uns passieren.

»Der arme Kerl, du hättest ihm eine geben sollen«, sagte Locket vorwurfsvoll.

»Sieh dich um«, sagte ich, »hier sind überall Soldaten. Wenn wir einmal anfangen, sind wir unseren gesamten Vorrat in Sekundenschnelle los.«

Vor uns bildeten sich Schlangen an der Paßkontrolle, und plötzlich sahen wir Alan, der auf der anderen Seite der Absperrung wie wild mit den Armen wedelte und auf einen Durchgang deutete, an dem überhaupt keine Schlange war. Ich war noch nie in meinem Leben so froh, jemanden zu sehen. Locket und ich gingen zu dem Schalter. Ein dunkler, gutaussehender Mann, den ich auf Anfang Dreißig schätzte, drängte sich an Alan vorbei. »Diplomatenpaß«, rief er und griff nach unseren Pässen.

»Es ist in Ordnung«, sagte Alan. »Ich erklär' das gleich. Das ist Adrian.«

Wir gaben ihm unsere Pässe, zu denen Adrian noch ein Päckchen Zigaretten legte. In Sekundenschnelle waren wir durch die Paßkontrolle, während alle anderen aus der Maschine geduldig in der Schlange warteten. Dieser Adrian mußte gleichbedeutend mit einer guten Nachricht sein. »Wer ist er?« fragte ich Alan flüsternd, während

Adrian geschäftig vor uns her eilte und darauf bestand, unser gesamtes Gepäck zu tragen.

»Er ist ein Taxifahrer, den Kerry entdeckt hat. Tatsächlich arbeitet er hier auch in der Flugüberwachung, aber es zahlt sich für ihn aus, daß er seinen Chef soweit bringen konnte, seine Schichten zu übernehmen, während er als Taxifahrer arbeitet. Er ist ein großartiger Macher, wie du gesehen hast, und das Beste ist, daß er eine wunderbare Frau mit Namen Marianna hat, und die beiden haben zugestimmt, die Pflegeeltern zu spielen, wenn wir ein Baby gefunden haben.«

»Das ist wundervoll«, sagte ich. Und das war es wirklich. Denn das war etwas gewesen, was uns Sorgen gemacht hatte. Wenn wir unter ähnlichen Umständen wie Kerry ein Baby finden würden, müßten wir das Kind entweder in Rumänien in unsere Obhut nehmen oder das Risiko eingehen, daß es von der Entbindungsstation in ein Waisenhaus gesteckt würde, bis unsere Adoption abgeschlossen war. Die meisten Paare, die nach Rumänien kamen, waren kinderlos, und so konnten die Frauen mit den Babys im Hotel in Bukarest bleiben. Das mochte zwar nicht sonderlich bequem sein, aber es war eine weit bessere Alternative als das Risiko, die Babys in ein Waisenhaus geben zu müssen. Wegen Charlie konnten wir das wirklich nicht machen, und nicht nur wegen Charlie, da war ja auch noch Rücksicht auf Locket zu nehmen. Ihre Schule hatte ihr netterweise außer der Reihe frei gegeben, damit sie uns auf dieser Reise begleiten konnte, doch sie mußte in ein paar Tagen wieder zum Unterricht. »Bist du sicher, daß sie geeignet sind?« fragte ich Alan.

»Ja, sie sind eine furchtbar nette Familie. Ich war gestern eine Weile bei ihnen. Ich erzähl' dir später davon.«

Er machte mich offiziell mit Adrian bekannt, dessen Englisch sehr gut war. Er war sehr laut und extrovertiert, aber auf Anhieb liebenswert.

Zum erstenmal sah ich mich auf dem Flughafen um. Er war schrecklich, ein grauenhaftes Betongebäude und verkommen und schmutzig. Inzwischen standen wir am Gepäckband, das offenbar zusammengebrochen war. Alle schrien herum, aber lustlos und müde, und die Menschen sahen so arm, so düster, so geknechtet aus. Die Hitze war drückend. Alan reichte Flaschen mit Wasser herum. »Die werden wir brauchen«, sagte er, »es wird mindestens eine Stunde dauern, bis unser Gepäck auftaucht. Ich hoffe nur, meins ist bei eurem dabei, sonst werden Kerrys Vorräte knapp.«

Er hatte recht, es dauerte eine gute Stunde, bis unser Gepäck kam, aber zum Glück war alles da, auch Alans Koffer. Wieder zauberte Adrian. Er lief hin und her und brachte unsere Koffer zum Zoll. Ein weiteres Päckchen Zigaretten wechselte den Besitzer, und innerhalb von Sekunden waren wir aus dem Flughafengebäude heraus und atmeten tief die frische Luft ein. Es war immer noch drückend, aber unendlich viel besser als drinnen.

Als wir nach Bukarest hineinfuhren, regnete es ziemlich heftig. Adrian fuhr mit halsbrecherischer Geschwindigkeit und mit plärrendem Radio. Einmal schleuderte er so heftig auf der nassen Straße, daß wir fast zwischen einem Pkw und einem Lkw wie eine Ziehharmonika zusammengedrückt worden wären. Alan bat ihn, langsamer zu fahren, und um uns von Adrians Fahrweise abzulenken, fing er an, uns zu erzählen, was er in den letzten vierundzwanzig Stunden gemacht hatte.

Er hatte einen großen Teil der Zeit mit Kerry und ihrer

amerikanischen Freundin Karen verbracht, die sich mit ihrem zu früh geborenen zwei Monate alten Baby Emily ein Hotelapartment mit Kerry und Alexander teilte. Die Situation sah nicht gut aus. Präsident Iliescu hatte offenbar aufgehört, Adoptionsanträge zu unterschreiben, und niemand wußte so richtig, warum. Ich dachte sofort an die arme Marie und fragte mich, ob sie ihr kleines Mädchen je bekommen würde. Kerry und Karen hatten ihre Kinder wenigstens bei sich, aber sie konnten Rumänien ohne die Unterschrift des Präsidenten nicht verlassen. Er hatte ihre Unterlagen jetzt schon über zwei Wochen, doch nichts war passiert. Sie waren immer enttäuschter von Poenaru, was auch beunruhigend war.

»Ich habe für neun Uhr heute abend ein Treffen mit Daniella vereinbart«, sagte Alan. Daniella war die Assistentin von Herrn Poenaru, und sie hatte Kerry geholfen, Alexander zu finden.

Ich spürte einen Funken Hoffnung. »Vielleicht könnte sie uns zu derselben Entbindungsklinik wie Kerry bringen.«

»Das ist die Idee«, sagte Alan. »Adrian kennt den Weg. Er war auch da, als Kerry und Steven Alexander gefunden haben.«

Harry McCormick hatte uns gesagt, daß das Hotel Bucuresti vermutlich das beste Hotel in Rumänien war. Alles, was man sagen kann, ist, daß wir außerordentlich dankbar waren, nicht in dem schlechtesten zu sein. Es war dunkel geworden, während wir durch die Straßen der Stadt gefahren waren, und außer den Umrissen von einem oder zwei schönen Gebäuden konnten wir nicht viel sehen, denn es gab sehr wenig Straßenlaternen. Und interessanterweise war praktisch niemand auf der Straße, obwohl es nach Bukarester Zeit erst sieben Uhr war. Das Hotel sah heruntergekommen und vernachlässigt aus. Es war groß und die Eingangshalle eindrucksvoll, aber die Zimmer waren extrem einfach. Das erste Problem tauchte auf, als wir versuchten, vom Zimmerservice ein Abendessen zu bekommen. Alles, was zur Verfügung stand, waren Brot, seifiger Käse und Salami, Wasser in Flaschen und der gleiche ekelhafte Rotwein, den wir im Flugzeug getrunken hatten.

Wir schwitzten und waren erschöpft. Locket und ich nahmen eine Dusche, während Alan das »Festmahl« ausbreitete. Wir aßen eilig und gingen dann gemeinsam zu Kerry und Karen, wozu es nötig war, daß wir um das Hotel herum zu einem einzelnen Block gingen. Adrian schloß sich uns an. »Ich will nicht, daß er bei dem Treffen mit Daniella dabei ist«, flüsterte Alan, »aber ich weiß nicht, wie ich ihn loswerden soll.«

»Ich vermute, wir werden uns mit ihm abfinden müssen«, sagte ich. Adrian war Locket gegenüber sehr aufmerksam, und das machte mir leichte Sorgen. Er schlug vor, ihr die Stadt zu zeigen, was wir schnell, aber höflich ablehnten.

Kerrys und Karens Apartment war winzig, vollgestopft und ohne Luft. Beide Babys schrien. Karen war schon zwei Wochen ununterbrochen da, und Kerry war nur kurz zu Hause gewesen, um ihren Bericht über die häuslichen Verhältnisse zu vervollständigen, und war dann schleunigst zu Alexander zurückgekehrt. Beide sahen blaß und müde aus. Kerry, das fiel mir auf, hatte innerhalb von nur einer Woche sehr abgenommen. Sie wirkte sehr nervös und rauchte Kette. Locket und ich nahmen die Babys hoch und wiegten sie in unseren Armen, um den Mädchen zu einer Pause zu verhelfen.

Sie waren sehr unterschiedlich. Alex war inzwischen zehn Tage alt. Und obwohl er noch so klein war, würde nie jemand auf die Idee kommen, daß er etwas anderes als ein Junge wäre. Er hatte dichtes, dunkles Haar, schräge, leicht slawische Augen und eine entschlossene kleine Stirn. Ein wunderhübsches Baby, daß dank Kerry das Leben im Waisenhaus nie kennenlernen würde.

Karens Emily kam aus derselben Klinik. Man hatte sie dabehalten, weil sie zwei Monate zu früh auf die Welt gekommen war. Sie war kein hübsches Baby, aber Emily besaß etwas ganz Besonderes — eine Entschlossenheit und selbst bei ihrem jungen Alter einen hinreißenden Sinn für Humor. Sie sah aus wie eine kleine Elfe, viel zu klein, aber wach, aufgeweckt und von einem Ohr bis zum anderen grinsend.

»Wenn die Schwestern die Babys gefüttert hatten, warfen sie sie einfach in einem großen Haufen in die Bettchen«, erklärte Karen, und ihre Augen wurden trübe bei der Erinnerung. »Ich hab mich durch den Haufen gegraben, und sie war ganz unten. Ich habe mir Emily nicht ausgesucht — sie hat sich mich ausgesucht.«

Sich durch einen Haufen Babys zu graben, klang wie ein Alptraum, und man würde es nicht glauben, wäre da nicht das Entsetzen in Karens Stimme gewesen. Ich nahm Emily ganz fest in die Arme. »Immerhin, sie sind jetzt in Sicherheit«, sagte ich.

»Das weiß ich nicht«, sagte Kerry. »Poenaru sagt, die Dokumente sind noch nicht unterschrieben, und wir müssen warten, aber wie wir es verstanden haben, hat Iliescu aufgehört, Papiere zu unterschreiben, und wenn sie jetzt nicht unterschrieben sind, kann es sein, daß das nie passiert. Wenn Sie einverstanden sind, komme ich mit zu Ihrem Treffen mit Daniella, um herauszufinden, was vorgeht.«

Um neun Uhr ließen wir Karen mit den beiden Babys allein. Alan, Locket, Kerry und ich gingen, begleitet von Adrian, in die Hotelhalle. Es wurde zehn, halb elf, elf. Wir waren alle erschöpft und fast an dem Punkt aufzugeben, als Daniella plötzlich durch die Schwingtür kam. »Da ist sie, das Miststück«, sagte Kerry. Sie war alles andere als fein.

Man sah sofort, daß Daniella eine harte Frau war. Sie war adrett gekleidet und wirkte nicht einmal ein bißchen müde trotz der späten Stunde. Ihr Erscheinungsbild deutete auch an, daß sie sich in einer ganz anderen Einkommensgruppe als die Mehrheit der Bevölkerung befand.

Alan erklärte rasch unsere Lage. Wir hatten schon mit Herr Poenaru gesprochen, der sich bereit erklärt hatte, unseren Fall zu übernehmen, und Alan hatte eine Kopie unserer vollständigen Akte vorausgeschickt. Die Originalakte hatte er bei sich. »Wir suchen ein Baby, ein Mädchen«, sagte er, »am liebsten jünger als neun Monate. Wir dachten, es wäre vielleich am besten, in dieselbe Entbindungsklinik zu fahren wie Kerry und Karen.«

»Das geht nicht«, sagte Daniella, »im Augenblick können in Rumänien keine Babys mehr adoptiert werden.«

Wir starrten sie alle an, schockiert von der Bedeutung ihrer Worte. »Was meinen Sie damit?« stammelte ich.

»Es gibt kein Gesetz«, sagte sie. Sie schien die Wirkung, die sie erzielte, zu genießen.

»Aber wir haben am Freitag mit Herrn Poenaru gesprochen«, sagte Alan, »und Herrn Mazilu. Keiner von beiden hat das erwähnt. Kennen Sie Herrn Mazilu?«

»Ja, den kenne ich«, sagte Daniella, »und ich glaube nicht, daß Sie ihm trauen sollten.«

»Gut, aber Herr Poenaru ist unser Anwalt, warum hat er uns nichts davon gesagt?« fragte Alan und klang dabei sehr ruhig. »Warum hat er uns die weite Reise vergeblich machen lassen?«

Daniella zuckte mit den Achseln. »Niemand weiß, ob es noch weitere Adoptionen ins Ausland geben wird. Wir haben so viele Probleme in Rumänien, da hat das keine Priorität.«

»Wenn ich es richtig sehe«, sagte ich, »gibt es 450 000 Kinder, die verzweifelt Betreuung brauchen. Das hat doch mit Sicherheit einige Priorität.« Ich konnte diese Frau mit ihrer kalten Gleichgültigkeit nicht ertragen.

»Die gesamte Wirtschaft ist ein einziges Chaos. Erst muß hier eine Lösung gefunden werden, dann kommen die Kinder.«

Adrian warf einen Redeschwall auf rumänisch ein. Ihr Gespräch wurde sehr hitzig. »Es wäre mir lieber, wenn er das nicht täte«, sagte Kerry. »Er mischt sich bei Treffen immer ein. Und man weiß nie, was er sagt und ob er alles richtig darstellt. Adrian, was sagen Sie da?«

»Einen Moment.« Ihr Gespräch dauerte noch eine Weile, dann wandte sich Adrian uns zu. »Sie sagt, daß sie glaubt, daß es ein neues Gesetz geben wird, aber sie weiß nicht, wie lange es dauert. Ich habe ihr gesagt, daß wir uns um Ihr Baby kümmern werden, ganz gleich, wie lange es dauern wird – das ist kein Problem.« Das war ein Lieblingsausdruck von Adrian: seiner Meinung nach konnte alles gelöst werden – das war kein Problem.

»Wenn das so ist«, sagte ich zu Daniella, »könnten Sie uns helfen, ein Baby zu finden, und dann werden Adrian und seine Frau sich um das Kind kümmern, bis das neue Gesetz verabschiedet ist.«

»Aber das Gesetz wird vielleicht nie verabschiedet«, sagte sie, »und was ist dann?«

Ich sah Alan an. »Ich glaube, in dem Fall würden wir das Kind finanziell unterstützen und Adrian und Marianna helfen, es zu behalten, wenn sie dazu bereit wären.«

»Wir wären mit Sicherheit bereit«, sagte Adrian, »aber es wird ein Gesetz geben, das weiß ich.«

»Das können Sie gar nicht wissen«, sagte Daniella, »niemand weiß, was passieren wird, und Sie können kein Baby aus der Entbindungsklinik holen, solange es kein Gesetz gibt.«

»Moment mal«, sagte Alan, »ich habe am Freitag auch mit der Britischen Botschaft gesprochen, um zu überprüfen, ob es ungefährlich für meine Frau und meine Tochter ist, wenn ich sie mit nach Bukarest bringe. Ich erzählte ihnen von dem Zweck meines Besuchs, und sie haben nichts davon gesagt, daß es kein Gesetz gibt. Sind Sie sicher, daß Sie über die richtigen Informationen verfügen? Denn die Britische Botschaft würde vermutlich wissen, wenn die Gesetze sich ändern.«

»Natürlich verfüge ich über die richtigen Informationen«, sagte Daniella. Sie wurde jetzt ärgerlich. »Die Britische Botschaft hat Bescheid bekommen. Sie wissen genauso gut wie ich, daß es kein Gesetz gibt.«

»Sie sagen also, daß Sie uns nicht helfen werden?«

»Ich kann nicht«, sagte Daniella.

Das war es also gewesen, eine vergebliche Reise, und was viel, viel schlimmer war, offensichtlich waren die Kinder Rumäniens jetzt in ihren Waisenhäusern gefangen, und es gab kein Gesetz, das sie für eine Adoption ins Ausland befreien könnte.

»Aber was ist mit mir«, sagte Kerry, »und Alexander?«

»Ihre Dokumente werden unterzeichnet, sie sind rechtzeitig eingegangen.«

»Aber wann?« klagte Kerry. »Das haben Sie schon letzte Woche und vorletzte Woche gesagt.«

»Es wird in den nächsten Tagen passieren.«

»Aber man hat uns gesagt, daß Iliescu keine Dokumente mehr unterschreibt.«

Daniella seufzte und fing an, mit aufgesetzter Geduld zu sprechen, als ob sie mit einem dummen Kind redete. »Er unterschreibt keine Adoptionspapiere mehr, die nach dem 10. Juni eingegangen sind, aber Ihre Papiere wurden vor dem 10. Juni eingereicht, deswegen haben wir uns so beeilt, sie zu vervollständigen. Herr Poenaru kümmert sich, und es wird alles in Ordnung gehen. Rufen Sie mich nächste Woche an.«

»Nächste Woche«, schimpfte Kerry. »Ich will jetzt nach Hause. Alex ist krank, er hat ganz schlimmen Durchfall. Ich muß ihn aus dieser Stadt und diesem gottverlassenen Land herausbringen.«

Wieder zuckte Daniella mit den Achseln, offensichtlich unbeeindruckt von Kerrys Ausbruch. »Sie müssen warten.« Sie stand auf, um zu gehen. »Tut mir leid, daß ich Ihnen nicht helfen kann«, sagte sie und sah uns zum erstenmal direkt an. Das war leeres Gerede, ihre Augen blieben kalt und gelangweilt.

Adrian fing an, in schnellem Rumänisch mit ihr zu reden, dann wandte er sich uns zu. »Ich bringe Daniella nach Hause und rede unterwegs mit ihr. Wir sehen uns morgen früh, ja?«

»Ja«, sagte Alan. »Ich denke, unsere erste Anlaufstation sollte die Britische Botschaft sein, um herauszufinden, was wirklich vorgeht.«

Wir kehrten in Kerrys Apartment zurück. Während wie die Treppen hinaufstiegen, hörten wir die Babys drei Etagen höher weinen. »O Gott«, sagte Kerry, »ich wette, Karen rastet fast aus.«

Das tat sie. »Ich glaube, Alex hat Krämpfe«, sagte sie, als wir hereinkamen, und dann brach sie in Tränen aus. »Alan hat angerufen (Karens Mann heißt auch Alan). Er scheint einfach nicht zu begreifen, daß wir hier vergammeln. Er sagt nur, ich soll Geduld haben. Jesus! Was ist bei Daniella passiert?«

»Nichts«, sagte Kerry und erzählte die Geschichte, »und sie wird den Fowlers nicht helfen.«

»Also, ich denke mal, am besten versuchen Sie Ivan zu erreichen«, sagte Karen und beruhigte sich ein wenig.

Bei dem Namen klingelte es bei mir. »Nicolae Ivan ist der Name des anderen Anwalts, von dem Caroline Martin uns erzählt hat«, erinnerte Alan mich. »Das ist eine gute Idee.«

»Nehmen Sie unser Telefon«, sagte Karen.

»Aber erwähnen Sie um Himmels willen Poenaru nicht«, sagte Kerry. »Ich hab' versucht, Ivan zu überreden, mich zu vertreten, als ich die ersten Probleme mit Poenaru hatte, aber sobald ich den Namen von diesem Typ erwähnte, legte Ivan auf. Sie müssen dafür sorgen, daß auch Adrian nichts erzählt. Manchmal bin ich nicht sicher in bezug auf Adrians Loyalität. Sehen Sie sich an, wie er sich mit Daniella davongeschlichen hat. Ich krieg' hier eine Gänsehaut, man weiß einfach nicht, wem man trauen kann.«

»Rumänien macht mir angst«, sagte Karen.

Einen Augenblick lang waren wir alle still, verdauten ihre Worte. Sie saß mit der zarten kleinen Emily da, die jetzt zum Glück schlief, und die Tränen liefen ihr über das Gesicht. »Warum, zum Teufel, sind wir hergekommen?« fragte sie ganz allgemein in die Runde.

Karens Geschichte war wieder anders. Sie hatte sehr jung geheiratet und war Mutter eines Sohns, der inzwischen ein Teenager war. Als die Ehe in die Brüche gegangen war, hatte sie Alan geheiratet, der nicht Vater werden konnte, und darum hatten sie ein kleines amerikanisches Mädchen, Stacey, adoptiert, das jetzt vier war. Das Elend der rumänischen Kinder und die Tatsache, daß sie das Gefühl hatten, Stacey brauche einen Bruder oder eine Schwester, hatte sie nach Bukarest geführt. Wie Karen zugab, hatte sie die Sicherheit des Elternhauses verlassen, um die erste Ehe und dann die zweite einzugehen, und so hatte sie eigentlich nie die Chance gehabt oder vor der Notwendigkeit gestanden, selbständig zu sein. Da Alan aus geschäftlichen Gründen jetzt gezwungen gewesen war, nach New York zurückzukehren, blieb sie mit dem Baby im Arm allein zurück, und zum erstenmal in ihrem Leben versuchte sie, allein zurechtzukommen. Sie kam nicht zurecht – zumindest nicht an diesem Abend.

Schließlich verließen wir sie. Alex hatte keine Krämpfe, er litt einfach unter der Hitze und der Anspannung in dem Zimmer. Kerry und Karen konnten nicht aufhören, sich zu zanken, was kaum überraschte, denn jetzt schien es möglich, daß sie noch Wochen vor sich hatten, bevor sie nach Hause konnten. Weder Alan noch ich trauten Daniella, mit ihr stimmte etwas nicht.

Wieder in unserem Hotelzimmer, vergaßen wir für einen Augenblick Kerry und Karen und ihre Probleme und dachten an unsere eigenen. So wie es aussah, waren wir für nichts und wieder nichts nach Rumänien gekommen. Andererseits, während Locket und ich uns um die Babys gekümmert und versucht hatten, Kerry und Karen zu beruhigen, war es Alan gelungen, Nicolae Ivan zu erreichen, der sich am nächsten Abend mit uns treffen wollte.

»Hast du ihm gesagt, was wir wollen?« fragte ich.

»Ja«, sagte Alan.

»Hat er die Tatsache erwähnt, daß es kein Gesetz gibt?«

»Nein«, sagte Alan, »und ich auch nicht. Ich wollte ihm keinen Vorwand liefern, sich nicht mit uns zu treffen. Ich dachte, wenn wir uns treffen, können wir das besprechen. Er kommt um acht.«

»Oder neun, zehn oder elf«, sagte ich bitter.

»Er klang nett, sehr geschäftsmäßig, irgendwie anders als Poenaru.«

»Wir müssen aufpassen, daß wir Poenarus Namen nicht erwähnen.«

»Ja«, sagte Alan. »Ich glaube, ich rufe Poenaru morgen früh an und sag' ihm, er soll die Akte zurückgeben, da er uns nicht helfen kann. Wir werden eine Kopie für Ivan machen, wenn er irgend etwas für uns tun wird, und ich will keine weitere Zusammenarbeit mit Poenaru. Himmel, Daniella war ein Miststück erster Klasse, nicht?«

Wir drei verbrachten ein paar Minuten damit, Daniella in Stücke zu reißen. Das war eine Erleichterung, aber dann kehrte die Wirklichkeit zurück. »Was also machen wir morgen?« sagte ich.

»Wir gehen zur Britischen Botschaft, wie ich vorgeschlagen habe«, sagte Alan, »und finden heraus, was genau hier vorgeht.«

»Und dann?« fragte ich.

»Vielleicht gibt es ein paar Entbindungskliniken in

Bukarest«, sagte Alan. »Es hat mit Sicherheit keinen Sinn, weiter ins Land zu fahren, wenn die Aussichten auf die Adoption eines Kindes gering sind. Aber wir können keine Entscheidung treffen, bevor wir nicht mit der Botschaft gesprochen haben. Das Beste, was wir jetzt machen können, ist, daß wir versuchen zu schlafen.«

Natürlich schliefen wir kaum. Wir lagen in unseren Betten und versuchten, mit dem zurechtzukommen, was wir erfahren hatten. Es war eine persönliche Tragödie für uns nach all den Wochen, die wir damit verbracht hatten, unsere Akte mit den Dokumenten zusammenzustellen und diese Reise zu planen, aber was uns am meisten quälte, war der Gedanke an all die Kinder, die, wenn man Daniella glaubte, keine Chance auf eine Adoption hatten. Ceaucescus Kinder, verdammt zu einem Leben im Heim. Das war keine Vorstellung, die dem Schlaf förderlich war.

4. Der Tag, an dem wir Michael fanden

Das Frühstück im Hotel Bucuresti stellte sich als die einzige eßbare Mahlzeit des Tages heraus, und das auch nur gerade eben so. Man bot uns Fruchtsaft an – Orange oder Grapefruit. Aber egal, was man orderte, man bekam dasselbe – Banane. Der Saft war ziemlich ekelhaft. Wir bestellten Rühreier, die mit den üblichen altbackenen Brötchen kamen (wir hatten inzwischen herausgefunden, daß in Bukarest nur dienstags gebacken wird, daher war das Brot montags eine Katastrophe), die mit unerwartet gutem Kaffee hinuntergespült wurden.

Während wir noch frühstückten, kam Adrian. Nach Kerrys Verdacht am Abend zuvor hatte ich erwartet, daß er bei Tageslicht verdächtig und düster aussehen würde. Das tat er nicht. Wir bestellten ihm einen Kaffee, er rauchte eine Zigarette und mampfte ein Brötchen in sich hinein. Die Rechnung kam, Alan bezahlte und sagte dem Kellner, er solle das Wechselgeld behalten. Adrian war entsetzt. »Sie haben ihm zuviel gegeben. Von jetzt an bezahle ich Ihre Rechnungen, Sie geben mir das Geld.«

»Ich hab' ihm nicht zuviel gegeben«, protestierte Alan.

»Was hat es gekostet?« fragte ich.

»Die Rechnung betrug 280 Lei«, sagte Alan, »also hab' ich ihm 400 gegeben und ihm gesagt, er soll den Rest behalten.«

»Wieviel ist das nach englischem Geld?« fragte ich.

»Etwa 2 Pfund 50«, sagte Alan.

Adrian war verärgert. »Sie dürfen hier nicht an englisches Geld denken«, sagte er, »das ist hier ohne Bedeutung. Sie haben 400 Lei für das Frühstück bezahlt, richtig?« Alan nickte. »Ich arbeite als Luftverkehrsüberwacher, wie Sie wissen. Das ist einer der bestbezahlten Jobs in Bukarest, und ich bekomme 3000 Lei im Monat.« Er zuckte mit den Achseln und zog eine Grimasse. »Siebenmal Frühstück hier im Bucuresti!« Seine Worte beschämten uns, und zum erstenmal bekamen wir eine Ahnung von der Not des rumänischen Volkes. »Sie können das einfach nicht verstehen«, fuhr Adrian fort, »wir haben nichts. Selbst wenn wir gutes Geld verdienen, ist es immer noch ein Problem, unsere Familien zu ernähren, es gibt einfach keine Lebensmittel zu kaufen.«

Nachdenklich verließen wir das Hotel. Adrian fuhr uns durch die Straßen von Bukarest zur Britischen Botschaft. Es war ein heißer Tag, die Sonne schien, aber es war dunstig, die Luft war schwer von Rauch und stinkenden Auspuffgasen. Bukarest überraschte uns alle. Eigentlich ist es eine schöne Stadt – man nannte es das Paris des Balkans, bevor der Kommunismus seinen Tribut forderte. Einige Gebäude sind wirklich großartig, in prachtvollem, barokkem Stil. Es gibt weite, offene Plätze und überraschend viele Bäume und Blumen, alles sehr gepflegt. Doch hinter dieser Fassade konnte man die Vernachlässigung und Armut spüren. Die Stadt ist einfach erschöpft, man hat ihr das Blut zum Leben genommen, und das zeigte sich in den verfallenden Bauten, in den schlechten Fahrbahnen, in den aufgebrochenen Bürgersteigen, in den leeren Geschäften und vor allem in den Gesichtern der Menschen. Während er fuhr, redete Adrian ununterbrochen und gab uns Hinweise: auf Gebäude, die bei dem Erdbeben vor kurzem auseinandergebrochen waren, auf Bezirke, in denen es während der Revolution heftige Kämpfe gegeben hatte, nach denen die Häuser von Kugeln durchsiebt oder manchmal vollkommen zerstört waren.

Die Britische Botschaft lag in einer ruhigen, grünen Straße und war alles andere als beeindruckend. Wir zeigten unsere Pässe am Tor und ließen Adrian im Auto zurück, da ihm der Zutritt nicht erlaubt war. Wir fragten nach dem Weg zu Kirstie Rowe, die, wie man uns gesagt hatte, Vizekonsul und zuständig für Adoptionen war. Statt durch den Haupteingang der Botschaft zu gehen, mußten wir einen Seiteneingang zu einem kleinen Warteraum benutzen. Es war das erste und das letzte Mal, daß wir uns dazu überreden ließen, die Botschaft durch den »Lieferanteneingang« zu betreten — wir lernten unsere Lektion und benutzten danach stets den Haupteingang!

Der Warteraum war proppevoll. Da waren viele Rumänen, die aufgeregt redeten, Papiere vorzeigten, stritten, schimpften, alle wollten offensichtlich ein Visum für Großbritannien. Es saßen auch einige britische Paare da, mit Augen wie tote Fische, versteinert, verzweifelt. Es war eindeutig, warum sie hier waren. Schon im alptraumhaften Netz des Adoptionsverfahrens gefangen, sagte ihr Gesichtsausdruck alles über die Frustration und die Hoffnungslosigkeit ihrer Situation. Gott sei Dank, an dem Tag konnten wir ihre Probleme nur erahnen. Im Stil von Adrian bahnten wir uns den Weg an den Anfang der Schlange und baten, zu Kirstie Rowe vorgelassen zu werden.

»Würden Sie, bitte, ein Formular ausfüllen«, sagte die

Empfangsdame. Sie war von dem Warteraum durch eine große Glasscheibe getrennt, und hinter ihr an der Wand hing ein Plakat mit dem Prinzen und der Prinzessin von Wales und ihren kleinen Söhnen. Als ein kleines Stück Großbritannien war der Warteraum nicht eindrucksvoll; selbst der unvermeidliche Gummibaum war tot. Wir füllten das Formular aus. »Sie müssen warten«, sagte sie, »die Schlange ist lang.«

»Wir haben keine Zeit zum Warten«, sagte ich, »wir sind nur zwei Tage in Bukarest. Wir haben nur eine einzige Frage an Kirstie Rowe, das dauert zwei Sekunden. Können Sie uns dazwischenschieben?«

»Ich will sehen, was ich machen kann«, versprach sie.

Fünf Minuten später kam ein Paar aus dem heraus, was das Allerheiligste zu sein schien. Die Empfangsdame winkte uns heran. »Schnell«, sagte sie.

Wir eilten durch die Tür. Eine grauhaarige Frau, Ende Fünfzig oder Anfang Sechzig, stand im Korridor. »Was ist los?« fragte sie verärgert.

»Diese Leute haben nur eine kurze Frage«, sagte die Empfangsdame entschuldigend.

»Sie müssen warten, bis sie an der Reihe sind, wie alle anderen auch. Das ist wirklich höchst unvorschriftsmäßig.«

»Bitte ...«, sagte ich, »nur eine Frage, es dauert nur einen Moment.«

»Was für eine Frage?« bellte sie.

»Unser Anwalt, Herr Poenaru, hat uns gesagt, daß es kein Gesetz zur Adoption von rumänischen Babys mehr gibt. Stimmt das?«

Sie sah mich direkt an. »Nein, das stimmt nicht. Wir leiten gerade jetzt Anfragen weiter.«

»Danke. Mehr wollten wir nicht wissen.«

Innerhalb von Sekunden waren wir aus der Tür, die Stimmung war wieder gestiegen. Aus irgendwelchen Gründen hatten Poenaru oder Daniella oder beide beschlossen, uns etwas Falsches zu erzählen. Warum, das würden wir nie erfahren, aber es konnte uns nicht gleichgültiger sein. Wir waren in Bukarest, der Tag lag vor uns, wir hatten einen Termin bei einem neuen Anwalt, und es schien, als ob nichts uns davon abhalten konnte, ein Baby zu adoptieren. Wir kamen gar nicht auf die Idee, das Wort eines Vizekonsuls der Britischen Botschaft anzuzweifeln.

Wir erzählten Adrian die Neuigkeit. »Das überrascht mich nicht«, sagte er, »ich traue dieser Daniella nicht.«

Alan und ich wechselten einen Blick. »Werden Sie sie wiedersehen?« fragte Alan beiläufig.

»Vielleicht«, sagte Adrian, »wenn ich Geschäftliches für Kerry erledige.«

»Bitte, erwähnen Sie ihr gegenüber nicht, daß wir in Bukarest geblieben sind und daß wir nun Ivan beschäftigen«, sagte ich besorgt.

»Nein, nein, natürlich nicht«, sagte Adrian, »ich bin doch nicht dumm. Wohin wollen Sie denn jetzt? Sie haben nur zwei Tage, stimmt's?«

»Stimmt«, sagte Alan. »Könnten Sie uns zu einem Waisenhaus oder einer Entbindungsklinik außerhalb von Bukarest fahren? Man hat uns gesagt, daß es besser wäre, aus der Stadt hinauszugehen, denn da ist die Gefahr geringer, daß die Kinder mit AIDS infiziert sind.«

»Nein«, sagte Adrian, »Bukarest ist besser.«

»Aber warum?« fragte ich.

»Außerhalb der Stadt denken die Leute, daß ich ein Revolutionär bin, weil ich aus Bukarest komme, sie werden mir nicht helfen. Hier finde ich mit ein paar Schachteln Zigaretten, ein paar Dollar ein Baby für Sie. Das ist kein Problem.«

Wir waren natürlich in seiner Hand. »Dann möchten wir gern erst zu den Entbindungskliniken fahren, nicht zu den Waisenhäusern«, sagte Alan. Er erklärte noch einmal, daß wir ein kleines Mädchen suchten, bis zu neun Monate alt.

»Okay, okay«, sagte Adrian, »fahren wir.«

Die erste »Entbindungklinik«, in die er uns fuhr, war, wie wir später herausfanden, keineswegs eine Entbindungsklinik, sondern das berüchtigte Waisenhaus Nr. 1, das größte Waisenhaus in Bukarest und dasjenige, das am meisten ins Blickfeld der Öffentlichkeit geriet, denn hier hatte man zuerst Kinder mit AIDS entdeckt.

Das Gebäude wirkte von außen erstaunlich freundlich. Gärten mit Sitzgelegenheiten, eine üppige Vegetation, eine Stimmung der Entspannung. Wir warteten am Tor des Pförtnerhauses, während Adrian mit einem Arzt sprach. Nein, sie hatten keine Babys, die unseren Anforderungen entsprachen. Die Antwort im zweiten Waisenhaus, das wir besuchten, war dieselbe. Diesesmal ging Adrian allein hinein und ließ uns draußen vor einem schweren Metalltor zurück, das wie ein Gefängnistor aussah. Die immer negative Antwort war beunruhigend. Später wußten wir, welchen Fehler wir gemacht hatten. Adrian war, wie wir, neu in dem Waisenhausgeschäft. Um Zutritt zu einem Waisenhaus zu bekommen, muß man ein Geschenk haben (oder mehrere). Es gab viele Kinder, die wir hätten sehen können, aber oft ließen es die Angestellten nicht zu, wenn sie nicht in irgendeiner Form bestochen wurden. Die Verfügbarkeit von Kindern für die

Adoption war bereits als wertvolle Einnahmequelle erkannt worden, aber wir armen Trottel merkten das nicht.

Unser dritter Besuch galt einem Waisenhaus in einem ärmeren Stadtteil. Das Gebäude sah aus, als würde es buchstäblich in seine Einzelteile zusammenfallen. Wir stiegen die kaputten Steinstufen hinauf, stießen eine quietschende Tür, deren Farbe in der kochendheißen Sonne längst abgeblättert war, auf und fanden uns in einem Empfangsbereich wieder, der auf den ersten Blick nicht unangenehm war. Auf dem Boden lagen Läufer, und in der Mitte stand ein großer Tisch mit einem Stapel Spielzeug, das von zwei Frauen ausgepackt wurde, die freiwillige Helferinnen zu sein schienen. Während sie schnell miteinander redeten, stellten wir fest, daß sie Französinnen waren.

Adrian wandte sich an eine Schwester, und sofort wurden er und Alan nach oben geführt, um die Leiterin zu treffen. Locket und ich setzten uns auf das einzige Sofa im Empfangsraum und warteten … und warteten. Bei unserer Ankunft hatten wir im Hintergrund die Geräusche von schreienden und weinenden Babys wahrgenommen, und als wir da saßen, eine Konversation hier genauso unpassend fanden wie in einer Kirche, da nahm das Geschrei zu, bis es, mit den vielen kleinen, zum Protest erhobenen Stimmen, so laut wurde, daß ein Gespräch sowieso fast unmöglich war. »Sie haben Hunger«, sagte ich, denn den Ton erkannte ich überall.

Eine der Französinnen, die immer noch Spielzeug auspackte, mußte mich gehört haben und sah auf. »Ja«, sagte sie, »sie haben noch kein Frühstück bekommen.«

Ich sah auf meine Uhr, es war kurz nach elf. »Werden

sie bald was bekommen?« Ich schrie fast, damit man mich hörte.

Die Französin zuckte mit den Achseln, die Augen voller Mitleid. »Einige bekommen nur eine Mahlzeit am Tag — zu viele Kinder, zu wenig Personal. Sie brauchen frische Windeln und müssen gewaschen werden, es ist alles hoffnungslos, es sind so viele.« Sie hatte Tränen in den Augen, während sie sprach.

In dem Augenblick öffnete sich die Tür zum Empfang, und ein kleines Mädchen kam hereinspaziert. Ungewollt schnappten Locket und ich laut nach Luft. Die Kleine war von winziger Statur, nicht größer als eine Zweijährige, auch wenn ihr Gesicht ahnen ließ, daß sie viel älter war. Sie war vollkommen nackt, hatte einen durch Unterernährung grotesk aufgeblähten Bauch, ihre Arme und Beine waren dünn wie Stöcke, bis auf die Gelenke, die dick angeschwollen waren. Sie wandte sich von uns ab, und wir sahen, daß ihr Rücken und ihr Gesäß eine einzige Ansammlung von offenen Wunden war. Sie ging ein paar Schritte und fiel hin. Die Französin half ihr auf. Sie schien benommen zu sein und dann, nachdem sie sich wieder zu uns gedreht hatte, wankte sie aus der Tür, durch die sie gekommen war. Der Schock war total. Ich griff nach Lokkets Hand.

Nichts hätte uns auf den Anblick dieses Kindes vorbereiten können ... überhaupt nichts.

Die Medien haben es sich in den letzten Jahren zu Recht zur Aufgabe gemacht, uns regelmäßig Bilder von verhungernden Kindern in der Dritten Welt zu liefern. Die Dürren, die Hungerkatastrophen, die Kriege, die unsägliches menschliches Leid verursachen, werden gut dokumentiert. Die meisten Menschen in der westlichen Welt geben hin und wieder dieser oder jener Wohltätigkeitsorganisation eine kleine Spende, um ihr Gewissen zu beruhigen. Sie klagen über den Wahnsinn einer Welt, die einerseits über Berge von Nahrungsmitteln verfügt, während andererseits die Hälfte der Bevölkerung dem Hungertod nahe ist. Was dieses kleine Mädchen so anders machte – was natürlich eigentlich nicht hätte sein sollen –, war die Tatsache, daß es sich um ein europäisches Kind handelte. Das verkniffene, weiße Gesicht unter dem verfilzten Haar hätte so leicht das eines britischen Kindes sein könne. Geschichten über die industrielle Revolution und Waisenhäuser in der Zeit von Charles Dickens geben heutzutage eine anrührende Lektüre ab, aber in unserer sogenannten zivilisierten Gesellschaft sind solche Bedingungen undenkbar. Doch hier, mit unseren eigenen Augen, hatten wir den lebenden Beweis dafür gesehen, daß europäische Kinder hungerten und starben, denn unsere untrainierten Augen konnten eindeutig erkennen, daß dieses Kind selbst bei bester medizinischer Hilfe nicht mehr lange leben konnte.

Wenig später kamen Adrian und Alan zurück. »Kein Glück, fürchte ich«, sagte Alan. »Du lieber Himmel, was ist das für ein Krach?«

»Sie haben nichts zu essen gekriegt«, sagte ich traurig.

Als wir das Waisenhaus verlassen hatten, erzählte Alan uns, daß die Leiterin gesagt hatte, sie hätte keine für die Adoption freigegebenen Babys, denn die Kinder in diesem speziellen Waisenhaus waren nur vorübergehend dort, bis ihre Eltern es sich leisten konnten, sie wieder nach Hause zu holen.

Ich muß zweifelnd geguckt haben, denn Alan zog eine Grimasse und sagte, er hätte ihr auch nicht geglaubt. »Ich glaube, sie hätte ihre Meinung geändert, wenn wir ihr Geld oder irgendwas anderes angeboten hätten«, sagte er. »Ich hab' es Adrian vorgeschlagen, aber er weigerte sich. Ich bin sicher, er hat sich geirrt.« Ich brachte es nicht fertig, Alan in dem Augenblick von dem kleinen Mädchen zu erzählen, das wir gesehen hatten. Locket war sehr still und blaß, und ich spürte, daß sie auch nicht bereit war, darüber zu reden.

»Wir fahren zu mir nach Hause, auf einen Kaffee«, sagte Adrian.

Ich wollte keinen Kaffee bei Adrian zu Hause. Nach dem, was wir gerade gesehen hatten, schien es zu normal – nein, schlimmer –, schien es unmoralisch zu sein, an unsere eigenen Bedürfnisse zu denken, während Kinder verhungerten und vor Not und Pein schrien. Ich diskutierte nicht, aber während der Fahrt dachte ich immer an das kleine Mädchen. Das tu' ich immer noch. Ich frage mich, ob es überlebt hat, ob rechtzeitig medizinische Hilfe kam. Diese Kleine ist das Kind, das ich zurückgelassen habe, und ich wünschte, ich hätte sie nicht verlassen. Wir waren damals so naiv. Wenn ich nur ein bißchen mehr Wirbel gemacht hätte, vielleicht hätte man dann mit einer Flasche Whisky oder ein paar Dollar oder einem halben Dutzend Schachteln Zigaretten ärztliche Behandlung, die Chance der Adoption oder gar das Leben für dieses Kind kaufen können.

Kerry hatte uns schon erzählt, daß, verglichen mit den meisten anderen in Rumänien, Adrians Wohnung luxuriös war. Er fuhr mit uns zu einem Gebäude, was man nur als Mietskaserne bezeichnen kann, wo wir mit einem altersschwachen, stinkenden Aufzug in die dritte Etage fuhren. Die Tür wurde geöffnet von Marianna, einer sehr hübschen Frau von Anfang Dreißig, gertenschlank, von natürlicher Eleganz und mit der ungewöhnlichen Kombination von blondem Haar und braunen Augen. Sie bat uns herein und stellte uns ihrer Mutter und ihrer Tochter Irena, die sieben war, vor. Der Hauptaufenthaltsraum war winzig und wurde von einem riesigen Fernsehapparat beherrscht. Adrian erklärte, daß sie die einzige Familie im Block seien, die einen Fernsehapparat besäße. Wir setzten uns, Irena saß neben Locket und ergriff deren Hand. Locket versuchte, nicht verlegen zu gucken. Nach kurzer Zeit erschien Marianna mit Kaffee und belegten Broten mit ... Käse und Salami. Zu der Zeit war uns nicht klar, was für ein Loch diese Mahlzeit für uns in ihre Haushaltskasse gerissen haben mußte. Uns war nicht klar, daß Kaffee ein unerhörter Luxus war und der Einkauf von Käse und Salami stundenlanges Schlangestehen bedeutete.

Wir redeten, oder besser, Adrian redete, und alle hörten zu. Marianna, lächelnd und nickend, sagte, daß es ihr ein Vergnügen sein würde, sich um unser Baby zu kümmern, wenn wir eins finden sollten. Auch sie war bei der Flugkontrolle, aber natürlich ... das war kein Problem. Adrian versicherte uns, daß Marianna ihre Arbeit so viele Wochen wie nötig aufgeben könnte. Sie hatten nur das eine Kind, erklärte er, weil Marianna keine mehr bekommen konnte. Sie würde sich gern um das Baby kümmern, und wir waren einverstanden, am folgenden Tag unsere gesamte Babyausstattung bei ihnen abzuliefern. Ich versuchte, nicht an Kerrys eindringliche Warnungen vor Adrian zu denken, konnte aber nicht umhin, mich zu fragen, ob am Ende nicht alles auf dem Schwarzmarkt enden würde.

Man zeigte uns die Wohnung. Es gab zwei Schlafzimmer, eins für Mariannas Mutter und Vater, das andere für Irena. Es gab ein winziges Badezimmer und eine ebenso winzige Küche. Es gab einen Balkon über die gesamte Länge der Wohnung, und er wurde hauptsächlich als Lagerraum genutzt. Die ganze Wohnung hätte in unser Wohnzimmer zu Hause gepaßt, und doch lebten fünf Menschen hier, und nach rumänischen Maßstäben war das hier der absolute Luxus, denn es gab fließendes Wasser, und sie hatten einen Fernsehapparat.

Vom Balkon aus sahen wir nach unten auf die Straße. Das Verkehrssystem von Bukarest besteht weitgehend aus alten Oberleitungsbussen. Hier, in einem weit weniger eleganten Stadtteil, verglichen mit der Gegend unseres Hotels und der Britischen Botschaft, sahen wir gewöhnliche Leute um die Existenz kämpfen. Die Tristesse ihres Lebens war sehr deutlich zu erkennen, auch wenn die Sonne schien und die Blätter an den Bäumen grün und üppig waren. Wir gingen nach einer Stunde, und Marianna und Irena winkten uns vom Balkon aus nach.

»Sie haben eine nette Familie, Adrian«, sagte ich.

»Ja«, stimmte er zu, »aber möchte, daß sie ein besseres Leben hat – eines Tages vielleicht.«

»Waren Sie je in London?« fragte ich.

»Ich war noch nie irgendwo«, sagte Adrian. »Sie vergessen, daß wir bis zur Revolution ein Volk von dreiundzwanzig Millionen waren, das in seinem eigenen Land gefangen war. Wir durften es überhaupt nicht verlassen.« Ich hatte es vergessen, und wieder einmal schämte ich mich.

»Sie müssen uns in England besuchen«, sagte Alan, »und wenn Sie kommen, werde ich Ihr Taxifahrer sein.«

Adrian lachte. »Und ich bezahle Sie in Lei«, sagte er schlagfertig.

Adrian brachte uns zu unserem Hotel zurück, wo wir uns mit Kerry und Karen zum Mittag verabredet hatten. Adrian behauptete, er habe sich um ein wichtiges Geschäft zu kümmern. Es hatte etwas zu tun mit einer erwarteten Lieferung von Schwarzmarkt-Coca Cola. Wir vereinbarten, uns um drei Uhr wieder zu treffen, um noch einige Waisenhäuser zu besichtigen.

Kerry, Karen und die Babys waren an einer kleinen Bar hinten in der Empfangshalle. Die Bars im Hotel waren alle verschieden, an dieser wurden nur Bier und Fruchtsäfte serviert, und man akzeptierte nur amerikanische Dollar als Zahlungsmittel. Die beiden Frauen sahen an diesem Vormittag besser aus, und die Babys schliefen fest. Sie entschuldigten sich, daß sie am Abend zuvor so nervös gewesen waren. Wir fragten, ob sie mit Poenaru irgendwie weitergekommen waren. Waren sie nicht, und beide gaben zu, daß sie das Gefühl hatten, von ihren Männern im Stich gelassen zu sein. Sie konnten sich beide nicht vorstellen, daß sie je wieder aus Bukarest herauskommen oder daß ihre Papiere je unterschrieben würden. Alan bestellte uns allen ein Bier, und wir erzählten Kerry und Karen, wie unser Vormittag verlaufen war.

»Was machen Sie heute nachmittag?« fragte Kerry.

»Mit Druck weitermachen, denke ich«, sagte ich.

»Haben Sie eine Liste mit Waisenhäusern, die Sie besuchen wollen?«

»Ja«, sagte Alan, »ich hab' sie in meiner Aktentasche.«

»Lassen Sie mich einen Blick draufwerfen«, sagte Kerry. »Vielleicht habe ich eine Idee. In den vergangenen Wochen habe ich mit so vielen Leuten gesprochen, daß mir vielleicht wieder einfällt, woher ihre Kinder kamen.«

Locket, die nicht gefrühstückt hatte, war hungrig, daher gingen sie und Alan in die »Snack Bar«, die ihren Namen zu Unrecht trug, während ich bei Kerry und Karen blieb, um die Liste der Waisenhäuser durchzugehen. Nachdem Kerry sie eine Weile angesehen hatte, schüttelte sie den Kopf. »Da ist keins dabei, bei dem es bei mir klingelt, aber ich würde es für vernünftig halten, es mit Waisenhaus Nummer 4 zu versuchen.«

»Warum?« fragte ich.

»Es liegt in Sektor 2, da, wo die Adrians wohnen. Er wird es bestimmt finden, und vielleicht kennt er jemanden, der da arbeitet und Ihnen helfen kann. Das ist nur so ein Gedanke.« Sie zuckte mit den Achseln.

Für den Rest meines Lebens werde ich Kerry Male für diesen Gedanken dankbar sein.

Ich ging zu Locket und Alan, um mit ihnen zu essen. Drei Hauptmahlzeiten standen zur Auswahl: Rindersteak, Schweinekotelett oder Rinderschmorbraten. Aus Neugier bestellten wir jeder ein anderes Gericht, aber als sie kamen, war alles Schweinefleisch. Wir versuchten, mit wenig Erfolg, zu essen, aber wir bekamen eine Flasche bemerkenswert guten rumänischen Rotwein, der unsere Stimmung ein bißchen steigen ließ. Die ganze Mahlzeit, einschließlich Kaffee, kostete weniger als fünf Pfund.

Wir kamen überein, daß wir es mit Waisenhaus Nr. 4 versuchen wollten, und als Adrian kam, verabschiedeten wir uns von Kerry und Karen, die beschlossen hatten, mit ihren Babys spazieren zu gehen. Sie standen wieder unter Anspannung; der Tag zog sich in die Länge für sie. Sie hatten versucht, Poenaru anzurufen, aber er war für sie nicht zu sprechen gewesen.

Obwohl das Waisenhaus Nr. 4 in der Nähe von Adrians

Wohnung lag, hatte er ziemliche Schwierigkeiten, es zu finden. Wir waren jetzt in einem sehr armen Teil der Stadt. Zerlumpte Kinder spielten auf der Straße, alte Frauen in schwarzer Kleidung saßen beobachtend in den Türen und zeigten mit dem Finger auf uns. Wir mußten vier- oder fünfmal fragen, bis wir es schließlich fanden, und inzwischen war Adrian außerordentlich unbeherrscht. Wieder kamen wir überein, daß wir alle mit ihm zusammen ins Waisenhaus gehen wollten. Nach unseren Erfahrungen am Vormittag war mir schlecht vor Angst, und als wir das Grundstück durch eine verrostete Pforte mit Hühnerdraht betraten, sahen Alan und Locket ähnlich zögerlich und ängstlich drein.

Wir gingen einen kaputten Betonweg hinauf. Rechts vom Weg war ein Spielplatz, und auf den ersten Blick sah er gar nicht so schlimm aus – es gab Schaukeln und ein Karussell, verrostet, aber offensichtlich funktionstüchtig. Bei genauerem Hinsehen jedoch war das Gestrüpp, das man wirklich nicht Gras nennen konnte, mit Abfall und Glasscherben übersät. Konnten Kinder hier wirklich spielen? Ich konnte es mir nicht vorstellen. Links von uns lag ein Hühnerauslauf mit dürren Hühnern, der in der Hitze der Nachmittagssonne streng roch, und dann gingen wir um die Ecke des Gebäudes und sahen zum erstenmal Ceaucescus Kinder ...

Durch schmutzige Fenster konnten wir Kinderbetten sehen, reihenweise Kinderbetten, dicht an dicht. Die Fenster war teilweise mit grauen Netzvorhängen verdeckt, aber als wir durch sie hindurch schielten, konnten wir schwach die Gesichter der Kinder erkennen, die saßen oder standen, manche ruhig, andere schreiend, manche schlugen mit dem Kopf gegen harte Gegenstände, andere schaukelten hin und her. Ein oder zwei Kinder nahmen uns wahr und streckten die Arme aus, weil sie unsere Aufmerksamkeit wollten. Wir konnten durch die Scheiben nicht hören, was sie sagten, aber ihre Verzweiflung war offensichtlich. Es war ein Bild, das wir oft in Zeitungen und im Fernsehen gesehen hatten, aber das hier war die Wirklichkeit: Wir sahen mit eigenen Augen. Weil die Medien sich damit so intensiv beschäftigt hatten, war es ein vertrautes Bild, aber dennoch entsetzlich. Da waren so viele Kinder, ihr Elend war so unübersehbar, daß ich am liebsten die Barrieren zwischen uns eingerissen und sie alle, alle weggeholt hätte von diesem entsetzlichen Ort. Wir blieben da, lächelten und winkten und waren unsicher, was wir tun sollten. Schließlich war es Adrian, der uns drängte, und als wir uns zum Gehen wandten, wich alles Leben aus ihren Gesichtern, und die Hoffnungslosigkeit kehrte zurück. Es war herzzerreißend, mitleiderregend, und wir fühlten uns ungeheuer hilflos.

Wir gingen durch einen Seiteneingang in das Gebäude, eine düstere Treppe hinauf und über einen langen, abgedunkelten Korridor. Am Ende des Korridors öffneten wir eine Tür und betraten einen überraschend freundlichen, sonnigen Raum. Auf der einen Seite waren geöffnete Türen, die auf zwei kleine Balkons gingen, und eine angenehme Brise kam herein, so daß der Raum kühl und luftig war. Es gab Bilder von Disney-Figuren an den Wänden und mehrere alte Sofas. In einer Ecke stand eine Menge Laufstühlchen. In der Mitte des Raums saßen mehrere Frauen an einem Tisch und gingen eine Kartei durch. Sie trugen alle die gleichen blauen Überkleider, vermutlich eine Art Schwesternuniform, und sie plauderten und lachten.

»Das hier ist viel besser als die Zustände unten«, flüsterte Alan. »Warum das wohl so ist? Vielleicht sind sie gerade dabei, dieses Waisenhaus zu renovieren.«

Zum erstenmal seit unserer Ankunft in Bukarest spürten wir alle eine plötzliche Woge von Optimismus — es passierte etwas, wenn auch langsam, um das Los der rumänischen Kinder zu verbessern, und hier waren die Beweise dafür: die Bilder an den Wänden, die Laufstühle, die frische Luft, die fröhlichen Frauen in ihren Uniformen.

Adrian ging zu der Gruppe und sprach mit den Frauen. Eine der Schwestern verschwand und kehrte mit einer kleinen, unscheinbaren Frau in einem weißen Kittel zurück, die eine riesige Brille trug, durch die ihr Gesicht noch kleiner wirkte. Adrian fing an, mit ihr zu reden. Sie blickte gen Himmel und hob die Arme in einer Geste der Hoffnungslosigkeit. Sie sah uns an und lächelte. »Franzosen, Italiener, Iren«, sagte sie mit müder Stimme, »sie alle kommen und wollen ein Kind.« Sie wandte sich Adrian zu und sprach wieder rumänisch.

Schließlich drehte sich Adrian zu uns um. »Diese Dame ist Ärztin, und ihr Name ist Dr. Unescu. Sie sagt, daß sie uns vielleicht helfen kann, aber sie hat jetzt dienstfrei. Sie fragt, ob wir vielleicht morgen um zwölf wiederkommen können.«

»Wir haben keine Zeit«, sagte Alan, »können Sie ihr das erklären?«

Adrian sprach noch einmal mit ihr. Sie tat, als wollte sie gehen, blieb dann aber stehen. Sie drehte sich um, unsere Blicke trafen sich und blieben, wie es schien, sehr lange aneinander haften. »Es gibt ein Baby«, sagte sie langsam in perfektem Englisch. »Er ist heute erst gekommen. Ich habe noch keine Dokumente über ihn. Sein Name ist Marian, er ist dreiundzwanzig Monate alt und ...«, sie zögerte und suchte nach den richtigen Worten, »ganz besonders. Möchten Sie ihn sehen?«

Keiner sagte etwas. Ich sah Alan an, aber es war unmöglich, seine Gedanken von seinem Gesicht abzulesen. »Ja«, sagte ich, »ja, bitte.«

Sie führte uns über den dunklen Korridor und die düstere Treppe zurück ins Erdgeschoß und dann durch eine Tür aus rostendem Maschendraht. In dem Augenblick, als wir durch diese Tür gingen, wurden alle unsere Vorstellungen von der Verbesserung dieses Waisenhauses zerstört. Wir betraten schlicht die Hölle, anders kann man es nicht beschreiben. Das erste, was uns traf, war der Gestank — der Gestank nach Urin, saurer Milch, Erbrochenem, eng zusammenliegenden Körpern, Angst, Krankheit. Es war so lähmend, daß uns das Atmen sofort Mühe machte.

Dr. Unescu führte uns einen engen Korridor entlang, auf dem in Abständen Haufen mit schmutziger Wäsche lagen, die mehr nach Lumpen aussahen als nach dem, was sie vermutlich waren: Babykleidung. Auf beiden Seiten des Korridors waren sechs winzige Zimmer, in jedem sechs Bettchen, und aus diesen Zimmern kam ununterbrochen Krach — Weinen, Stöhnen, Husten, Kreischen —, aber nicht ein einziger fröhlicher Ton, kein Lachen, kein Kichern. Hier war das Elend König. Ich wollte im Vorbeigehen die Kinder nicht angucken, ich hatte Angst, und doch war es unmöglich, wegzusehen. Winzige Fingerchen umklammerten die Stäbe der Betten, riesige Augen in entsetzlich abgemagerten Gesichtern folgten uns den Korridor hinunter — kreidebleiche Gesichter,

Gliedmaßen dünn wie Stöckchen, offene Wunden … Das waren Kinder, Kinder — in was für einer Welt lebten wir, die diese Leiden hinnahm? Ich wollte schreien: »Holt sie raus, holt sie raus!« Das Entsetzen hatte alle meine Sinne gepackt, und doch konnten wir nur weiterstolpern, zutiefst erschüttert.

Die Welt, die wir oben verlassen hatten, hatte hier keine Gültigkeit mehr. Oben, wo die Frauen plauderten, wo die sinnlosen Bilder an den Wänden hingen, wo die Laufstühlchen standen (später sollten wir erfahren, daß sie nie benutzt wurden, weil es kein Personal zur Beaufsichtigung gab), das war alles Fassade. Den Leuten wurde, wie uns, vorgetäuscht, daß das Waisenhaus sauber, gut geführt, leistungsfähig war. In Wirklichkeit waren die Babys in der Hölle eingesperrt, während das Personal relativ komfortabel lebte und arbeitete. Ich habe große Zweifel, ob man einen Vergleich anstellen darf zwischen den Zuständen in Waisenhaus Nr. 4 und denen in den Konzentrationslagern in Europa während des Zweiten Weltkriegs. Ich will das, was wir gesehen haben, nicht aus Affekthascherei aufbauschen, aber ich kann es auch nicht herunterspielen, und ich glaube, so ein Vergleich hat seine Berechtigung.

Als wir den Korridor halb hinuntergegangen waren, blieb Dr. Unescu stehen und sah auf ein Klemmbrett. Sie öffnete eine Tür auf der linken Seite, und wir betraten einen winzigen Raum. Auf beiden Seiten des Zimmers standen jeweils drei Kinderbettchen, und dazwischen war ein schmaler Gang, gerade so breit, daß eine Person seitlich durchpaßte. Am Ende des Zimmers gab es ein winziges Oberlicht, durch das keine Luft zu kommen schien. Die Hitze war entsetzlich. Obwohl draußen heller Tag war, lag der Raum im Halbdunkel. Sie ging zum zweiten Bettchen links und hob einen winzigen Körper hoch, nur wenig größer als ein Neugeborenes. »Das ist Marian«, sagte sie.

Er hatte geschlafen, und während er sich den Schlaf aus den Augen rieb, sah er uns ernst über ihre Schulter hinweg an. Große braune Augen in einem winzigen, weißen, verkniffenen Gesicht, eine laufende Nase, mausgraues Haar im Bürstenschnitt. »Möchten Sie ihn auf den Arm nehmen?« fragte Dr. Unescu.

Ich nahm ihn auf den Arm. Er war so leicht, so zerbrechlich, daß ich ihn nicht eng an mich drücken mochte aus Angst, es könnte etwas kaputtgehen. Es war unmöglich zu glauben, daß dieses Kind sieben Monate älter als Charlie war. Dieses Kind war nicht einmal halb so groß, halb so schwer, und vermutlich sah es mit seiner Entwicklung genauso aus. Dieses Kind konnte nicht gehen und nicht stehen. Der Junge klammerte sich an mich, und wie ich ihn so hielt, sah ich, daß sein Hinterkopf voller offener Wunden war, die man nicht versorgt hatte. Sie sahen sehr schmerzhaft aus, und am Rücken seines Pullovers war frisches Blut, wo der Junge sich eindeutig gekratzt hatte. Normalerweise bin ich ein ziemlich heikler Mensch, aber die laufende Nase, die offenen Wunden, die Windeln, die offensichtlich sehr lange nicht gewechselt worden waren, machten mir überhaupt nichts aus. Ich hielt ihn fest, wünschte mir verzweifelt, ihm etwas Trost zu spenden, wie kurz er auch sein mochte.

Adrian und Dr. Unescu sprachen schnell miteinander. »Er kann noch nicht laufen«, sagte Adrian überflüssigerweise, »aber er kann fast stehen. Geistig ist er ausgezeichnet, ganz ausgezeichnet, und vom Laufen abgesehen ist er allgemein bei guter Gesundheit.«

Bei guter Gesundheit — die Worte waren obszön im Zusammenhang mit diesem Kind. Er klammerte sich ans Leben, sein ganzer Körper mußte eine Qual für ihn sein — die Wunden, die Unterernährung, und er fieberte auch, wie ich merkte. Seine heiße Stirn, die er an meinen Hals drückte, war nicht nur die Folge der entsetzlichen Zustände. Sanft löste ich ihn von mir und reichte ihn Alan. Alan nahm ihn. Wieder schlossen sich Marians Arme, diesmal um Alans Hals. Ich stellte mich hinter ihn, so daß ich Marians Gesicht sehen konnte: Er starrte in den Raum, die Augen noch schwer vom Schlaf. »Hallo, Marian«, sagte ich. Seine Blicke konzentrierten sich auf mich, und dann, wie durch ein Wunder, lächelte er — *lächelte*. Kein sanftes Lächeln, kein mitleiderregendes, müdes Lächeln, sondern ein breites, freches Grinsen, das sein Gesicht in zwei Hälften teilte, und seine Augen waren plötzlich voller Humor und Interesse. Das kam so unerwartet, paßte auf verrückte Weise überhaupt nicht zu dieser entsetzlichen Situation. Ich spürte Tränen aufsteigen. »Guck mal, Locket.« Sie kam, stellte sich neben mich und fing an, ihn leicht zu kitzeln. Das Lächeln zog sich wieder über das ganze Gesicht und wurde dieses Mal von einem tiefen, kehligen Kichern begleitet. »Nimm ihn auf den Arm«, sagte ich zu ihr.

»Nein, das möchte ich nicht«, antwortete Locket.

»Warum nicht?« fragte ich.

»Ich möchte mich nicht engagieren, noch nicht.«

»Bitte«, flüsterte ich.

Sie nahm ihn auf den Arm. Marian mochte sie auf Anhieb. Er war jetzt lebhafter, lächelte, flirtete mit ihr. Adrian gab ihm seine Autoschlüssel. Er nahm sie mit erstaunlich festem Griff und drehte sie in den Händen.

Ich sah in sein Bettchen, das grau, schmutzig und stinkend war. Da lagen keine Spielsachen drin. Das Bett war einmal weiß gewesen, aber der größte Teil der Farbe war von den Stäben abgeblättert, die Matratze war klumpig, und es schien, als sei ein Ende der Unterlage kaputt, denn die Matratze hing gefährlich durch. Dr. Unescu mußte gespürt haben, wonach ich suchte. Sie ging ans andere Ende des Zimmers und hob einen Pappkarton auf, in dem drei schmutzige, quietschende Gummifiguren waren. Eine nahm sie heraus und gab sie Marian. Er hielt sie ganz fest in der einen Hand, die Autoschlüssel in der anderen. Dr. Unescu sah mich an und lächelte traurig. Sie brauchte nichts zu sagen, es war offensichtlich, daß diese Figuren alles waren, was die sechs Kinder in diesem Raum zum Spielen hatten.

Locket gab mir Marian zurück, und er machte es sich wieder an meinem Nacken gemütlich, wobei er sich ganz fest anklammerte. Wie ich ihn so hielt, spürte ich, wie seine Brust an meiner vibrierte, während er nach Atem rang; er hatte eindeutig Bronchitis oder so etwas ähnliches. Das ließ mich einen Blick auf die anderen Kinder werfen. Gegenüber von Marians Bett war ein kleiner rothaariger Junge, der so kalkweiß aussah, daß man nur annehmen konnte, daß er an Leukämie litt. Er stand unsicher auf seinen Beinchen und beobachtete über die Stangen hinweg, welches Interesse seinem Kameraden entgegengebracht wurde. Er sah schrecklich krank aus. Am anderen Ende des Zimmers waren noch zwei offensichtlich sehr kranke Jungen: einer wirkte zurückgeblieben, wie er da zusammengerollt in seinem Bett lag, in die Gegend starrte und nicht bemerkte, was um ihn herum vorging. Der andere schien einfach krank zu sein, er wollte Interesse an uns zeigen, hatte aber nicht die Kraft, sich zu bewegen. An der Tür war ein dunkles Baby, zum Verzweifeln dünn. »Er ist Zigeuner«, sagte Adrian voller Verachtung. Das sechste Bett war nicht belegt. »Das Kind ist im Krankenhaus«, erklärte Adrian uns, als wir in das leere Bett sahen. Es war klar, daß alle Kinder in diesem Zimmer krank waren. Es war auch klar, daß sie mit Ausnahme von Marian aufgegeben hatten. Aber Marian nicht, o nein, Marian konnte lächeln, Marian konnte lachen, und jetzt wußte ich, warum Dr. Unescu gesagt hatte, er sei besonders.

»Ich glaub', ich muß gehen«, flüsterte Locket, »mir ist ziemlich schlecht.«

Ich nickte und wandte mich Adrian zu. »Und was passiert jetzt?«

Adrian sprach ausführlich mit Dr. Unescu. »Sie sagt, wenn Sie an dem Jungen interessiert sind, sollen Sie morgen früh wiederkommen, wenn sie seine Papiere hat. Er war in Waisenhaus Nummer 6 und wurde erst heute hergebracht. Vielleicht ist er nicht einmal zur Adoption freigegeben, aber wenn er es ist, sagt sie Ihnen die Einzelheiten.«

»Danke«, sagte ich. Ich sah Alan an. »Willst du ihn noch einmal auf den Arm nehmen?«

»Ja«, antwortete er zu meiner großen Überraschung. Ich gab ihm Marian, und dabei merkte ich, daß mit Alan etwas passiert war. Es war eindeutig, daß der kleine Junge einen gewaltigen Eindruck auf ihn gemacht hatte. Er zog ihn sehr eng an sich und redete beruhigend auf ihn ein.

»Bitte, laßt uns gehen«, flüsterte Locket verzweifelt. Ich legte den Arm um sie, um uns beide zu trösten. »Nur noch eins«, sagte ich. »Adrian, sein Name. In England ist Marian im allgemeinen ein Mädchenname.«

Dr. Unescu hörte mich und fing an, in schnellem Rumänisch zu reden. »Frau Doktor sagt, daß die englische Übersetzung für Marian Michael ist«, sagte Adrian, »der Junge heißt Michael.«

Keiner von uns sprach, als wir das Waisenhaus verließen. Als Alan den kleinen Michael an Dr. Unescu zurückgegeben hatte, hatten wir ihm nicht auf Wiedersehen gesagt, wir konnten es nicht. Wir wußten nicht, ob wir ihn je wiedersehen würden, und irgendwie war keiner von uns in der Lage, sich offiziell zu verabschieden. Wir schlichen uns davon und mieden seinen Blick. Als sie ihn in sein Bett gelegt hatte, hatte er angefangen zu wimmern. Als sie ihm sagte, er soll ruhig sein, hörte er auf und beobachtete, still und mit Würde, wie wir gingen. Er ging mit dem Abschied viel besser um als wir.

Als wir das Auto erreichten, legte Adrian für einen Augenblick den Kopf auf das Dach. »Was ist, Adrian, sind Sie krank?« fragte ich.

Er schüttelte den Kopf, und als er aufblickte, sah ich, daß er weinte. »Ich wußte nicht«, sagte er mit brüchiger Stimme, »ich wußte nicht, daß es solche Häuser in Rumänien gibt, daß kleine Kinder soviel leiden. Ich schäme mich so für mein Land. Ich wußte es nicht, ich wußte es nicht — ich hoffe, Sie verstehen.«

Wir starrten ihn an. »Sie wollen sagen, daß Sie nicht wußten, daß die Waisenhäuser so aussehen?«

Er schüttelte den Kopf und wischte sich mit dem Handrücken grimmig die Tränen ab; die Geste eines kleinen Kindes. Fort war unser Herr Wir-kriegen-das-schon-hin, der Mann, für den nichts ein Problem war. Er war genauso schockiert wie wir von dem, was er gesehen hatte, und doch lag die Wohnung, in der er lebte, nur fünf Minuten von dem Waisenhaus entfernt.

Plötzlich dachte ich an Deutschland im letzten Krieg, wo ganz gewöhnliche Leute, die Männer und Frauen auf der Straße, jegliches Wissen über die Konzentrationslager geleugnet hatten. Wir in Großbritannien, mit unserer freien Presse gesegnet, konnten es nicht glauben. Doch hier wiederholte sich die Geschichte: Die Welt wußte von dem Leiden von Ceaucescus Kindern, doch die rumänischen Menschen selbst schienen unwissend zu sein. Ich sah mir Adrians Gesicht genau an, und ich schwöre, daß er nicht log. Er gab sich Mühe, sich zusammenzureißen. »Michael ist ein niedlicher kleiner Junge, nicht?« sagte er fragend, hoffnungsvoll.

»Ja«, sagte Alan, »einen Jungen wie Michael kann man nicht so leicht vergessen.«

Wir stiegen ins Auto. »Wollen Sie noch andere Waisenhäuser sehen?« fragte Adrian.

»Nein«, sagten wir drei einstimmig. Wir fuhren schweigend dahin. Es war nicht der Augenblick, über das zu reden, was wir gesehen hatten, noch über das zu spekulieren, was wir in bezug auf Michael unternehmen würden.

Nach ein paar Minuten sagte Adrian: »Ich bringe Sie nicht in Ihr Hotel. Ich fahre Sie erst noch zu Ceaucescus Palast.«

»Bitte, nein, Adrian«, sagte ich müde, »wir müssen einfach ins Hotel zurück, duschen und uns ausruhen. Unser neuer Anwalt kommt bald, und ich glaube, wir brauchen etwas Zeit allein, bevor wir ihn treffen.«

»Erst sehen Sie sich Ceaucescus Palast an«, sagte Adrian. Das war kein Vorschlag, sondern ein Befehl, und keiner von uns fühlte sich stark genug, um mit ihm zu streiten.

Er fuhr ins Stadtzentrum, und plötzlich verschwanden die Häuser, wir fuhren eine gerade, breite Avenue mit eindrucksvollen Gebäuden mit hellem Mauerwerk hinunter. »Da ist er«, sagte Adrian.

Vor uns, in der Sonne glänzend, lag das riesigste, groteskeste Gebäude, das ich je gesehen hatte. Ich nehme an, es war ungefähr zwanzigmal so groß wie der Buckingham Palast, in einem engen Halbkreis gebaut und hing über der Stadt wie ein Raubvogel. »Die Häuser auf beiden Seiten der Straße gehörten mal der Securitate«, sagte Alan, »und das Gebäude neben dem Hauptpalast war ihrs.« Er spuckte das Wort aus.

»Elena Ceaucescus?« fragte ich.

»Ja, ein Palast für ihn und einer für sie.« Seine Stimme war voller Bitterkeit.

Er fuhr uns bis an die Palastmauer und hielt. Wir stiegen aus. Obwohl es Spätnachmittag war, war es noch sehr heiß. Eine Gruppe von Arbeitern war mit dem Mauerwerk an einer Ecke des Palastes beschäftigt, der teilweise immer noch im Bau zu sein schien. »Was wird damit?« fragte ich.

Adrian zuckte mit den Achseln. »Ich glaube Kunstgalerie oder Museum, ich weiß es nicht.«

Ich ließ Adrian im Gespräch mit Alan und Locket zurück und ging allein ein paar Meter an der Mauer entlang. Adrian hatte recht getan, uns hierher zu fahren. Der Gegensatz zwischen Michaels stinkendem Bett und der Obszönität von Ceaucescus Palast ließ mich das Leid des rumänischen Volkes besser verstehen als zehntausend Worte, geschrieben zur Verdammung dieser Form des Kommunismus.

Monate später fragten wir Harry McCormick, unseren Reisebüromann, was der Kommunismus seinem Land angetan hatte. »Er hat unsere Seele zerstört«, sagte er schlicht. Wie ich da an dem Tag stand, das Bild von Michael noch erschreckend vor Augen, begriff ich genau, was er meinte.

5. Verpflichtung

Nicolae Ivan betrat die Eingangshalle des Hotels Bucureşti um zwei Minuten nach acht. Verabredet hatten wir uns für um acht. Das allein war schon ermutigend. Ein großer, kräftiger Mann mit dichtem Haar und dunklem Teint, der von einem eindrucksvollen Fünf-Uhr-Schatten noch betont wurde, sah er eher wie ein Bandit als ein Anwalt aus. Auch seine Kleidung war interessant: dunkler Anzug, offener Hemdkragen und, erstaunlicherweise, Segeltuchschuhe der Marine. Trotz seiner Fülle bewegte er sich mit ungeheurer Geschwindigkeit, und selbst als er bei uns saß, war er rastlos, ständig in Bewegung. Allein ihn zu beobachten, machte schon müde. Wir erläuterten unsere Situation und sagten, daß wir Gerüchte gehört hätten, denen zufolge es faktisch im Augenblick kein Gesetz zur Adoption rumänischer Kinder mehr gäbe. »Das stimmt«, sagte er fröhlich.

Bei seinen Worten drehte sich alles um uns herum. »Aber die Britische Botschaft hat uns heute erklärt, daß es nicht stimmt«, sagte Alan.

Ivan zuckte mit den Achseln. »Und ich sage Ihnen, daß es stimmt. Machen Sie sich keine Sorgen, es wird ein neues Gesetz geben, und zwar bald. Das Waisenhaus-Problem ist riesig, und wir werden damit nicht fertig. Die meisten Leute in der Regierung stehen einer Adoption durch Ausländer positiv gegenüber. An einem neuen System wird gearbeitet. Es wird sich um einen richterlichen Vorgang handeln, und das wird viel besser sein als das alte Gesetz.«

»Ist es im Augenblick sinnvoll, wenn wir uns weiter um die Adoption eines Babys bemühen?« fragte ich.

»Aber natürlich«, antwortete Ivan. »Wie ich Ihnen sagte, es wird nicht lange dauern, nur ein paar Wochen.«

Innerhalb von vierundzwanzig Stunden waren uns drei vollkommen gegensätzliche Mitteilungen gemacht worden, es war nicht zu fassen. Ohne die Gelegenheit, darüber zu sprechen, sah ich Alan an und versuchte, seine Gedanken zu lesen. Er nickte kaum wahrnehmbar. Er hatte eindeutig das Gefühl, daß wir Ivan trauen sollten, und mir ging es instinktiv genauso. Nicht nur, daß er ehrlich und geradeheraus wirkte, er besaß auch Autorität und ging geschäftsmäßig vor. Dieser Mann war keiner, der die Zeit hatte, andere an der Nase herumzuführen. Er sagte uns, daß er uns helfen könnte, und wir glaubten ihm.

»Also«, sagte er, »Sie suchen ein kleines Mädchen. Der beste Rat, den ich Ihnen geben kann, ist, ein Kind in einer Entbindungsklinik zu adoptieren — dann ist das Kind gesund. Kehren Sie nach England zurück und warten Sie. Innerhalb von einer Woche oder höchstens zwei werde ich Sie anrufen, wenn ich eine Mutter gefunden habe, die gerade ein Kind zur Welt gebracht hat und es nicht behalten will. Dann können Sie kommen und die Kleine sehen, und wenn Sie zufrieden mit ihr sind, werden wir das Einverständnis der Mutter einholen und die Adoption vorantreiben.«

»Wir haben sogar rumänische Pflegeeltern«, sagte ich.

»Das ist ausgezeichnet. Dann sehe ich überhaupt keine Probleme mehr.«

»Was ist mit Michael?« Ich sah Alan an.

»Michael? Wer ist Michael?« fragte Ivan.

»Wir waren heute im Waisenhaus Nummer 4«, erklärte Alan. »Da war ein kleiner Junge mit Namen Michael. Wir wissen noch nicht, ob er zur Adoption freigegeben ist und ob wir ihn adoptieren sollten. Wir hatten noch keine Zeit, darüber zu sprechen.«

»Ich glaube, es ist besser, wenn Sie ein Neugeborenes adoptieren«, sagte Ivan. »Sie haben bereits einen Sohn, sagten Sie, also brauchen Sie jetzt noch eine jüngere Tochter.«

»Ich hätte gern eine Schwester, weil ich schon fünf Brüder habe«, sagte Locket, »das jedenfalls war meine Meinung, bevor wir Michael kennenlernten.«

»Ich glaube, du solltest immer noch eine Schwester bekommen«, sagte Ivan mit einem seiner seltenen Lächeln. »Überlassen Sie mir die Sache, und ich werde ein gesundes Mädchen für Sie finden. Dieser Michael, wie lange ist er schon in einem Waisenhaus?«

»Weiß ich nicht«, sagte Alan.

»Er ist vermutlich kränklich, er kann AIDS haben. Vergessen Sie ihn.« Er stand auf, bereit zum Aufbruch. Alan reichte ihm eine Kopie unserer Akte und unsere Adresse. »Sie werden sehr bald von mir hören«, sagte Ivan, und bevor wir ihm überhaupt danken konnten, war er weg.

Die Versuchung, über unser Treffen mit Ivan zu diskutieren, war sehr groß, aber Alan blieb hart. Wir mußten etwas essen und dann schlafen. Seiner Ansicht nach war es an diesem Abend nicht mehr möglich, vernünftig über Michael zu reden, das wäre ihm gegenüber nicht fair, meinte er beharrlich. Wir waren seelisch und körperlich erschöpft, über Ivans Rat mußten wir uns am nächsten

Morgen mit ausgeruhtem Kopf befassen. Keiner von uns hatte Hunger, aber wir sahen ein, daß wir versuchen mußten, etwas zu essen. Obwohl es erst neun war, hatte die Snack Bar wie üblich geschlossen, also gingen wir auf unser Zimmer und bemühten den Zimmerservice. Schließlich bekamen wir auch etwas – Salami, seifigen Käse und altes Brot. Wir aßen ein bißchen, dann sagte Locket gute Nacht und ging auf ihr Zimmer, und wir machten uns bettfertig. Unter keinen Umständen wäre es einfach gewesen zu schlafen, doch die Klimaanlage funktionierte nicht, und es war drückend heiß. Wenn ich zurückblicke, dann hatten wir wahrscheinlich so wenig gegessen, daß wir auch keine Kraft mehr hatten.

Was mich anging, so hatte ich die ganze Nacht das Bild von Michael in seinem Bettchen vor Augen. Ich konnte den Gedanken nicht ertragen, daß er allein war, offensichtlich nicht gesund, hungrig und im Dunkeln. Ich hatte das Gefühl, wir hätten ihn nicht da lassen dürfen, wir hätten ihn mitnehmen sollen. Natürlich war das absurd. Anders als Kinder aus Entbindungskliniken durften die Kinder aus den Waisenhäusern nicht heraus, bis sie adoptiert waren, und nach allem, was wir bis jetzt wußten, war Michael vielleicht nicht einmal zur Adoption freigegeben. Dennoch hatte ich das Gefühl, daß ich zu ihm gehen mußte, um ihn zu trösten und zu beruhigen. Beruhigen in welcher Hinsicht? Ich dachte an Ivans Rat. Michael war zumindest theoretisch in jeder Hinsicht das falsche Kind – er war ein Junge, er war älter als Charlie, es gab keinen natürlichen Altersunterschied zwischen ihnen, und da er aus einem Bukarester Waisenhaus kam, war es sehr wahrscheinlich, daß er entweder HIV positiv war oder zumindest an Hepatitis B litt. Daß die Jungen sich im Alter so nah waren, würde für beide nicht gut sein — keine Zwillinge, aber für Brüder zu eng beieinander, Konkurrenten in der Schule, um Aufmerksamkeit wetteifernd, das würde ein Alptraum werden.

Auch wenn ich zugestimmt hatte, an diesem Abend nicht mehr über Michael zu reden, hatte ich keine Kontrolle über meine Gedanken. Zu sagen, daß ich ihn liebte, würde das Wort bedeutungslos machen, denn wie kann man jemanden lieben, den man nur zehn Minuten gesehen hat? Doch wenn ich daran dachte, ihn im Waisenhaus zu lassen, wurde mir ganz übel und elend, und das war nicht einfach Mitleid. Michael hatte bei mir einen ganz besonderen Funken entzündet, als er gelächelt hatte. Er besaß soviel Mut und Wärme; wie durch ein Wunder hielt er durch, und er hatte das Interesse am Leben noch nicht verloren. Er brauchte eine Chance, er mußte eine Chance bekommen …

Ich fragte mich einen Augenblick lang, was für ein Gefühl Locket hatte. Sie war sehr entschieden gewesen in ihrem Wunsch, eine Schwester zu bekommen, und sie hatte sich zunächst geweigert, Michael auf den Arm zu nehmen, aber als sie es dann doch tat, hatte er auf sie positiver als auf uns andere reagiert. Und Alan? Ich drehte mich in der Dunkelheit zu ihm. Er war wach, starrte an die Decke. »Denkst du an Michael?« fragte ich.

»Natürlich«, antwortete er.

»Und was für ein Gefühl hast du?«

»Wie ich gesagt habe, er ist kein kleiner Junge, den man so einfach vergißt.« Seine Stimme klang düster. »Dennoch, ich — ich denke, du bleibst lieber bei deinem ursprünglichen Plan und nimmst ein kleines Mädchen. Wenn wir Michael adoptieren, wäre es für ihn und Charlie sehr schwierig.«

In Gedanken versuchte ich mir das Bild vorzustellen, wie wir im Triumph aus Rumänien zurückkehrten mit einer kleinen Schwester für Charlie – nichts passierte. Michael ... das konnte ich mir sofort vorstellen. Mein Herz meldete sich, wir konnten ihn nicht einfach verlassen, wie ausgeschlossen die Adoption auch erscheinen mochte. »Ich glaube, wir sollten morgen in das Waisenhaus fahren und sehen, ob seine Papiere eingetroffen sind, und wenn ja, versuchen, seine Eltern ausfindig zu machen«, sagte ich unsicher. »Dann, und nur dann, sollten wir unsere Entscheidung treffen.«

»Einverstanden«, sagte Alan mit offensichtlicher Erleichterung.

Im Waisenhaus begrüßte uns Dr. Unescu am nächsten Tag wie lange verlorengeglaubte Freunde. Sie war weit aufgeschlossener und freundlicher als am Nachmittag zuvor, als sie eindeutig sehr müde gewesen war. Sie sprach sehr schnell mit Adrian, und er dolmetschte für uns. Sie hatte Michaels Papiere bekommen. Sein voller Name lautete Marian Aurel Tifan, und er war am 8. Juli 1988 in Bukarest geboren worden. Er hatte zwei Schwestern, Mirella, sieben, und Christina-Daniella, drei. Keine der Schwestern war in Waisenhaus Nr. 4, doch bis vor ein paar Monaten hatten Michael und Christina-Daniella sich ein Bettchen in Waisenhaus Nr. 6 geteilt, aus dem er am Tag zuvor gekommen war.

Ungläubig starrte ich Dr. Unescu an. »Wollen Sie sagen ... die Kinder sind getrennt worden?«

Sie verstand mich und gab Adrian eine lange Erklärung. Er zog Grimassen und übersetzte. Soweit man wußte, waren Michael und seine Schwester bis zu Christina-Daniellas drittem Geburtstag zusammen in einem Kinderbettchen gewesen. Als sie drei Jahre alt war, mußte sie in ein anderes Waisenhaus, in dem man sich um ältere Kinder kümmerte, und daher waren sie und Michael erst vor ein paar Wochen getrennt worden.

Ich versuchte sie mir vorzustellen, die Trennung dieser kleinen Geschwister. Meine Gedanken schreckten davor zurück. Wie lange hatten sie ein Bettchen geteilt? Vermutlich ihr ganzes Leben lang. Sie hatten zusammen gespielt, sich gegenseitig Trost gespendet, eng beieinander gelegen, um sich gegenseitig zu wärmen, und nun waren sie getrennt. »Das ist barbarisch«, schrie ich fast, den Tränen nahe. Alan ergriff meine Hand und drückte sie. Einen Augenblick lang dachte ich an all die Ratgeberbücher über Kinder, die ich gelesen hatte, als Locket und Charlie noch klein waren, und an die Notwendigkeit, dramatische Ereignisse und Veränderungen im Leben eines Kleinkindes auf ein Minimum zu reduzieren. Innerhalb von nur ein paar Wochen hatte Michael seine Schwester verloren und war dann von einem Waisenhaus in ein anderes verlegt worden. Er war halbtot vor Unterernährung, hatte hohes Fieber – und er konnte immer noch lächeln.

Adrian redete wieder und erzählte uns mehr über den familiären Hintergrund. Die Mutter der Kinder, so schien es, hatte die Familie kurz nach Michaels Geburt verlassen und war mit einem anderen Mann davongegangen. Der Vater hatte sich abgemüht, die Kinder allein zu betreuen, und hatte es, was nicht überraschte, nicht geschafft. Soweit Dr. Unescu wußte, war Michael mehr oder weniger sein ganzes Leben lang in einem Waisenhaus gewesen.

Diese Information überraschte mich, und zunächst wunderte ich mich, warum. »Adrian«, sagte ich, »können Sie Dr. Unescu noch einmal fragen, ob sie sicher ist, daß er immer in einem Waisenhaus war?« Das jedenfalls sagen seine Papiere, lautete die Antwort. »Aber anders als die anderen Kinder schlägt er nicht mit seinem Kopf an harte Gegenstände und schaukelt nicht, er hat gelacht, er ...«, ich suchte nach den richtigen Worten, »er hat nicht aufgegeben.«

Dr. Unescus Englisch war weit besser, als sie zugeben wollte. »Ja«, sagte sie, »das stimmt, und darum habe ich ihn Ihnen gezeigt. Er ist ein besonderes Kind, aber ich weiß nicht, warum.«

Wir fragten, was wir als nächstes tun mußten, und es schien, als müßten wir zum Vater gehen und sein Einverständnis einholen. Da die Mutter die Familie verlassen hatte, war es vermutlich nicht notwendig, auch ihr Einverständnis zu holen, aber bei diesem Punkt schien sich niemand sicher zu sein.

»Wenn die Eltern bereit sind, Michael adoptieren zu lassen, dann müssen Sie es uns sagen, und wir bewahren ihn für Sie auf«, übersetzte Adrian. Es klang schrecklich, als ob man irgendein Ding auf einem Möbelstück deponierte. Adrian sah in die Akte, erkannte die Adresse des Vaters, und wir vereinbarten, daß wir ihn um vier Uhr besuchen wollten, der normalen Zeit, zu der Rumänen von der Arbeit nach Hause kommen. Wir sagten Dr. Unescu, daß, wenn der Vater bereit war, seine Zustimmung zur Adoption zu geben, wir am nächsten Morgen, bevor wir zurückflogen, noch einmal kommen würden, um sie wissen zu lassen, ob wir Michael adoptieren wollten.

»Willst du Michael noch einmal sehen?« flüsterte Alan.

Ich schüttelte den Kopf. Plötzlich dachte ich an Marie, die Frau aus Irland, die wir im Flugzeug kennengelernt hatten. Sie hatte ihr Baby nur einmal gesehen, weil sie, falls die Sache schiefging, es nicht ertragen konnte, es noch einmal zu sehen. Damals hatte ich sie ziemlich merkwürdig gefunden, aber jetzt verstand ich sie vollkommen. Die Vorstellung, Michael noch einmal zu sehen und dann feststellen zu müssen, daß wir ihn nicht adoptieren konnten, war mehr, als ich ertragen konnte.

Als wir wieder ins Hotel kamen, waren Kerry und Karen fast hysterisch. Poenaru weigerte sich immer noch, ihre Anrufe anzunehmen. Sie wollten sich Adrian für eine Stunde oder so ausleihen, um erst in Poenarus Büro zu fahren und dann, wenn er dort nicht war, zu ihm nach Hause. Locket und ich boten an, uns um Alexander und Emily zu kümmern, und sie fuhren sofort los. Zwanzig Minuten später waren sie wieder da, voller Wut. Poenaru war weder im Büro noch zu Hause gewesen – er spielte Tennis, und seine Frau hatte sich geweigert, zu sagen, wo. Wir luden die Mädchen ein, mit uns zu Mittag zu essen, um sie ein bißchen aufzumuntern. Sie beschlossen, in der Nähe des Telefons zu bleiben, also gingen wir drei nach unten in die Snack Bar, bestellten Hähnchen und bekamen natürlich Schweinefleisch.

Wir hatten mit Adrian vereinbart, daß er uns nach dem Mittagessen abholen sollte, um uns zu Michaels Vater zu bringen, aber wir hatten immer noch nicht miteinander gesprochen. Jetzt taten wir es. Die Emotionen schienen aus uns herauszubrechen, als hätte man einen Furunkel aufgeschnitten. Keiner von uns konnte den Gedanken ertragen, Michael da zu lassen, wo er war, doch machten wir uns alle Sorgen um ihn und Charlie, daß es eine Katastrophe geben würde, weil sie altersmäßig so nah beieinander waren. Wir waren uns einig, daß Charlie ein unkompliziertes Kerlchen war, und wir sahen kein Problem darin, ihn mit der Vorstellung eines neuen Babys vertraut zu machen, ob es nun ein paar Tage, Wochen oder Monate alt war. Aber das hier war anders. Michael war ein kleiner Junge, der, wenn er einmal wieder bei Kräften war, auf jede erdenkliche Weise in Charlies Bereiche eindringen würde. Charlie würde auf jeden Fall sehr zu leiden haben. Und was war mit Michael? Er brauchte viel Liebe, Bestätigung und Aufmerksamkeit, eine ruhige, entspannte Atmosphäre, damit seine Wunden heilten, die körperlichen genauso wie die emotionalen. Ein gemeinsames Leben mit Charlie würde mit Sicherheit nicht langweilig sein, aber es würde kaum die Ruhe vermitteln, von der wir glaubten, daß Michael sie brauchte.

Der Reihe nach stellten wir unsere Sicht der Dinge dar. Bei Locket war alles klar. Sie hatte sich eine kleine Schwester gewünscht, aber jetzt, wo wir Michael kennengelernt hatten, mußten wir weitermachen und sehen, ob er zur Adoption frei war. »Und wenn er das ist?« fragte Alan. »Dann sehe ich nicht, wie wir ihn da lassen können«, sagte Locket schlicht.

Alans Ansichten waren ähnlich, aber eindeutiger. Michael hatte einen ungeheuren Eindruck auf ihn gemacht, und es war ganz klar, daß er ihn wegen seiner Persönlichkeit adoptieren wollte. Im Waisenhaus hatte ich bemerkt, daß zwischen Alan und Michael irgendwie eine Beziehung entstanden war, und das wurde jetzt überdeutlich. Es kam überhaupt nicht in Frage, daß Alan Fowler Rumänien ohne Marian Trifan verlassen würde, nicht ohne Kampf, in dem er Himmel und Hölle in Bewegung setzen würde.

Dann war ich an der Reihe. Sehr zu meiner Überraschung und Beschämung fing ich an zu weinen, und als ich erst einmal angefangen hatte, schien ich nicht wieder aufhören zu können. »Es ist so entsetzlich«, schniefte ich, »daß man so eine Entscheidung treffen muß, weil man weiß, daß das Leben eines Kindes am seidenen Faden hängt. Es ist, als spielte man Gott, das sollte man von niemandem erwarten, und es hat auch niemand das Recht dazu.« Ich putzte mir die Nase und nahm einen neuen Anlauf. »Sicherlich wäre es am besten für die Familie, wenn wir einen Säugling bekämen, vorzugsweise ein Mädchen, aber Michael steht für das, was mit Rumänien los ist.« Ich sah mich im Restaurant um. »Diese Stadt ist vollgestopft mit bedauernswerten, verzweifelten, kinderlosen Paaren, die darauf hoffen, sich mit der Adoption eines Babys ihren Traum zu erfüllen. Ich glaube nicht, daß irgendein gesundes, neugeborenes Kind, das in dieser Stadt von jetzt an zur Adoption freigegeben wird, ohne ein Zuhause bleiben wird. Es sind die Michaels, die vergessen werden, die wahren Opfer von Ceaucescu, und je älter sie werden, desto geringer wird ihre Chance, daß ihnen irgend jemand hilft. Sehen wir es ganz klar: Wegen Kindern wie Michael sind wir doch in erster Linie hergekommen. Mir gefällt Ivans Idee nicht, herumzuhängen und zu warten, daß irgendein unerwünschtes Kind geboren wird, und doch gebe ich gern zu, daß es schwierig ist, sich von dem Gedanken an ein Neugeborenes zu verabschieden. Ich glaube, daß ich vielleicht noch unter der Fehlgeburt leide«, gab ich zu.

»Was also machen wir?« sagte Alan.

Ich atmete tief durch. »Es muß Michael sein, nicht?«

»Ich glaube, ja«, sagte Alan ruhig. »Aber was sagst du, Locket?«

»Michael«, antwortete sie, »aber nur, wenn Mum das Gefühl hat, sie kommt auch ohne ihr Neugeborenes aus.«

»Kannst du das?« fragte Alan mich.

»Ja«, sagte ich, »wegen Michael« – und brach wieder in Tränen aus.

Jetzt, da wir unsere Entscheidung getroffen hatten, verließen wir das Hotel in Hochstimmung, doch sie sank wieder, als wir auf der Suche nach Michaels Vater durch die Stadt fuhren. Die schönen alten Gebäude verschwanden, und an ihre Stelle traten Mietskasernen, eine Straße nach der anderen. Wie der Rest von Bukarest sahen die Gebäude kaputt aus. Das war mehr als nur die Folge des Erdbebens. Jahrelang waren keine Reparaturen ausgeführt worden, und das sah man jetzt. Schließlich hielten wir vor einem besonders baufälligen Wohnblock. Die Straße war holperig und staubig, das Gras vor den Häusern von der Sonne braun und mit Abfall bedeckt. Wir folgten Adrian die Stufen hinauf in einen abgedunkelten Korridor. Er schaute auf seinen Zettel. »Hier ist es«, sagte er, »im Parterre. Es muß … ja, diese Wohnung sein.« Er läutete. Wir warteten, waren uns verzweifelt bewußt, daß uns die Zeit davonlief. *Er mußte zu Hause sein.* Adrian betätigte die Klingel noch einmal. Sie klang merkwürdig. Er guckte durch ein winziges Fenster in der schmutzigen, fleckigen Tür. »Sieht nicht so aus, als ob hier jemand wohnt«, sagte er. Während er sprach, öffnete sich die Tür der Nachbarwohnung. Ein Mann kam heraus. Das Gespräch dauerte. Mir war schlecht vor Nervosität. Schließlich wandte sich Adrian uns zu. »Der Vater ist tot. Er hat hier tatsächlich mit den Kindern gewohnt, aber sie sind alle in Waisenhäusern, wie wir ja wissen. Der Vater wurde offensichtlich während der Revolution angeschossen und starb ein paar Monate darauf.«

»Und die Mutter?« fragte Alan.

»Die Mutter lebt mit einem anderen Mann zusammen. Die Leute hier kennen ihre Adresse nicht, aber sie hat eine gute Freundin, die in diesem Wohnblock in der sechsten Etage wohnt. Ich geh' jetzt zu ihr nach oben. Sie wird uns die Adresse der Mutter sagen können.« Wir dankten den Leuten, die uns auf dem Weg zur Eingangstür beobachteten, bis wir nicht mehr zu sehen waren. »Sie warten hier«, sagte Adrian, »ich brauch' nicht lange.«

Als wir im Eingang des Gebäudes standen, versammelte sich eine Gruppe von Kindern jeglichen Alters, von Kleinkindern bis zu Teenagern. Sie standen herum und starrten uns an, aber es war kein feindliches Anstarren, und wir fühlten uns nicht im geringsten eingeschüchtert. Diese Menschen hatten nichts, das sah man, aber wenn wir in einer schlimmen Gegend in London vor einem ähnlichen Häuserblock gestanden hätten, wäre ich weit nervöser gewesen, vor allem wegen Locket. Vielleicht war es Unwissen, das uns ein Gefühl der Sicherheit gab, aber das glaube ich eigentlich nicht. Die Tatsache, daß wir mehr Geld bei uns hatten, als viele Rumänen ihr ganzes Leben lang verdienen, hätte uns erschrecken müssen. Aber das war nicht der Fall.

Adrian kehrte triumphierend zurück. »Der große Detektiv«, sagte er, warf sich in die Brust und stolzierte herum. Er war wieder ganz der alte, hatte sich von dem Ausflug ins Waisenhaus vollständig erholt.

»Sie haben ihre Adresse?«

»Ja«, sagte er. »Es ist ganz in der Nähe, nur fünf Minuten mit dem Auto.«

Wir stiegen wieder in den Wagen, und einige Kinder winkten uns zu, als wir wegfuhren. Für kurze Zeit überkam mich eine merkwürdige Ruhe. Plötzlich wußte ich, daß Michael uns gehören würde, daß seine Mutter ihre Zustimmung geben würde, daß alles gut werden würde. Es war eine lächerliche Idee, aber für einen Augenblick war das Gefühl ganz stark.

Die Gegend, in der Michaels Mutter wohnte, war ein bißchen besser als ihr früheres Zuhause. Die Schule war für diesen Tag gerade aus, und die Kinder gingen nach Hause. Ich fragte mich kurz, wie Michaels Mutter den Anblick dieser Kinder ertragen konnte, wenn ihre eigenen in drekkigen Lumpen in Waisenhäusern lebten. Trotz der Armut erkannte ich, wie stolz alle auf ihr äußeres Erscheinungsbild zu sein schienen. Die Hemden der Kinder waren sauber und gebügelt, die weißen Socken strahlten. Es gibt einen sehr deutlichen Unterschied bei der Armut in Ost- und Westeuropa, wenn Rumänien typisch ist. Persönliche Sauberkeit und Ordentlichkeit ist ungeheuer wichtig, wie die Bedingungen auch sein mochten. Ich bin seitdem in mehreren rumänischen Wohnungen gewesen, und sie sind immer gleich – alles steht an seinem Platz, die Möbel sind poliert, daß sie glänzen.

»Ich glaube, es ist am besten, wenn Sie mich erst zu ihr gehen und mit ihr reden lassen«, sagte Adrian. »Wenn wir alle zusammen kommen, schickt sie uns vielleicht wieder weg.« Das klang vernünftig, und so blieben wir im Wagen sitzen, während er in die Wohnung ging. Es war ein langes Warten, jedenfalls kam es uns so vor. Keiner von uns sprach, und die Spannung war hoch. Ich sah immer wieder zum Eingang des Gebäudes, aber als Alan endlich die Stufen heruntergerannt kam, wollte ich nicht mehr hören, was er zu sagen hatte – der Augenblick der Zuversicht war vorbei. »Sie sagt nein«, erklärte er, und dann warf er beim Anblick meines Gesichtsausdrucks den Kopf mit brüllendem Gelächter in den Nacken. Ein Scherz. »Es ist in Ordnung, es ist in Ordnung«, sagte er, »der große Detektiv Adrian hat mit ihr geredet, und sie ist glücklich, mit Ihnen über die Adoption von Michael zu sprechen. Kommen Sie mit nach oben.«

»Einfach so?« fragte Alan.

»Ja, aber sie will Sie kennenlernen. Es wäre gut, wenn Sie ihr Fotos von Ihrem Haus und Ihrem Sohn zeigen könnten. Der Mann ist bei ihr. Ich mag ihn nicht, er wird nach Geld fragen, aber denken Sie daran, daß es ihre Kinder sind, nicht seine.«

Man sah sofort, daß sie Michaels Mutter war — dieselben runden, braunen Augen und, wenn sie lächelte, derselbe Anflug von Humor. Sie hatte dunkles, lockiges Haar, eine leicht olivfarbene Haut und sah aus wie Mitte Dreißig, obwohl ich vermute, daß sie viel jünger war. Sie trug ein altes Baumwollkleid, ziemlich verwaschen, aber sauber und gebügelt. Sie war rundlich, und einen kurzen Augenblick lang haßte ich sie. Es war klar, daß es ihr nicht an Essen fehlte, genauso wie es klar war, daß am anderen Ende der Stadt ihr Sohn langsam verhungerte.

Mit einer Geste stellte sie uns den Mann vor. Er sah erbarmungswürdig aus, unglaublich dünn, mit Hühnerbrust und krummem Rücken, aber seine Augen waren scharf und hart, und sein Gesicht war voller Heimtücke. Adrian hatte recht, das war kein Mann, dem man trauen konnte oder den man mochte.

Wir setzten uns auf eine Bank. Vor uns stand ein hochglanzpolierter Tisch, auf dem eine ausgeblichene Decke lag. Ich sah mich in der Wohnung um, die offenbar nur aus einem Zimmer plus Küche bestand. Sie war winzig und makellos, man hätte meinen können, die Frau hätte uns den ganzen Tag erwartet. Ihr Name war Lenuta, englisch Helen, sagte uns Adrian.

Adrian fing an zu reden. Er stellte uns der Reihe nach vor. »Wir dürfen es hierbei nicht eilig haben«, sagte er leise in Englisch zwischen Wortschwallen von Rumänisch. »Zeigen Sie ihnen jetzt die Fotos.«

Alan holte die Fotos von unserem Haus, von Charlie, von den Tieren hervor. Sie wurden alle herumgereicht und genau betrachtet. Ich beobachtete ständig Lenutas Gesicht. Irgendwie war da ein toter Ausdruck, den ich nicht ganz deuten konnte. War sie unglaublich tapfer unter den schrecklichsten Umständen – Alptraum einer jeden Mutter –, oder war sie einfach gleichgültig?

Adrian sagte noch etwas, und dann fing sie an zu reden, langsam erst, mit Pausen, dann mit zunehmender Sicherheit. »Was sagt sie?« fragte Alan.

»Sie erzählt von der Familie, von den beiden Schwestern und Michael. Sie fragt, ob Sie auch die Schwestern adoptieren würden. Ich habe nein gesagt, ist das richtig?« Wir nickten. »Sie hat mir erzählt, daß ihr Mann tot ist und sie die Kinder nicht ernähren kann. Ihr neuer Mann hier ist krank, sie muß arbeiten, die Wohnung hat kein fließendes Wasser, und sie müssen sich im Erdgeschoß waschen und baden. Es gibt nur dieses eine Zimmer, es ist unmöglich, hier Kinder großzuziehen.«

Ich guckte zu Alan hinüber, er rutschte unbehaglich auf seinem Platz hin und her. Es wäre besser gewesen, wenn wir Gelegenheit zum Reden gehabt hätten, aber die Zeit fehlte. Ich wußte, daß ich jetzt für mich, für Alan und für Michael sprechen mußte. Plötzlich wirkte alles verkehrt, alles war falsch. Wir waren in dieses verarmte Land gekommen, um ein Kind seiner Familie wegzunehmen und es in dem vergleichsweisen Luxus unseres Hauses in Oxfordshire aufzuziehen. Es war Wahnsinn. Was wir eigentlich tun sollten, war, die Familie zu unterstützen, so daß sie zusammenbleiben konnte. »Adrian«, sagte ich, »sagen Sie ihr, daß wir ihr all das Geld geben werden, das wir für den Anwalt und die Flüge nach Rumänien ausgeben werden. Es wäre sehr viel Geld, vielleicht zehn oder fünfzehn Jahresgehälter. Würde sie die Kinder zu sich nehmen, wenn wir ihr so helfen?«

Ich sah den Ausdruck der Erleichterung auf Alans Gesicht. Wie bei vielen Dingen hatten wir beide dasselbe Gefühl.

Adrian sprach schnell mit ihr. Sie schüttelte den Kopf und sah mich an. »No«, sagte sie in Englisch.

»Warum, Adrian?« fragte ich.

»Sie kann ihnen hier in Rumänien kein gutes Leben bieten«, sagte Adrian. »Ganz gleich, wieviel Geld Sie ihr geben, hier gibt es nichts für ihre Kinder. Sie möchte, daß sie ein neues Leben beginnen, sie möchte, daß sie adoptiert werden. Sie hat ihre Entscheidung getroffen, und Sie können nichts tun, damit sie ihre Meinung ändert.«

Das war der Punkt, an dem ich wieder zu weinen begann. Der Freund der Frau, um ihn mal so zu nennen, fing an zu reden, und bald war ein längeres Gespräch im Gange, wenn Gespräch das richtige Wort ist. Alle redeten gleichzeitig, niemand hörte zu. Alan, Locket und ich saßen stumm am Tisch. Ich fühlte mich bis zum äußersten erschöpft und vermutete, ihnen ging es ebenso.

»Der Mann will Geld«, sagte Adrian leise, »wir müssen sehr vorsichtig sein.«

»Was hält die Mutter davon?« fragte ich.

»Sie will nur, daß ihre Kinder adoptiert werden. Sie

fragt, ob Sie versuchen könnten, jemanden für die Adoption der Mädchen zu finden.«

»Russell«, sagte ich zu Alan.

»Sagen Sie ihr«, sagte Alan, »daß mein ältester Sohn und seine Frau vorhaben, ein rumänisches Kind zu adoptieren. Möglicherweise denken sie darüber nach, ihre jüngere Tochter zu adoptieren.« Adrian überbrachte die Botschaft, und zum erstenmal lächelte sie.

»Adrian«, sagte ich, »könnten Sie sie fragen, ob sie weiß, in welchen Waisenhäusern ihre Töchter sind?«

Adrian stellte die Frage. Sie nickte, nahm den Stift, den Alan auf den Tisch gelegt hatte, und deutete an, daß sie schreiben wollte. Alan gab ihr einen Zettel, und sie schrieb die Namen ihrer drei Kinder auf: Mirella Trifan, Christina-Daniella Trifan, Marian Aurel Trifan. Hinter Mirellas Namen schrieb sie ein Waisenhaus und den Namen einer Stadt, die Adrian kannte und die rund sechzig Kilometer von Bukarest entfernt lag. Hinter Christina-Daniellas und Marians Namen schrieb sie Waisenhaus Nr. 6.

»Also weiß sie nicht, daß die jüngeren Kinder getrennt wurden«, sagte ich leise zu Alan.

»Offenbar nicht. Aber das dürfen wir ihr nicht erzählen, es könnte sie traurig machen.«

Adrian hörte, was wir sagten, und verstand. »Keine Angst«, sagte er, »wenn Sie Michaels Schwestern suchen wollen, dann mach' ich das.« Er grinste. »Das ist kein Problem, ich bin ein großer Detektiv.«

»Ich würde sie gern finden«, sagte ich, »es geht nicht nur darum, ihnen zu helfen, adoptiert zu werden, es ist auch wichtig, daß Michael mit ihnen in Kontakt bleibt.«

»Keine Sorge.«

Während wir sprachen, hatten Lenuta und ihr Freund

eine ernste Diskussion geführt. »Was sagen sie?« fragte ich Adrian.

»Der Mann, der will Geld, sie nicht. Überlassen Sie das mir.«

»Sie gibt uns also ihre Zustimmung?« fragte ich.

»Weiß ich nicht, warten Sie«, antwortete Adrian.

Es wurde noch mehr geredet. Der Mann war verärgert. Lenuta wandte sich ab und schlug die Hände vors Gesicht. Ich wollte zu ihr gehen und sie trösten, aber als sie aufblickte, weinte sie gar nicht. Es war unmöglich, zu erkennen, was sie empfand, in der einen Minute schrie sie, in der nächsten war sie merkwürdig still. Plötzlich wandte sich Adrian mit einer Geste der Endgültigkeit ab. Mein Herz schlug wie wild, ich sah Alan an, er war sehr blaß geworden. Also … es war vorbei, wir hatten ihn verloren.

»Haben Sie Wein in Ihrer Reisetasche?« fragte Adrian plötzlich.

»Nein«, sagte ich, »nur Whisky.«

Er seufzte. »Das ist zuviel, aber …« Er riß mir den Whisky fast aus der Hand und machte eine Geste in Richtung auf die Frau. Sie verließ das Zimmer und kam kurz darauf wieder mit fünf winzigen Gläsern auf einem Holztablett. Ehrfurchtsvoll stellte sie sie vor uns auf den Tisch. Adrian öffnete die Whiskyflasche und füllte die Gläser. Er reichte jedem von uns eins. Dann erhob er sein Glas und sprach schnell in Rumänisch – es schien eine Art Trinkspruch zu sein. Wir tranken. Unsere Herzen waren schwer wie Blei, aber es wäre ungezogen gewesen, wenn wir uns geweigert hätten. Dann, und das war ungewöhnlich, verzog sich Adrians Gesicht zu einem riesigen Grinsen. »Es ist geschafft«, sagte er, »der Junge gehört Ihnen.«

Ich starrte ihn an wie eine Wahnsinnige. »Was meinen Sie?«

Er stieß einen übertriebenen Seufzer der Ungeduld aus. »Es ist okay, sie will, daß Sie Michael bekommen. Ich hab' Ihnen gesagt, es ist kein Problem. Das ist es doch, was Sie wollen – ja?«

Es wurde noch mehr Whisky ausgeschenkt. Locket bat um Erlaubnis, ein paar Fotos von Lenuta machen zu dürfen, damit wir sie Michael zeigen konnten, wenn er älter war. Alles war so unwirklich. An der Wand, vor der wir gesessen hatten, hing, schreckliche Ironie, eine Ikone, die Maria und Joseph zeigte, wie sie als hingebungsvolle Eltern über ihren Sohn wachen. Ich starrte sie für ein paar Augenblicke an. Lenuta folgte meinem Blick und wandte sich dann ab. Warum? Aus Trauer, Ärger, Scham? Man konnte es unmöglich sagen. Immer noch war kein Gefühl von ihrem Gesicht abzulesen.

»Würden Sie ihr sagen, Adrian«, sagte ich, »daß wir ihren Sohn immer lieben und für ihn sorgen werden. Er wird für uns genauso wichtig sein wie unsere eigenen Kinder. Er wird sehr, sehr kostbar für uns sein – immer.«

»Nicht nötig.« Adrians Stimme klang wegwerfend, fast gelangweilt. Das Geschäft des Tages war erledigt, die Verhandlungen waren abgeschlossen, er hatte das Interesse verloren.

»Sagen Sie ihr das, Adrian.« Meine Stimme zitterte.

»Okay«, sagte er und fing an, schnell zu sprechen. Sie nickte, guckte mich an und fing dann an, die Gläser zu säubern.

Da war kein Gefühl der Freude oder Erleichterung, nur eine Art von dumpfem Schock. Die Whiskyflasche auf dem Tisch wirkte unnatürlich groß, aber so sollte es auch sein, schließlich war sie der Preis für ein Kind.

116

6. Versprechungen

Am folgenden Morgen wachte ich vor Alan auf und war dankbar für die Zeit, die ich für mich allein hatte, um über die Ereignisse der vergangenen Tage nachdenken zu können. Daß wir Michael gefunden hatten, kam mir damals schon sehr ungewöhnlich vor. Und so ist es heute noch. Wenn wir Waisenhaus Nr. 4 einen Tag eher besucht hätten, wäre er nicht dagewesen; einen Tag später hätte sich Dr. Unescu vielleicht nicht mehr so deutlich an ihn erinnert; zehn Minuten später, und sie wäre schon nach Hause gegangen. Schon jetzt konnte ich den Gedanken nicht ertragen, ihn nicht entdeckt zu haben – gestern besaß er gar nichts, heute hatte er eine Zukunft. Auf mich wirkte es schicksalhaft, daß wir ihn gefunden hatten, es war vorbestimmt. Vielleicht hatte ich eine blühende Phantasie, aber ich wußte damals wie heute, daß Michael dazu bestimmt war, unser Sohn zu sein, und die Erleichterung darüber, daß wir jetzt mit der Adoption vorankommen konnten, war riesig.

Adrian holte uns an dem Morgen um sechs Uhr fünfundvierzig im Hotel Bucuresti ab. Er sah müde aus, was kaum überraschte, denn nach dem zermürbenden Tag, den er mit uns verbracht hatte, war er direkt zum Flughafen gefahren, hatte die ganze Nacht gearbeitet und dabei nur zwei Stunden Schlaf an seinem Pult gekriegt, während sein Chef die Arbeit für ihn machte. Das sagte viel über Adrians Durchhaltevermögen aus, steigerte aber unser Vertrauen in die Luftkontrolle über dem Flughafen von Bukarest kaum. Er fuhr uns direkt zu seiner Wohnung, wo Marianna gerade Irena bei den Vorbereitungen für die Schule half. Wir gaben ihnen unsere gesamte Babyausstattung, unsere gesamte Landeswährung und alle Geschenke, das, was an Whisky, Zigaretten und Seife übriggeblieben war. Außerdem bezahlten wir Adrian für seine Hilfe, Lenuta ausfindig zu machen, und gaben Marianna eine Vorauszahlung für ihre Versorgung von Michael.

Wir hatten am Abend zuvor mit Adrian ein Komplott ausgeheckt. Wir wußten, daß die Adoption von Michael nicht einfach sein würde. Der größte Stolperstein war natürlich das Fehlen eines rumänischen Adoptionsgesetzes, aber zusätzlich wußten wir, daß wir uns der unsympathischen örtlichen Sozialbehörde stellen mußten, deren Bericht wir, wie Ivan bestätigte, haben mußten, um mit der Adoption voranzukommen. Vertrauen in die Britische Botschaft war auf Grund unserer eigenen Erfahrungen so gut wie nicht vorhanden, und es gab reichlich Horrorgeschichten über ihre allgemeine Unfähigkeit und ihren Mangel an Einsatz. All das bedeutete, daß wir nicht wußten und nicht abschätzen konnten, wie lange es dauern würde, Michael aus dem Waisenhaus herauszubekommen. Also mußten wir Ausweichpläne machen, um ihn am Leben zu erhalten und so gesund und glücklich werden zu lassen, wie das unter diesen Umständen möglich war.

Wir vereinbarten mit Adrian, daß Marianna ihn zweimal täglich, vormittags um elf herum und abends um sechs noch einmal, besuchen würde, um ihn sauberzumachen, ihm Trost zu spenden, ihm Gesellschaft zu leisten und vor allem um ihm eine gute Mahlzeit und viel zu trinken zu geben. Es war klar, daß bei diesem drückenden Wetter viele der Babys dehydriert waren, und das war etwas, was uns beträchtliche Sorgen machte. Wir beschlossen, daß es besser sein würde, Michael im Garten des Waisenhauses zu versorgen, damit er ein bißchen frische Luft bekam, aber auch wegen der anderen Kinder in seinem Zimmer. Ihn in ihrer Gegenwart zu füttern, wäre zu schrecklich.

Adrian war zuversichtlich, daß er und Marianna, wenn sie die Helferinnen im Waisenhaus täglich bestachen, die Erlaubnis bekommen würden, Michael mit nach draußen in den Garten und am Ende vielleicht in ihre Wohnung zu nehmen. Die letztere Idee gefiel mir nicht so gut. Es kam mir unerträglich grausam vor, von Michael zu erwarten, daß er sich immer wieder abwechselnd auf die schrecklichen Bedingungen im Waisenhaus und auf den vergleichsweisen Komfort in Adrians Wohnung einstellte. Doch wir verfolgten diesen besonderen Aspekt damals nicht weiter, weil wir sie nicht verstimmen wollten. Wir waren von Adrian und Marianna sehr abhängig, wenn Michael überleben sollte.

Ich war natürlich nur Laie, aber instinktiv spürte ich, daß es mit Michael sehr schnell bergab gehen könnte, wenn wir nicht sehr vorsichtig wären. Er litt eindeutig unter schwerer Unterernährung, und das bißchen Nahrung, das er bekam, bewirkte wegen seines chronischen Durchfalls nicht viel Gutes bei ihm. Zusätzlich waren allein schon seine hohe Temperatur und sein pfeifender Atem besorgniserregend. Irgendwie mußten wir seine

Kraft und seine Moral aufbauen, damit er überlebte, ganz gleich, wie lange es dauerte, bis wir ihn befreien konnten.

Wir waren alle sehr besorgt an diesem Morgen, als wir in Adrians Wohnung saßen, mit Marianna redeten und ihr mit Adrians Hilfe die Situation erklärten. Würde sie in der Lage sein, sich ausreichend Zeit von der Arbeit frei zu nehmen, um sich um Michael zu kümmern? Ja, das würde sie. Hatten wir ihr genug Geld als Ausgleich für den Verdienstverlust gegeben? Mehr als genug, versicherte sie.

»Marianna war sehr traurig, als ich ihr von den Kindern erzählte«, sagte Adrian. »Sie hat viel geweint, als ich über Michael sprach. Sie wird alles tun, was sie kann, um ihn zu füttern und damit es ihm wieder gut geht.«

Als ich ihr in die Augen sah — große, braune, freundliche Augen —, wollte ich ihr so gern vertrauen, aber Kerry hatte uns ein paar Schreckensgeschichten erzählt. Offensichtlich hatten mehrere Paare Neugeborene aus Entbindungskliniken rumänischen Pflegeeltern anvertraut, während sie nach England zurückkehrten, um die Papiere in Ordnung zu bringen. In dem Moment, als sie den Rükken kehrten, waren die Babys in Waisenhäuser gebracht worden, und die Pflegeeltern hatten das Geld, das sie für die Pflege der Babys bekommen hatten, einfach in die eigene Tasche gesteckt.

Nach rumänischen Maßstäben waren Adrian und Marianna recht wohlhabend. An diesem Morgen war Marianna modisch gekleidet, trug eine Baumwoll-Latzhose, ein weißes T-Shirt und Turnschuhe — keine dieser tristen Kleidungsstücke wie die meisten ihrer Landsleute. Wie waren sie zu diesem offensichtlichen Wohlstand gekommen? Durch Betrug? Einfach durch harte Arbeit? Wie konnten wir das erfahren, wie konnten wir ihnen vertrauen? Wir mußten ihnen vertrauen, weil es keine Alternative für uns gab.

Um halb acht verließen wir ihre Wohnung, winkten Irena nach, als sie zur Schule ging, und machten uns auf den Weg ins Waisenhaus. Jetzt, da wir wußten, daß er zu uns gehören sollte, sehnte ich mich danach, Michael wiederzusehen, spürte aber auch ein verzweifelt schlechtes Gewissen, weil wir ihn verlassen mußten. Selbst wenn eine Heimkehr wegen Charlie und Locket nicht nötig gewesen wäre, hätten wir wegen der Prüfung der häuslichen Verhältnisse nach England zurückfliegen müssen. Aber trotzdem hatte ich dieses alles beherrschende Gefühl, Michael im Stich zu lassen.

Noch einmal gingen wir den kaputten Betonweg hinauf, am Spielplatz vorbei, an den Hühnern vorbei, an den Bettenreihen vorbei — ein Gang, der uns noch so vertraut werden sollte, aber immer schwierig und schmerzlich war, ein Gang, den ich nie vergessen werde. Im Waisenhaus baten wir, Dr. Unescu sehen zu dürfen, und erfuhren, daß sie noch nicht im Dienst war. Uns blieb nur noch eine Stunde bis zum Einchecken am Flughafen, wir konnten nicht warten, bis sie kam. Adrian machte einen Aufstand, und man führte uns in ein kleines Büro direkt neben dem Hauptempfangsbereich, und zum erstenmal trafen wir mit der Leiterin zusammen. Sie war eine stattliche Frau, etwa in meinem Alter, mit gefärbtem, messingblondem Haar, langen roten Fingernägeln und kräftig blauem Lidschatten. Ihre Augen waren hart, ihr Mund gefräßig — ich haßte sie auf den ersten Blick.

Adrian erzählte schnell, daß wir Michaels Mutter gefunden hatten, daß sie ihr Einverständnis erklärt hatte und daß wir ihn gern adoptieren würden. Er nannte der

Leiterin den Namen unseres Anwalts und erklärte, daß wir nach England zurückkehrten, um den Papierkram zu Ende zu bringen. Sie wirkte vollkommen unbeeindruckt von all diesen Informationen, bis Adrian mit elegantem Schwung eine große Tragetasche mit Whisky und Zigaretten hervorzauberte. Da wurde sie wie auf Knopfdruck sofort servil und schmeichlerisch, erzählte uns, was für ein wunderbares Kind Michael sei und wie er mir ähnlich sah. Es war ein Auftritt, bei dem einem schlecht werden konnte.

»Sagen Sie ihr, wir wünschen, daß Marianna ihn zweimal täglich füttert«, sagte ich zu Adrian.

»Nein«, antwortete er.

»Warum?« sagte ich, »es ist doch sicher wichtig, um ihre Erlaubnis zu bitten?«

Er schüttelte den Kopf. »Sie ist eine fette, gefräßige Frau, das wird zu teuer. Wir bestechen ihr Personal, das ist besser.« Alan und ich wechselten besorgte Blicke. Von Natur aus gesetzestreue Bürger, waren wir uns sicher, daß wir bei der für das Waisenhaus verantwortlichen Frau um Erlaubnis bitten mußten. Außerdem war unsere Bitte unter den gegebenen Umständen doch nur vernünftig. Ich fing an zu protestieren, doch Alan drohte mir tadelnd mit dem Finger.

Plötzlich herrschte Aufregung draußen im Empfang, ein Schrei von Marianna, und da war Michael. Wir hatten Dr. Unescu gesagt, daß wir sie das Ergebnis unseres Gesprächs mit Michaels Eltern wissen lassen würden, und offenbar hatte man uns erwartet, denn sie hatten Michael für die Gelegenheit herausgeputzt, was wir ziemlich abstoßend fanden. Er trug ein verblichenes Samtoberteil, eine Latzhose ähnlich der, die er vorher getragen hatte, aber sauber und trocken, und auf den Kopf hatten die Schwestern ihm eine kleine Mütze gesetzt, die unter seinem Kinn entsetzlich fest gebunden war. Er war lebhafter als beim letztenmal, aber seine Atmung war immer noch schrecklich mühsam, ich konnte es durch das ganze Zimmer hören.

Wir verließen die Leiterin, die gierig in den Geschenken wühlte, die wir ihr gegeben hatten, und gingen zu Marianna und Locket, die mit Michael dasaßen. Ich hob ihn hoch und nahm ihn in die Arme. Er lächelte und klammerte sich fest. Er fühlte sich wohl in meinen Armen, als ob er dort hingehörte — und das tat er ja auch und tut es immer noch. Alle Eltern, die mehr als ein Kind haben, wissen, daß man seine Kinder unterschiedlich liebt, und so geht es mir auch mit meinen, aber das Grundgefühl im Bauch, das überwältigende Gefühl zu beschützen ist bei allen gleich, wie erwachsen und unabhängig sie auch sein mögen. Das Gefühl, daß ich mit Vergnügen jeden umbringen würde, der Michael wehtat, war von Anfang an vorhanden, und als ich an jenem Morgen in dem Waisenhaus stand, ihn in den Armen hielt, während er nach Luft rang, da wußte ich, daß ich ihn genauso liebte, wie jede Mutter ihr Kind liebt. Das war ganz instinktiv, wie die Liebe, die man für ein Neugeborenes empfindet, denn ich kannte ihn noch nicht ... Noch nicht ... Bitte, lieber Gott, eines Tages in naher Zukunft möchten wir alle Zeit der Welt haben, um uns kennenzulernen.

Wir machten ein paar Fotos, dann setzte ich Michael auf meinen Schoß und machte die Mütze auf. Wo sie zugebunden gewesen war, zeigten sich rote Striemen, und als ich ihm die Mütze vorsichtig abnahm, blieb sie am Hinterkopf hängen, wo das angetrocknete Blut von seinen wunden Stellen sie am Haar festgeklebt hatte. Vorsichtig entfernte ich sie. Er weinte nicht, aber es tat sicherlich weh. Ich hatte eine Salbe bei mir, rieb die Wunden damit ein und drehte mich dann um, weil sich sie Marianna zur weiteren Anwendung geben wollte. Da sah ich, daß sie weinte – dicke Tränen liefen ihr über das Gesicht, auch wenn sie keinen Ton von sich gab. In dem Augenblick wußte ich, daß Michael während unserer Abwesenheit in guten Händen war. Ich legte meinen freien Arm um sie, und sie, Michael und ich hielten uns einen Augenblick lang ganz fest. Wir sprachen nicht, Worte waren nicht nötig, aber wir hatten einen Pakt geschlossen, dieses Kind am Leben zu erhalten.

Kerry hatte mir eine Packung von vierundzwanzig Flaschen mit einem Vitaminpräparat gegeben. Ich bat Adrian, den Schwestern zu erklären, wie viele Tropfen sie geben mußten. Vor unseren Augen verschwand die Packung, und uns blieb nur eine einzige Flasche. »Es ist besser, wenn Marianna die behält«, sagte Adrian. »Wir werden die anderen Flaschen nie wiedersehen.« Er hatte recht. Kerry hatte mir auch ein paar Tütchen mit einem Mineralstoffpräparat gegeben. Nachdem ich mit den Vitaminen meine Lektion gelernt hatte, erklärte ich Marianna die Anwendung und gab ihr das Mittel.

Als alles erledigt war, saßen wir mit Michael im Empfang und redeten und spielten zusammen. Er machte keinen Versuch, bei uns vom Schoß herunterzukommen, und zeigte wenig Interesse für ein kuscheliges Spielzeug, das wir mitgebracht hatten; am liebsten mochte er Adrians Autoschlüssel. Kontakt war das, was er eindeutig am meisten wollte – angesprochen, geschaukelt, berührt, festgehalten werden. Seine Hände und Füße, stellte ich fest, waren sehr zart, seine langen, schlanken Finger waren das genaue Gegenteil von denen meines robusten, kräftigen, rundlichen Sohnes mit seinen quadratischen Füßen und Händen und den stämmigen Jungenknien. Ich versuchte, Michaels Größe abzuschätzen, damit ich Marianna Kleidung für ihn schicken konnte. Meiner Meinung nach war er so groß wie ein acht oder neun Monate altes Baby – ein schrecklicher Gedanke, wenn man daran dachte, daß er in zehn Tagen zwei Jahre alt werden würde.

Schließlich sagte Alan, daß wir gehen mußten. Es gab irgendeine Unklarheit in bezug auf unsere Abflugzeit, und wir waren bereits spät dran, erklärte er. Das war der Augenblick, den ich gefürchtet hatte. Eine Schwester tauchte aus dem Nichts auf und wollte mir Michael wegnehmen. Ich umarmte in ein letztes Mal. Er wimmerte, schien zu spüren, daß wir ihn verlassen würden. Alle redeten gleichzeitig. Die Leiterin war aus ihrem Büro gekommen und lächelte und winkte uns zu. Adrian und Marianna stritten über die Abflugzeit, und die Schwestern redeten auf uns ein, während sie sich um Michael herum versammelten. Ich konnte nur dasitzen, benommen vor Traurigkeit – es war ein Gefühl, als würden sie ein Teil von mir wegnehmen. Während sie ihn zurücktrugen in das schreckliche Erdgeschoß, sah ich als letztes, wie eine der Schwestern ihn festhielt, während eine zweite ihm die blutbefleckte Mütze wieder auf den Kopf setzte und sie unter dem Kinn fest zuband.

»Wir sollten wirklich gehen«, sagte Adrian. Ich weinte, Marianna weinte, Lockets Augen blieben trocken, aber sie war bleich wie Pergamentpapier, und Alan machte einen tapferen, aber vergeblichen Versuch, die zitternde Oberlippe still zu halten. Adrian warf plötzlich den Kopf in den Nacken und lachte. Wir starrten ihn an, als wäre er verrückt geworden. »Der kleine Teufel!« sagte er. »Ihr Sohn ist mit meinem Autoschlüssel verschwunden. Der wird es im Leben zu was bringen, der Knabe.« Wir lachten alle. Das war eine solche Erleichterung bei all der Anspannung und dem Schmerz. »Ich bin gleich wieder da«, sagte Adrian und rannte den Korridor entlang hinter den Schwestern her. Niemand begleitete ihn, niemand von uns konnte es ertragen, den Ort noch einmal zu sehen, den Michael als sein Zuhause hinnehmen mußte.

Auf dem Weg zum Flughafen sprachen wir nicht, und als Marianna und Adrian uns am Schalter zum Einchekken anboten, mit uns zu warten, war es uns lieber, uns von ihnen zu verabschieden. Wir mußten allein sein. Wir versprachen, daß wir mit dem Wochenendflug Kleidung und Windeln für Michael schicken würden und vor allem Nahrung, Milch, Saft, Zwieback, alles, wovon wir meinten, daß es ihn kräftigen könnte. Wir umarmten die beiden und sahen ihnen nach, als sie das Flughafengebäude verließen. Es war höchst ungewöhnlich, denn vor drei Tagen hatten wir Adrian und Marianna Gligor noch nicht einmal gekannt. Jetzt schienen sie unsere ältesten und besten Freunde zu sein. »Können wir ihnen vertrauen?« fragte Locket und sprach damit unser aller Gedanken aus.

»Adrian ist ein Spitzbube, wer also kann es wissen«, sagte Alan mit einem kleinen Lächeln, »aber Marianna ... Marianna wird sich um Michael kümmern, da bin ich mir ganz sicher.« Auch ich war mir ganz sicher.

Das Flugzeug hatte natürlich Verspätung, aber inzwischen hatten wir uns an Verspätungen gewöhnt, und auf merkwürdige Weise hatten wir gar keine Eile, Rumänien zu verlassen, obwohl fast alles an diesem Land uns mit

Entsetzen erfüllt hatte. Ich glaube, wir hatten alle das Gefühl, daß wir Michael allein ließen.

Wir entdeckten eine Bar auf einem kühlen Balkon oberhalb der Flughafenhalle und tranken ein erstaunlich gutes Bier, während wir warteten. Dann wurden wir ins Innere des Gebäudes geführt und in einer heißen, ungelüfteten Halle zusammengetrieben, wo wir auf die Flughafenbusse warteten. Während wir an diesem ungemütlichen Ort herumstanden, kam ein Paar auf uns zu und fragte, ob wir die Fowlers wären. Sie stellten sich als Paul und Stacey Vassis vor. Sie waren Freunde der Martins, und Caroline Martin hatte ihnen erzählt, daß wir in derselben Maschine wie sie sein würden. Paul war Grieche, Stacey Australierin, und sie waren einander offensichtlich sehr zugetan. Stacey konnte keine Kinder bekommen, Paul war auch schon zu alt, um in Großbritannien ein Kind adoptieren zu können, und darum waren sie hier. Wie die Dinge standen, erzählte Paul, machten sie sich wegen seines Alters immer noch große Sorgen um die Prüfung der häuslichen Verhältnisse. Wir nahmen allen Mut zusammen und fragten, wie alt er war: einundfünfzig — fünf Jahre jünger als Alan. Das bedeutete nichts Gutes.

Paul und Stacey hatten ein Baby gefunden, einen kleinen Jungen, der acht Monate alt war und noch bei seiner Mutter lebte. Sie hatten von ihm vom rumänischen Sozialamt erfahren. Die Mutter hatte gesagt, daß sie ihn in ein Waisenhaus geben wollte. Paul und Stacey hatten sie überredet, das Kind zu behalten, bis sie es adoptieren konnten, und sie unterstützten die Familie. Sie waren schon zweimal in Rumänien gewesen und bekamen ihre Papiere immer noch nicht unterschrieben. Die Mutter wurde sehr unruhig, sie wollte das Baby nicht länger behalten, doch wie es so heranwuchs, wurde er ihr immer lieber. Es war ein Alptraum für alle Betroffenen, und als die beiden ihre Geschichte erzählten, schnieften wir alle.

Es erscheint jetzt lächerlich: Da steht eine Gruppe fremder Leute auf einem Flughafen herum und wischt sich die Augen. Es ist so schwer zu erklären, unter welcher riesigen emotionalen Belastung wir alle standen und welche unglaublichen Gefühle der Verbundenheit wir mit anderen Adoptiveltern hatten. Auf dieses Netz von Selbsthilfe und Unterstützung sollten wir uns in den vor uns liegenden Wochen noch sehr verlassen. Jeder erlebt eine andere Geschichte, aber der Alptraum ist immer derselbe. Es ist schrecklich, einem Kind sein Herz zu schenken und dann machtlos zu sein, um es von seinem Leiden zu erlösen. Doch das war die Situation, der wir uns alle stellen mußten, als wir uns mit dem scheinbar nicht zu gewinnenden Papierkrieg herumschlugen.

Als wir uns in die reparaturbedürftige Tarom-Maschine kämpften, wurden wir von Paul und Stacey getrennt. Nach dem Start drehte das Flugzeug noch eine Runde über Bukarest, bevor es in Richtung Westen, nach Hause flog. Wir sahen alle drei krampfhaft aus dem Fenster. Irgendwo da unten war Michael, allein und ums Überleben kämpfend. Ich griff nach Lockets Hand und drückte sie. Locket sah immer noch sehr blaß und angespannt aus. Wir ließen einen Teil von uns selbst zurück. Wir würden unser Leben, bis Michael bei uns war, nicht einfach so weiterführen können. Unsere Verpflichtung ihm gegenüber war eine totale. Das Flugzeug stieg auf in die Wolken, und die Erde war plötzlich nicht mehr zu sehen.

7. Formalitäten

Das Schlimme an Rumänien ist seine geographische Lage – kein Land, das so liegt, kann auf eine friedliche Geschichte hoffen, denn es ist von Osten, Westen, Norden und Süden her verletzbar. Fast alle sind sie schon mal in Rumänien einmarschiert. Die Römer waren zweihundert Jahre lang da. Eine Zeitlang war es Teil des osmanischen Reichs, und später waren die Rumänen gezwungen, den Habsburgern zu huldigen. Es dauerte tatsächlich bis nach Ende des Ersten Weltkriegs, bis ein Verhandlungspunkt des Vertrages von Versailles Rumänien, das bis dahin in seiner gesamten Geschichte Lippenbekenntnisse für das eine oder andere Land abgelegt hatte, die endgültige Unabhängigkeit bescherte.

Der Zeitraum zwischen den Weltkriegen war seit der Besetzung durch die Römer vor zweitausend Jahren in der Tat die einzige Epoche des Wohlstands und der Stabilität für Rumänien. Der Zweite Weltkrieg setzte dem ein Ende. Rumänien, auch wenn es genaugenommen neutral war, wurde von den Deutschen in die Auseinandersetzung hineingezogen, die das Land 1940 mehr oder weniger eingenommen hatten. Doch 1944 erhob sich Rumänien gegen Deutschland und verbündete sich zum Ende des Kriegs mit der russischen Armee. Die Verluste waren entsetzlich und tatsächlich wurden die Verluste der rumä-

nischen Streitkräfte nur noch von denen der USA, Groß-
britanniens und der UdSSR übertroffen. Was war der
Lohn für die Leiden? 1947 dankte König Michael ab,
Rumänien wurde Republik und war innerhalb weniger
Jahre vollkommen von der Sowjetunion beherrscht. Seither hat Rußland das Land ausgenommen und ausge-
pumpt und hätte fast den Nationalstolz und die Zukunfts-
hoffnung des Volkes zerstört.

Als wir nach Rumänien geflogen waren, hatten wir uns
bis zu einem gewissen Punkt eingestellt auf die Leiden in
den Waisenhäusern — wir waren nicht völlig darauf vorbereitet, denn es war weit schlimmer als erwartet, doch
zumindest waren wir vorbereitet auf die Schrecken, die
uns erwarteten. Nicht bewußt war uns, daß die Waisenhäuser nur ein Symptom für die Leiden des ganzen Volkes
sind. Niemand in Rumänien besitzt etwas. Alle frieren im
Winter, schwitzen im Sommer, sind unterernährt, überar-
beitet und wünschen sich verzweifelt ein besseres Leben.
Der graue, düstere Dreck über Bukarest ist besonders
deprimierend, denn er unterstreicht die Hoffnungslosigkeit der Situation. Man kann nicht umhin festzustellen,
daß sie großartige Menschen sind. Zweifellos sind sie
enorm begabt, außerordentlich klug, reich an Kultur. Sie
waren immer eine sehr zivilisierte Nation. Als die Römer
in England einmarschierten, stolperten sie in den Wäl-
dern über Wilde. Als sie in Rumänien einmarschierten,
fanden sie ein Volk vor, das ihnen sehr ähnlich war, gebildet und klug. Die Römer fühlten sich in der Tat so sehr zu
Hause, daß sie Rumänien nur widerstrebend verließen,
und manche verließen es nie.

Rumäniens Ressourcen erschöpfen sich nicht mit
seinen Menschen. Das Land ist wunderschön, reich an

Mineralien und Ackerland, aber die Leute bekommen ihre eigenen Produkte nie zu sehen. Nach dem Tod von Ceaucescu versprach man ihnen, daß die Ernte 1990 in Rumänien bleiben würde, statt nach Rußland transportiert zu werden. Das geschah nicht. Tatsächlich schrauben sich die Preise für Lebensmittel weiter nach oben. Unter Ceaucescu kostete eine Melone fünf Lei, jetzt kostet sie dreißig. Die Menschen sind verzweifelt, und es scheint keine Lösung zu geben. Sie glaubten, sie hätten sich von dem Mann befreit, der ihre Nation zerstörte, jetzt merkten sie, daß sie nur die Galionsfigur zerstört hatten. Bei diesem ersten Besuch in Bukarest waren wir uns nur undeutlich der Not des Landes bewußt. Ich erinnere mich jedoch genau daran, daß Locket und ich nach unserer Ankunft in Heathrow auf die kaum zulängliche Damentoilette gingen, während wir auf das Gepäck warteten. Wir gingen im Waschraum umher, berührten die sauberen weißen Oberflächen, faßten Handtücher an, freuten uns lautstark über die Seife. Wir hatten das Land nur für vier Tage verlassen, doch Rumäniens Armut und Elend hatten einen solchen Eindruck auf uns gemacht, daß uns die Damentoilette in Heathrow wie ein Palast vorkam. Sieht man jetzt zurück, waren wir alle drei tatsächlich schrecklich verwirrt. Eine Kombination, vermute ich, aus dem ungeheuren Kulturschock und vor allem dem emotionalen Aufruhr, den wir alle erlebt hatten, als wir Michael fanden und ihm gegenüber eine Verpflichtung eingingen.

Russell wartete an Terminal 2 auf uns. Wir waren ungeheuer froh, ihn zu sehen, aber ich glaube nicht, daß irgend jemand von uns viel Sinnvolles von sich gab. Er hatte Geduld mit uns, und auf der Fahrt nach Hause erzählten wir ihm von Michael und zeigten ihm die Polaroid-Fotos, die wir am selben Morgen gemacht hatten. Am selben Morgen ... war es wirklich erst so kurze Zeit her, daß wir ihn verlassen hatten?

Unser Wiedersehen mit Charlie war wunderschön. Er war eindeutig sehr, sehr glücklich, uns zu sehen, auch wenn er ohne uns offenbar zufrieden gewesen war. Er hatte sogar angefangen, Margaret »Mummy« zu nennen, was mir gar nichts ausmachte – es bedeutete einfach nur, daß sie gute Arbeit geleistet hatte. Ich hatte es nicht anders erwartet. Es gab ein spätes Mittagessen, aber keiner von uns war hungrig. Ich sah Charlie dauernd an, seine kräftigen Gliedmaßen, seine vom schönen Wetter bereits goldbraune Haut, seine klaren blauen Augen, seine strahlenden Bäckchen. Der Gegensatz zu Michael war entsetzlich. Dort in Rumänien, umgeben von anderen kranken Kindern, weit weg von zu Hause und dem, was für uns als normal galt, hatte ich eigentlich nicht richtig gemerkt, wie krank er war. Jetzt, im Vergleich mit Charlie, der unglaubliche sieben Monate jünger war, ließ sich Michaels erbarmungswürdiger Zustand eigentlich noch schwerer ertragen.

Nach dem Essen machten Alan und ich einen Plan. Wir wollten Adrian und Marianna vertrauen, und das taten wir auch bis zu einem bestimmten Punkt. Aber wir wußten, daß Michael in beträchtlicher Gefahr war – er war krank, er war schwach, er war unterernährt –, wir mußten ihn herausholen, und zwar schnell. Das würde bedeuten, daß wir in den kommenden Wochen mit vereinten Kräften vorgehen mußten.

Bevor wir Bukarest verließen, hatten wir Ivan noch einmal angerufen, um ihn von unserer Entscheidung, Michael zu adoptieren, zu unterrichten. Sein einziger

Kommentar war, daß er von uns eine Adoptionserklärung brauchte, die von einem in diesem Land zugelassenen Notar unterschrieben war. Er wollte auch noch einen ganzen Satz beglaubigter Papiere und die Ausrüstung für einen AIDS-Test. Alan und ich hatten eine Woche lang nicht gearbeitet, und Locket hatte keine ihrer Schulaufgaben gemacht, während sie mit uns unterwegs war. Es herrschte ausgesprochene Hochspannung. Außerdem waren wir fast krank vor Sorgen wegen der Sozialbehörde. Die Prüfung der häuslichen Verhältnisse durch diese Behörde mußte abgeschlossen werden, und zwar schnell, wenn wir Michael legal ins Land holen wollten. Und wir wußten, daß Jane Allan der gesamten Idee von der Adoption in Rumänien ablehnend gegenüberstand. Andere Paare, wie die Martins, hatten die Kinder ohne die Zustimmung der Sozialbehörde ins Land gebracht, aber wir wollten alles richtig machen, Michaels wegen, aber auch für uns selbst – zumindest, wenn es möglich war.

Nach einer kurzen, unruhigen Nacht machten wir uns am Donnerstagmorgen an die Arbeit. Alan hatte die notwendige Erklärung mit der Maschine geschrieben und zusammen mit den zusätzlichen Papieren, die Ivan haben wollte, zur Beglaubigung gebracht. Mr. Beasley aus der Kanzlei Linnells schüttelte weise den Kopf. »Wie viele Seiten sind das?« fragte er Alan.

»Zwischen dreißig und vierzig«, sagte Alan.

»Ich muß Ihnen fünfzehn Pfund pro Seite berechnen, das ist die festgesetzte Gebühr«, sagte Mr. Beasley, »aber unter diesen ganz besonderen Umständen sagen wir insgesamt vierzig Pfund?«

Das war die erste von vielen positiven Erfahrungen, die

wir in den kommenden Wochen noch machen sollten. Die Leute waren so nett. Sobald sie erfuhren, was wir taten und warum, taten sie alles, was sie konnten, um uns zu helfen. Während sich Alan um die Dokumente kümmerte, hatte ich Kontakt zum John Radcliffe Hospital aufgenommen, und dort hatte man mir eine Firma genannt, bei der die Ausrüstung für einen AIDS-Test erhältlich war. Der Verwaltungsdirektor konnte mir eine Schachtel mit zwanzig Tests zum Preis von einhundertfünfzig Pfund überlassen. Ich seufzte. Er fragte, wozu ich die Sachen brauchte, und als ich es ihm erzählte, sagte er, daß die tatsächlichen Herstellungskosten für zwanzig Tests bei achtundfünfzig Pfund lagen, wofür er sie mir überlassen würde, und er würde sie uns sofort ohne zusätzliche Kosten per Kurier zukommen lassen.

Wir machten eine Pause und nahmen ein schnelles Mittagessen ein. Alan hatte mit Harry McCormick Kontakt aufgenommen, weil wir die Sachen für den AIDS-Test und die Dokumente für Ivan so schnell wie möglich schicken mußten. Harry hatte uns eine Frau mit Namen Miranda Cavill genannt, die am Sonntag nach Bukarest flog. Sie war offenbar Rumänin, aber mit einem Engländer verheiratet, und Harry war überzeugt, daß sie vertrauenswürdig war und das Paket für uns mitnehmen konnte. Alan setzte sich mit ihr in Verbindung. Sie war sehr kooperativ und stimmte sofort zu.

Nach dem Essen riefen wir Jane Allan bei der Sozialbehörde an und sagten ihr, daß wir sie dringend sehen mußten. Zu unserer großen Überraschung schlug sie ein Treffen noch am selben Nachmittag um halb vier vor. Weil wir Charlie so kurz nach unserer Rückkehr nicht schon wieder allein lassen wollten, fuhren wir drei mit dem Auto nach Oxford und erschienen in ihrem Büro, Fotos von Michael und unseren privaten Bericht über die häuslichen Verhältnisse hatten wir dabei. Wir ließen uns auf ihre Bürostühle fallen. Ich steckte Charlie eine Flasche mit Saft in den Mund, und wir fingen an zu reden. Es war das erste Mal seit unserer Rückkehr aus Bukarest, daß wir eine Gelegenheit bekamen, die gesamte Erfahrung noch einmal zu durchleben. Die Worte strömten nur so heraus. Jane hörte zu, stellte hier und da die üblichen Fragen. Ich legte die Fotos vor und versuchte, nicht zu weinen, während ich ihr Michaels Gesundheitszustand erläuterte. Charlie saß auf meinem Schoß, nuckelte still an seiner Flasche, als ob er erkannte, daß es sich hier um eine ernste Angelegenheit handelte.

»Sie sehen also«, faßte Alan zusammen, »wir müssen ihn schnell herausholen, oder er stirbt, bevor wir ihn retten können. Wir haben einen privaten Bericht über die häuslichen Verhältnisse, wir haben alle Dokumente zusammen. Bitte, bitte, helfen Sie uns.«

Es entstand eine längere Pause, dann lächelte sie. »Ich werde Ihnen helfen«, sagte sie, »ich muß zugeben, daß mir nicht klar war, wie schrecklich die Situation ist. Sie haben mir die Augen geöffnet. Wie Sie wissen, war ich nicht für Adoptionen aus Rumänien, solange es noch britische Kinder gibt, die ein Zuhause brauchen, aber ich sehe, daß in Ihrem Fall …« Sie blickte noch einmal auf das Foto von Michael. »Auf jeden Fall müssen wir alles tun, was wir können, um diesem Kerlchen zu helfen.« Ich hätte sie umarmen können. »Ich brauche noch zwei Termine mit Ihnen«, sagte sie, »und ich muß zwei Ihrer Referenzpersonen befragen.«

Wir sahen alle in unsere Terminkalender, und Jane war

mit zwei Daten einverstanden: Freitag, der 6. Juli, und der darauffolgende Mittwoch, der 11. Wenn alles gut ging und sie uns für geeignet hielt für die Adoption von Michael, dann rechnete sie damit, daß es nur noch bis Montag, den 16., dauern würde, um die Prüfungsunterlagen zu vervollständigen.

Das war besser gegangen, als wir zu hoffen gewagt hatten. Wir verließen ihr Büro in euphorischer Stimmung, trunken vor Erleichterung, und fuhren direkt zu Lockets Schule, um sie abzuholen. Sie sah müde und blaß aus. Sie gab zu, einen anstrengenden Tag hinter sich zu haben. »Ich war allen gegenüber so schlecht gelaunt«, sagte sie, »und eigentlich hab' ich mich so gefreut, sie zu sehen und zum normalen Leben zurückzukehren.«

»Ich vermute, das liegt daran, daß du erschöpft bist«, sagte ich.

»Nein«, antwortete Locket, »ich reagier' dauernd allen gegenüber gereizt — sie machen ein solches Theater um belanglose Dinge. Das macht mich wütend, und ich weiß, daß das nicht so sein sollte.« Ich wußte genau, was sie meinte; Michael und sein Leiden veränderten die Perspektive bei allen Dingen.

Zum erstenmal seit der Reise nach Bukarest entspannten wir uns an diesem Abend ein wenig. Unsere Nachbarn, die Reeves, kamen nach dem Abendessen zu uns, und wir zeigten ihnen die Fotos von Michael und erzählten alles über ihn. Wir riefen Murray, Claire und meine Mutter an. Vielleicht würde alles gar nicht so schwierig werden. Es gab zwar immer noch den Stolperstein des nicht vorhandenen rumänischen Adoptionsgesetzes, aber Ivan war so zuversichtlich gewesen, daß es das neue Gesetz schon in ein paar Wochen geben würde — in zwei, vielleicht höchstens drei —, und mit ein bißchen Glück würde der Prüfungsbericht zur selben Zeit vollständig fertig sein. Wir fingen an zu glauben, daß wir Michael Anfang August bei uns haben würden.

Gestärkt von diesem wirklich optimistischen Gefühl, erzählten wir Charlie zum erstenmal alles über Michael. Wir ließen eines unserer kostbaren Fotos in seinem Zimmer, und schon nach ein paar Stunden zeigte er mit kleinen Begeisterungsschreien darauf. Um unser Vertrauen zu demonstrieren, kauften wir eine zweisitzige Karre, in der Charlie sein Nickerchen vor dem Essen machte, und wir versprachen, daß Michael sie bald mit ihm teilen würde. Wie würde er reagieren, wenn Michael persönlich vor ihm stand, fragten wir uns alle, aber im Prinzip schien Charlie der Gedanke an einen neuen Bruder ziemlich gut zu gefallen.

Am Freitag fühlte sich Alan erholt genug, um wieder zu arbeiten. Er hatte einen Termin in Bristol, machte aber den Umweg über London und die Rumänische Botschaft, um die Papiere erst abstempeln zu lassen. Ich konzentrierte mich auf Charlie, und wir verbrachten zusammen einen fröhlichen Vormittag, vergnügten uns draußen in der Sonne. Kurz vor dem Mittagessen rief ich Caroline Martin an, einfach, um ihr für all die Hilfe zu danken, die sie uns gegeben hatte, und um ihr von Michael und dem Stand der Dinge zu erzählen.

Sie hörte sich die Geschichte an. »Und wer macht die Untersuchung?« fragte sie.

»Wir haben verabredet, daß unser Anwalt in der nächsten Woche mit einem Arzt ins Waisenhaus geht«, sagte ich. »Er macht die Blutuntersuchungen auf AIDS und Hepatitis B.«

»Wer von Ihnen beiden wird da sein?« fragte Caroline.

»Keiner«, antwortete ich überrascht.

»Sie müssen da sein«, sagte sie mit Nachdruck, »Sie müssen wirklich da sein.«

»Warum?« fragte ich.

»Aus zwei Gründen. Erstens müssen Sie ganz sichergehen, daß die wirklich eine sterile Nadel benutzen. Wenn sie Michael auf AIDS untersuchen, können sie ihn auch damit infizieren. Zweitens können Sie niemandem trauen. Sie müssen eine Probe mitbringen und zur Untersuchung ins John Radcliffe geben.«

»Ich bin sicher, daß der Anwalt ehrlich ist«, sagte ich.

»Sie können nicht sicher sein«, beharrte Caroline. »In einem Land wie Rumänien können Sie niemandem trauen. Für zwei Dollar, sogar schon für einen, wäre eine Laborantin sofort bereit, zu sagen, daß Michaels Test negativ ist, wenn er in Wirklichkeit HIV-positiv ist. Machen wir uns nichts vor: Wenn Michael AIDS hat und Sie die Adoption deswegen nicht mehr wollen, dann bekommt Ihr Anwalt kein Geld. Im Idealfall sollten Sie auch einen unabhängigen Mediziner beauftragen, aber zumindest sollten Sie eine Probe zur Untersuchung mitbringen.«

Was sie sagte, klang vernünftig, und ihre Worte bekamen noch mehr Gewicht, weil ich wußte, daß sie mit einem Arzt verheiratet war. Ich rief Alan im Büro an. Er hörte sich an, was ich zu sagen hatte. »Natürlich hat sie recht«, sagte er ohne Einschränkung. »Die Frage ist nur, wer von uns beiden fliegt hin? Wir können Charlie so schnell nicht wieder ganz allein lassen, oder was meinst du? Ich glaube, es ist besser, wenn ich fliege. Ich kann dann wenigstens reichlich Lebensmittel für Michael mitnehmen und aufpassen, daß er sie auch bekommt, kann Adrian und Marianna besuchen und nachsehen, ob Ivan die Unterlagen bekommen hat. Ich fliege, ich ruf' Harry gleich jetzt an.« Auf der Tarom-Maschine am Sonntag war nur noch ein Platz frei, und Alan nahm ihn.

Ich machte mir Sorgen, weil Alan so schnell wieder nach Bukarest zurückkehrte. Er sah so müde aus. Das Gefühl der Dringlichkeit, das wir beide hatten, Michael möglichst schnell nach Hause holen zu müssen, fing an, seinen Tribut zu fordern. Aber einer von uns mußte hin, und Alan hatte recht, daß er das sein sollte. Charlie brauchte mich. Seit wir zurück waren, hatte er nicht gut geschlafen, und er aß schlecht. Obwohl wir wieder zu Hause waren, fing er an, auf die Belastung durch unsere Abwesenheit und zweifellos auf die allgemeine Spannung in der Luft zu reagieren.

An diesem Nachmittag gingen Charlie und ich einkaufen. Wir kauften Kisten mit Milch und Saft, Zwieback und Trockenpulver für Babykost, Salben für Michaels Wunden und gegen Mückenstiche, Shampoo und Badeartikel. Mit dem Gedanken an die Hitze in Bukarest kauften wir auch ein Dutzend kleine Hemdhöschen, von denen ich meinte, daß sie tagsüber angenehmer und kühler waren als die Waisenhauslumpen. Wir marschierten mit unserer Beute nach Hause, wo wir feststellten, daß Alan früher von der Arbeit heimgekehrt war und verzweifelt versuchte, nach Rumänien durchzukommen, um Ivan und Adrian zu sagen, daß er am Sonntag noch einmal kommen würde.

Fragen Sie jeden, der ein Baby in Rumänien adoptiert hat, und alle werden in der Lage sein, die wichtigsten Telefonnummern aus der Zeit, in der sie versuchten, ihr Kind

nach Hause zu holen, im Schlaf aufzusagen: 01 04 00 …
An manchen Abenden mußte man hundert-, zweihundertmal wählen, um durchzukommen, an anderen dauerte es vielleicht nur zehn Minuten, aber nach ein paar Minuten wurde man unterbrochen. Es war zeitaufwendig, frustrierend und trug zur Spannung bei. An dem Tag fingen wir um fünf Uhr an, Rumänien anzuwählen. Wir wechselten uns ab, Locket, Alan und ich, und wir kamen schließlich kurz nach zehn durch. Es wurde alles besprochen – Adrian würde Alan am Flughafen abholen, und Ivan hatte dafür gesorgt, daß am Dienstag um zehn Uhr ein Arzt ins Waisenhaus kam.

»Jetzt müssen wir nur noch herausfinden«, sagte Alan, »wie wir das Blut herkriegen, ohne daß es verdirbt.«

Während ich am nächsten Morgen die Vorräte für Michael zusammenpackte, rief ich zwischendurch unseren Arzt, Adrian Young, an und war mir durchaus bewußt, daß er schwer arbeitet und daß es Samstag war. »Kommen Sie in die Praxis«, sagte er, »und wir reden darüber.« Ich erklärte ihm das Problem und hatte ein wenig Angst vor seiner Reaktion, aber die Lösung war einfach. Es ging vollkommen in Ordnung, sagte er, am Dienstag bei Michael eine Blutprobe zu nehmen, solange Alan das Blut kühl aufbewahrte, und er empfahl eine Kühltasche. Einerseits mußte es zwar kühl aufbewahrt werden, aber es war genauso wichtig, daß es nicht gefror.

»Die Flüge von Bukarest sind immer unpünktlich«, sagte ich, »ich weiß nicht, wann er am Mittwoch zurück sein wird.«

»Kein Grund zur Sorge«, sagte Dr. Young, »lassen Sie sich gleich am Donnerstagmorgen einen Termin geben. Sie können mir die Probe dann bringen. Da die Sache so wichtig ist, kümmere ich mich selbst darum. Stellen Sie sich vor, eins der Mädchen am Empfang läßt sie fallen!« Ich gab mir sehr viel Mühe, mir solche Dinge nicht vorzustellen. Ich zeigte ihm die AIDS-Ausrüstung, die wir bekommen hatten, und er war zufrieden, aber er gab mir ein paar Probenfläschchen, die wir lieber benutzen sollten.

Am Samstag riefen wir auch Kerry an, um sie zu fragen, ob sie irgend etwas mitgebracht haben wollte. Sie brauchte mehr Milch für Alexander und ein paar Antibiotika von ihrem Arzt, die sie über ihre Schwiegermutter schon bestellt hatte. Alexanders Durchfall war schlimmer geworden, und er hatte leichtes Fieber. Poenaru war wie immer nicht erreichbar, und sie und Karen waren mit den Nerven vollkommen fertig. »Tut mir leid, daß Sie nochmal kommen müssen«, sagte sie zu Alan, »aber ich freu' mich schrecklich, Sie zu sehen. Ich werd' verrückt hier, und ich bin sicher, meine Familie hat vergessen, daß es mich gibt.«

Mrs. Male kam noch am selben Abend mit Alexanders Milch und Medikamenten zu uns. Nein, sie hatten nicht vergessen, daß es Karen und Alexander gab. Sie waren genauso frustriert und hilflos wie Karen.

Am nächsten Tag sollte eigentlich ein Familienfest stattfinden. Alans Bruder und dessen Frau hatten längere Zeit Ferien gemacht und wollten uns zusammen mit einer der Schwiegertöchter und einem Enkelkind besuchen. Murray und Claire wollten kommen, genau wie Russell und Mitch. Ich wollte das Fest absagen und Alan zum Flughafen fahren, aber er wollte davon nichts hören. »Das Leben muß weitergehen«, sagte er, »und es wird dir auch guttun.«

Es war ein schreckliches Gefühl, als ich ihn wegfahren sah — und ich war auch ein bißchen neidisch. Ich wollte Michael so gern wiedersehen, um beruhigt zu sein, daß Marianna sich um ihn kümmerte. Aber es würde ja nicht mehr lange dauern.

»Aber was, wenn der AIDS-Test positiv ausfällt?« fragte mich an dem Sonntag jemand ziemlich taktlos. Ich weiß noch, daß ich irgend etwas Belangloses murmelte, mit Charlie in den Garten ging und dann mit ihm zum Fluß hinunter marschierte. Ich zog ihm seine Schwimmweste an, und wir ruderten ein bißchen. Wasser hat immer eine beruhigende Wirkung auf mich. Ich versuchte, die Frage für mich zu beantworten, aber es gelang mir nicht.

Als ich mit Charlie schwanger war, hatte der Gynäkologe eine Fruchtwasseruntersuchung empfohlen, weil in meinem Alter die Gefahr bestand, daß das Kind mongoloid ist. Ich hatte der Untersuchung zugestimmt, und daher war man natürlich davon ausgegangen, daß ich einen Schwangerschaftsabbruch vornehmen lassen würde, wenn das Ergebnis positiv sein sollte. Wir hatten Glück, und eine Entscheidung wurde nicht nötig, weil der Test negativ ausfiel, aber ich habe mich seither oft gefragt, wie ich reagiert hätte, wenn Charlie ein mongoloides Kind gewesen wäre. Ein Kind zu töten, daß sich schon bewegt, sein Leben nur zu beenden, weil es nicht den allgemeinen Erwartungen entspricht ... Ich kann so einen Gedanken nicht ohne weiteres akzeptieren. Aber ich hatte den Test machen lassen ...

Die Parallele zwischen Michael und dem AIDS-Test und Charlie mit der Fruchtwasseruntersuchung war nur allzu offensichtlich. Ja, natürlich war es wichtig und vernünftig, Michael auf AIDS und Hepatitis B untersuchen zu lassen, es war in der Tat eine Vorschrift der Einwanderungsbehörde. Aber was, wenn der Test bei einer oder beiden Krankheiten positiv war? Was würden wir dann tun? Ihn einfach wieder auf den Abfallhaufen werfen und ein neues Kind suchen? Der Gedanke war mir genauso fremd wie die Vorstellung, mein Kind zu töten, weil es nicht perfekt war.

Ich versuchte, die Möglichkeit eines positiven Tests aus meinen Gedanken zu verbannen. Es gab so viele widersprüchliche Geschichten über die Wahrscheinlichkeit von AIDS. An dem einen Ende der Skala wurde uns gesagt, in Bukarest gar nicht erst nach einem Baby zu suchen, weil AIDS so weit verbreitet war. Am anderen Ende hatte man uns erzählt, daß es einige Fälle in den Waisenhäusern Nr. 1 und 2 gegeben hatte, aber das Problem war jetzt erkannt, und alle Babys in Bukarest seien bereits untersucht. Ich unterbrach das Rudern und sah auf meine Uhr. Wenn der Flug in etwa pünktlich gewesen war, wäre Alan jetzt auf halbem Weg.

Charlie saß zwischen meinen Knien und beobachtete das Wasser intensiv. Er teilte bereits meine Vorliebe für Schiffe und Bootsfahrten. »Es wird alles gut werden, alter Knabe«, sagte ich und umarmte ihn. *Es mußte so sein.*

8. Zurück nach Bukarest

Als Locket und Charlie beide im Bett waren, saß ich eine Zeitlang da und starrte das Telefon an. Es war Dienstag abend. Alan sollte am nächsten Nachmittag aus Bukarest zurücksein. Nur noch ein Tag, aber es machte mir Sorgen, daß ich nichts von ihm gehört hatte. Wir hatten uns nicht versprochen, uns gegenseitig anzurufen, denn das ist bei dem rumänischen Telefonsystem nicht möglich. Doch ich wußte, daß er sich vorgenommen hatte, mich anzurufen, sobald er Michael gesehen hatte, um mich wissen zu lassen, wie es ihm ging. In Bukarest war es jetzt schon nach Mitternacht. In der Erinnerung daran, wie erschöpft wir bei unserer letzten Reise gewesen waren, wollte ich nur ungern den Versuch machen, Kontakt zu ihm aufzunehmen, aber ich hatte ein ganz starkes Gefühl, daß irgend etwas nicht stimmte. Ich fing an zu wählen: 01 04 00 … immer wieder. Endlich hörte ich am Ende dessen, was wie ein langer Tunnel wirkte, irgend jemanden »Hotel Bucuresti« sagen. Ich wußte seine Zimmernummer nicht. Ich schrie »Alan Fowler, Engländer« ins Telefon und erwartete eigentlich keine positive Reaktion.

Und dann war da wie durch ein Wunder Alans Stimme. »Gott sei Dank, daß du anrufst«, sagte er, »ich versuch' seit zwei Tagen, dich zu erreichen. Kerry und Karen haben riesige Schwierigkeiten, und du mußt ihren Familien Nachrichten zukommen lassen.«

»Gut«, sagte ich, »aber erzähl mir erst was über Michael.«

»Liebling, das hier ist wichtig, wir können jeden Moment getrennt werden.«

»Bitte«, flehte ich, den Tränen nahe.

»Es geht ihm gut, zumindest sieht er viel besser aus, runder. Ich erzähl' dir morgen alles über ihn, aber du mußt den Males sofort diese Nachricht übermitteln.«

Es wurde klar, daß Kerry am Tag zuvor der Geduldsfaden endgültig gerissen war. Voller Verzweiflung waren sie und Adrian zu dem Ministerium in Bukarest gegangen, in dem ihrer Meinung nach die Akten zurückgehalten wurden, und sie hatten eine der Angestellten bestochen, damit sie mal nachsah. Sie hatte Kerrys und Karens Akten ziemlich schnell gefunden, und zu ihrem Erstaunen waren beide schon vor zwei Wochen von Präsident Iliescu unterschrieben worden. Ob Poenaru aus Unfähigkeit oder absichtlich aus irgendeinem anderen Grund die Freigabe ihrer Akten verhindert hatte, wußte Kerry nicht. Wie auch immer, es war ein Skandal. Die Adoption von Alexander und Emily war seit zwei Wochen genehmigt, während die Mädchen sich gequält und geärgert hatten und dachten, sie könnten das Land nicht verlassen.

Genaugenommen war die Nachricht wunderbar, aber Alan machte sich Sorgen. Am nächsten Tag sollten Kerry und Karen nach Gaesti fahren, wo die Entbindungsklinik war, um dort die letzte Unterschrift von dem dortigen Bürgermeister zu bekommen, die nötig war, damit die Kinder Reisepässe erhielten. Sie hatten jedoch gerade gehört, daß Daniella, Poenarus beinharte Assistentin, von der Entführung der Akten erfahren hatte und ihnen an den Kragen wollte. »Mir gefällt das nicht«, sagte Alan.

»Es kann sonstwas passieren. Sie können verhaftet werden, weil sie die Akten genommen haben, und der Himmel weiß, was dann mit den Babys passiert.«

»Was also soll ich den Males sagen?« fragte ich.

»Sag ihnen, sie sollen sich bereit halten«, antwortete Alan. »Es ist dumm, daß ich morgen wieder zurückfliegen muß, aber ich möchte Steven Male vorschlagen, daß er seine Frau morgen nachmittag anruft und es solange versucht, bis er sie erreicht hat. Wenn es nicht klappt, sollte er davon ausgehen, daß die Dinge auf schlimme Weise schiefgegangen sind, und sofort die Botschaft anrufen.« Ich versprach, die Males gleich am nächsten Morgen anzurufen, und wollte gerade noch Fragen zu Michael stellen, als wir getrennt wurden. Ich versuchte, noch einmal anzurufen, aber es kam keine Verbindung zustande, also gab ich auf und ging ins Bett, traurig wegen Michael und besorgt wegen Kerry und Karen.

Als Alan am nächsten Tag nach Hause kam, war er zutiefst deprimiert. Er hatte die Blutprobe bei sich, glaubte aber nicht, daß sie etwas taugte. Er hatte es geschafft, sie kühl zu halten, aber er dachte, zu kühl. Mit Sicherheit sah sie nicht sehr gut aus, sie war braun geworden und hatte größere Klümpchen gebildet. Er schien das Gefühl zu haben, daß seine gesamte Reise ein Fehlschlag gewesen war, aber als wir anfingen, darüber zu sprechen, stellte sich heraus, daß er alles wunderbar gemacht hatte. Er hatte den Montag zum größten Teil mit Michael in der Wohnung von Adrian und Marianna verbracht. Marianna ging offensichtlich sehr liebevoll mit Michael um, und er mochte sie sehr gern. Sie hatten ihn gebadet und gefüttert, und wenn er auch noch sehr passiv war, wirkte er doch sehr entspannt und freundlich.

»Hat er überhaupt mal versucht zu laufen?« fragte ich.

»Nein, er sitzt einfach da und spielt, so wie Charlie es wohl mit acht Monaten gemacht hat.«

Alan hatte auf der Maschine nach Bukarest Miranda Cavill getroffen, die anbot, für uns den Kurier zu spielen. Zwar war Miranda gebürtige Rumänin, aber sie war schon einige Jahre mit einem Engländer verheiratet und sehr westlich geworden. Sie war eine außerordentlich lebhafte, attraktive Frau, und Alan hatte das Gefühl, daß sie die Sorte von Mensch war, die alle Dinge bewältigte. Er war sehr dankbar gewesen, als sie angeboten hatte, uns auf jede ihr mögliche Weise zu helfen, wenn wir in Bukarest in irgendwelche Schwierigkeiten geraten sollten. Nachdem er sie am Flughafen verlassen hatte, war Alan eingefallen, daß sie vielleicht einen verläßlichen Arzt kannte, der eine unabhängige Untersuchung bei Michael vornehmen konnte. Er hatte sie noch am selben Abend angerufen und Glück gehabt — es gab eine Freundin der Familie, die zu den leitenden Kinderärzten in einem der größeren Bukarester Krankenhäusern gehörte.

Mit Erlaubnis des Waisenhauses hatten Marianna und Alan am Montag, dem 2., Michael abends in Miranda Cavills Haus gebracht, wo sie Dr. Magdalena Dragon kennengelernt hatten, eine Frau in den Fünfzigern, die eindeutig etwas von ihrem Geschäft verstand. Sie hatte Michael gründlich untersucht, und obwohl sie erklärt hatte, daß es ihm alles andere als gut ging und er schrecklich unterernährt war, gab es aus ihrer Sicht keine größeren Probleme mit ihm. Seine Organe funktionierten alle richtig, genau wie seine Muskelreflexe. Seine Beine waren nur schwach, weil er sie nicht gebrauchte, seine Brust, obwohl böse entzündet, würde sich bei frischer Luft und guter Kost bald bessern. Und die beste Nachricht von allen: Sie hatte erklärt, daß AIDS keineswegs so weit verbreitet war, wie die Medien es alle Leute glauben machten, und es hatte keine AIDS-Fälle in Waisenhaus Nr. 6 und 4 gegeben.

Es war auch an diesem Montag gewesen, daß Alan und Adrian sich auf die Suche nach Michaels kleiner Schwester Christina-Daniella gemacht hatten, die aus dem Bettchen herausgenommen worden war, das sie mit ihrem Bruder geteilt hatte. War das vor Wochen oder Tagen gewesen? Nach unserer Rückkehr aus Bukarest hatten Alan und ich ausführlich über die beiden Schwestern von Michael geredet. Die Versuchung, »Zum Teufel, wir kommen irgendwie zurecht, wir adoptieren die ganze Familie« zu sagen, war riesig, aber es war einfach nicht zu machen. Da war das ganz praktische Problem von Platz und Finanzen, und da waren auch Locket und Charlie. Mit der Adoption eines Kindes, meinten wir, wurden wir fertig, aber drei würden unsere elterliche Aufmerksamkeit, was Locket und Charlie anging, bis zu dem Punkt beanspruchen, daß die beiden beträchtlich leiden würden. Und dann bestand noch die Gefahr, daß Charlie ausgeschlossen wurde. Er würde immer noch der Jüngste in der Familie sein, und Mirella, Christina-Daniella und Michael würden untereinander vermutlich eine engere Beziehung haben als zu ihm. Dennoch hatten wir das Gefühl, gegenüber Michaels Schwestern Verantwortung zu tragen. Michael war jetzt unser Sohn, emotional und moralisch, da Lenuta ihre Zustimmung zur Adoption gegeben hatte, und daher lag es in unser Verantwortung, dafür zu sorgen, daß alles getan wurde, um seinen Schwestern zu helfen und natürlich mit ihnen in Verbindung zu bleiben.

Was Mirella anging, so meinten wir zu der Zeit, es sei sehr unwahrscheinlich, daß sie adoptiert wurde, nicht nur, weil sie sieben war, sondern auch, weil sie sich in einem Waisenhaus außerhalb von Bukarest befand. Bei Christina-Daniella gab es ein anderes Problem. Wir hatten mit Russell und Mitch ziemlich ausführlich die Möglichkeit diskutiert, daß sie sie adoptierten, und sie zeigten verhaltene Begeisterung. Zu der Zeit hatten wir alle unsere Zweifel. Wir waren mit Sicherheit eine komplizierte Familie, aber wir kamen nicht um die Frage herum, ob wir nicht unser Glück herausforderten, wenn wir die bizarre Situation herbeiführten, daß Michaels Bruder der Vater seiner Schwester würde. Das mußte verwirrend für die Kinder sein, und da sie sich alle acht bis zehn Tage sahen, würde sie es beunruhigen. Sie waren daran gewöhnt gewesen, zusammenzuleben, ein Bettchen zu teilen. Sie waren grausam getrennt worden und hatten darunter vermutlich sehr gelitten. Irgendwie hatten wir alle das Gefühl, es war besser, wenn sie sich nicht wiedersahen, bis die Wunden geheilt waren, oder wenn sie schnell und auf Dauer zusammen in ein neues Zuhause gebracht wurden.

Da schloß sich für uns der Kreis: konnten wir wirklich außer Michael auch Christina-Daniella adoptieren, aber Mirella nicht? Drei Kinder unter dreieinhalb waren eine anspruchsvolle Aufgabe, und wieder war da das Problem, daß Charlie das dritte Rad am Wagen sein würde. Am Ende waren wir zu dem Schluß gelangt, daß es keinen Sinn hatte, sich deswegen zu quälen. Am besten wäre es, Christina-Daniella zu finden und dann zu entscheiden.

Nach vier erfolglosen Besuchen fanden Adrian und Alan sie endlich in einem Waisenhaus, das nur vier oder fünf Kilometer von ihrem Bruder entfernt war. Ich habe dieses Waisenhaus nie gesehen, aber Alan berichtete, daß es erfreulicher war als Nr. 4. Die Kinder waren etwas älter und besser in der Lage, sich um sich selbst zu kümmern, was den Personalbestand akzeptabler machte und die Versorgung der Kinder ganz allgemein verbesserte. Weder die Leiterin noch irgendein Arzt waren im Waisenhaus, als Alan und Adrian kamen, aber eine Oberschwester machte Dienst und führte sie direkt zu Christina-Daniella. Sie spielte mit anderen Kindern in einem sonnigen Kinderzimmer. Wie Michael war sie totenblaß, hatte dunkle Ringe unter den Augen, das Haar war im traditionellen Bürstenschnitt der Waisenhäuser geschnitten. Sie trug ein verwaschenes rosa Kleid und kleine weiße Stiefel, aber sie war insgesamt stämmiger und gesünder, als Adrian oder Alan mit Blick auf den Zustand ihres Bruders erwartet hätten. Ihr Leiden hatte eindeutig eine andere Form angenommen. In dem Augenblick, als sie Adrian und Alan näherkommen sah, fing sie an zu schreien. Sie klammerte sich an die Schwester, weinte, verbarg ihr Gesicht, und obwohl sie sehr sanft und geduldig mit ihr umgingen, konnte keiner der beiden in ihre Nähe kommen.

Es gelang ihnen, ein paar Fotos zu machen, die ich immer noch habe. Sie zeigen ein sehr trauriges, verlassenes, verstörtes kleines Mädchen mit einem Gesicht, das genauso geisterhaft wie das ihres Bruders war, so daß diese Fotos mir stets die Tränen in die Augen treiben. Denn der Lebensfunke, den Michael noch besitzt, der Mumm, der wilde Mut, dieser Optimismus, dieser Humor, der hatte Christina-Daniella verlassen. Die schrecklichen Erfahrungen, unter denen die Familie gelitten hat, lassen sich von ihrem Gesicht ablesen, und ihre Narben werden länger brauchen als die Michaels, bis sie verheilt sind.

Die Schwester war ganz begeistert von der Möglichkeit, daß wir selbst oder Russell und Mitch das kleine Mädchen adoptieren könnten. Ja, sie war freigegeben, sie hatten allen Grund zur Annahme, daß sie frei von AIDS und Hepatitis B war, und medizinisch war alles in Ordnung. Die Schwester war auch überzeugt, daß Christina-Daniella, wenn sie Liebe, Zeit und Aufmerksamkeit bekam, lernen würde, sich zu entspannen und ein glückliches Kind zu sein.

Alan verließ das Waisenhaus mit schwerem Herzen. Ganz am Ende des Besuchs hatte Christina-Daniella angefangen, ein bißchen lockerer zu werden. Sie hatte ihnen sogar vom Balkon aus nachgewinkt. Er stand danach vor einem vollkommenen Dilemma und wußte nicht, was er tun sollte – die Loyalitäten gingen in so viele verschiedene Richtungen, als er mit Adrian wegfuhr. Zweifellos waren unsere Instinkte richtig, und es war nicht vernünftig, wenn Russell und Mitch das Kind adoptieren würden. Sie war bereits verhaltensgestört, und die Verwirrung, in einer Familie zu sein, in der ihr Bruder nur zeitweilig zu ihrem Leben gehörte, war nichts, womit sie fertig werden könnte. Entweder wir adoptierten sie, oder sie blieb, wo sie war, bis hoffentlich jemand anderer beschloß, sie in seine Familie aufzunehmen.

Alan hatte vereinbart, daß er am nächsten Morgen noch einmal kommen würde, um die Direktorin zu treffen. So geschah es auch, und er traf mit Adrian kurz nach halb neun ein. Die Leiterin, eine unangenehme Frau – sie erinnerte, wie Alan sagte, an die Leiterin von Waisenhaus

Nr. 4 – war gerade in der richtigen Stimmung. Die Kinderschwester hätte Adrian und Alan die Kleine nicht zeigen dürfen, denn sie stand nicht zur Adoption zur Verfügung. Eine italienische Familie hätte bereits beschlossen, Christina-Daniella zu adoptieren.

»Sind Sie sich da ganz sicher?« fragte Adrian.

»Ganz sicher«, antwortete sie.

Alan beriet sich mit Adrian. »Diese Frau ist schlecht«, sagte Adrian zu ihm. »Wenn Sie wollen, kann ich die italienische Adoption stoppen. Die Frau kann bestochen werden – Geld, Geschenke –, das ist kein Problem. Wenn Sie das kleine Mädchen haben möchten, kann ich das arrangieren.«

Alan mußte schnell denken. Er versetzte sich in die Lage des italienischen Paares, das Christina-Daniella vermutlich schon kennengelernt hatte und sie mochte. Was, wenn jemand uns und Michael dasselbe antat? Es war ein entsetzlicher Gedanke. »Nein«, sagte Alan entschieden, »das dürfen wir nicht tun, das wäre nicht richtig. Sagen Sie ihr, daß wir uns freuen, daß Christina-Daniella ein neues Zuhause bekommt.«

Die Leiterin sah enttäuscht aus, und das ließ Alan vermuten, daß sie gehofft hatte, einen Kuhhandel mit dem kleinen Mädchen veranstalten zu können. Als sie das Waisenhaus verlassen hatten, sprach er seinen Verdacht aus, und Adrian stimmte zu. »Ich glaube, wir sollten Christina-Daniella aufmerksam beobachten«, sagte Alan, »falls die Frau die ganze Geschichte mit dem italienischen Paar erfunden hat, in der Hoffnung, uns Geld aus der Tasche zu ziehen. Das Kind braucht Hilfe.«

»Das ist kein Problem«, sagte Adrian, »überlassen Sie das mir. Ich werde das Waisenhaus regelmäßig besuchen und dafür sorgen, daß das kleine Mädchen adoptiert wird. Wenn nicht, wer weiß, dann denken Sie vielleicht neu nach.«

Um zehn Uhr an diesem Vormittag hatte Alan wie verabredet Ivan im Waisenhaus getroffen, und es waren Blutproben entnommen worden. Michael hatte viel geschrien, was Alan sehr traurig fand. Nachmittags war er mit Michael unterwegs gewesen, um Paßfotos machen zu lassen, und dann hatte er ihn ins Waisenhaus zurückgebracht. Da er den größten Teil des Tages außerhalb des Waisenhauses gewesen war, fand Michael die Rückkehr sehr traurig. Nachdem Marianna ihn in sein Bett gelegt hatte und zurückkam, weinte sie auch. Es war eine sehr schwierige Situation, und es sah so aus, als gäbe es keine Möglichkeit, daß Adrian und Marianna die Erlaubnis bekamen, Michael ganz zu sich zu nehmen, bevor die Adoption nicht abgeschlossen war. Alan hatte Ivan angefleht, es zu ermöglichen, aber es ging nicht. Ivan bestand sogar unnachgiebig darauf, daß sie Michael überhaupt nicht aus dem Waisenhaus herausholten. Nach Alans Meinung, und instinktiv war ich derselben Ansicht, würde Michael auch noch mehr leiden, wenn er jeden Morgen abgeholt und jeden Abend zurückgebracht würde. Daher hatte er Adrian und Marianna gesagt, sie sollten Michael zweimal täglich besuchen, ihn aber nicht mehr mit nach Hause nehmen, weil Ivan das verboten hatte. Sie wiederum hatten Alan gebeten, seine Entscheidung noch einmal zu überprüfen, soweit es die Sonntage betraf. Zu seinem Entsetzen erfuhr er dabei, daß sonntags nur zwei Personen Dienst im Waisenhaus machten, die für einhundertfünfzig Kinder zuständig waren, was natürlich bedeutete, daß viele von ihnen volle vierundzwanzig Stunden lang nicht gefüttert wurden und keine frischen Windeln bekamen.

Es war zu schrecklich, um es überhaupt zu glauben, doch Alan war sich sicher, daß es stimmte. Adrian und Marianna waren beide sehr verzweifelt gewesen, als sie ihm das erzählten, denn sie hatten die Leiden mit eigenen Augen gesehen. Es wurde daher vereinbart, daß sie Michael sonntags holen konnten, nicht aber unter der Woche. Bevor er sie verließ, hatte Alan sie neu mit Lei und mehr Geschenken versorgt, um das Waisenhauspersonal bei Laune zu halten.

Als ich erst einmal davon erfahren hatte, mußte ich immer an die Sonntage im Waisenhaus denken. Wie konnte die Leiterin so etwas zulassen? Wie konnte sie den Sonntag mit ihrer Familie genießen, wenn sie wußte, daß die Kinder in ihrer Obhut so vernachlässigt wurden? Ich ertrug es nicht, darüber nachzudenken.

Am nächsten Morgen fand ich mich tief bedrückt in Dr. Youngs Praxis ein. »Ich glaube nicht, daß die Probe gut ist«, sagte ich und gab sie ihm vorsichtig.

Er hielt sie gegen das Licht. »Sie sieht gut aus. Was, meinen Sie, ist nicht in Ordnung?«

»Alan glaubt, daß er sie zu kalt werden ließ. Sehen Sie mal, sie ist klumpig und braun geworden.«

Dr. Young grinste mich freundlich an. »Das ist die Blutgerinnung«, sagte er mit anerkennenswerter Geduld. »Ihr Junge würde in beträchtlichen Schwierigkeiten stecken, wenn sein Blut das nicht täte. Ich habe veranlaßt, daß die Probe heute mittag abgeholt wird. Ich würde ja gern dran glauben, daß Sie die Ergebnisse noch vor dem Wochenende bekommen, aber ich bezweifel es. Rufen Sie Montagmorgen an.«

Alan war überglücklich. Er war überzeugt gewesen, daß mit dem Anlaß seiner Reise alles schief gegangen war. Die Erleichterung war ungeheuer.

Am selben Nachmittag fuhr ich mit Charlie los, um Locket von der Schule abzuholen. Sie war immer noch sehr blaß und still, mit Sicherheit nicht so übersprudelnd wie sonst, und sie zeigte merkwürdig wenig Begeisterung für die bevorstehenden Sommerferien. Bei einem Imbiß in Oxford fragte ich sie, ob sie glücklich war, daß wir Michael adoptierten, oder ob ihr etwas Sorgen machte. Sie war glücklich darüber, versicherte sie mir, sehr glücklich, obwohl sie sich auch Sorgen machte, welche Auswirkungen das wohl auf Charlie haben würde. In den letzten Monaten hatten sie und Charlie eine sehr enge Beziehung entwickelt. Er betet seine große Schwester an, und ich fragte sie, ob sie wegen des Einflusses, den Michael auf ihre Beziehung zu ihrem kleinen Bruder haben würde, besorgt war. Sie gab zu, daß das so war. »Weißt du, jeder hat jemanden«, sagte sie. »Da sind Lorne und Ines, Russell und Murray und jetzt Michael und Charlie. Und ich bin nicht nur das einzige Mädchen, sondern auch die einzige, die keine zweite Hälfte hat.«

»Das macht dich zu etwas ganz besonderem«, sagte ich. Das war nicht nur so dahergeredet, sondern es entsprach meinem Gefühl. Locket ist meine Achillesferse, sie ist es immer gewesen, und sie wird es immer sein. Wir beide haben viele schwierige Jahre allein gelebt. Dadurch sind wir uns sehr nahe gekommen, und es ist eine Bindung entstanden, die uns von dem Rest der Familie ein bißchen absondert.

»Ich bin nicht eifersüchtig«, sagte sie hastig, »das mußt du nicht denken, es ist nur, daß ich mir wünschen würde, Geschwister in meinem Alter zu haben.«

Wir besprachen es unter allen möglichen Gesichtspunkten, während Charlie stoisch mit seinem Teller Spaghetti kämpfte. Unsere mangelnde Aufmerksamkeit für seine Tischmanieren machte am Ende der Mahlzeit ein dickes Trinkgeld notwendig, aber Locket wirkte fröhlicher und entspannter. Wenigstens hatte sie sich ihr Problem mal von der Seele geredet.

Als wir zu Hause in Hampton Gay ankamen, hatten die Males in Abingdon schon mehrfach um Rückruf gebeten. »Ich glaube, da ist eine ziemliche Panik ausgebrochen«, sagte Margaret, »ich weiß nicht, was los ist, ich hab' mich nicht getraut zu fragen.«

Ich rief sofort an. Margaret hatte recht. Am Mittwoch, dem Tag, an dem Alan Rumänien verließ, hatte Adrian, wie vereinbart, Kerry, Karen und die beiden Babys nach Gaesti gebracht, um sich die Unterschrift vom Bürgermeister zu holen. Auch wenn sie ein paar Stunden warten mußten, hatten sie schließlich die Unterschriften bekommen, und die letzte Hürde bestand dann darin, Geburtsurkunden für die Kinder zu kriegen. Nach einer weiteren Verzögerung wurde die für Alexander ausgestellt, aber bevor die für Emily geschrieben war, war Daniella aufgetaucht und hatte eine unglaubliche Szene gemacht. Sie hatte dem Bürgermeister erklärt, daß Kerry und Karen beide ungeeignet wären, Kinder zu adoptieren, daß sie sie mißhandeln würden und daß er die Dokumente keinesfalls hätte unterschreiben dürfen. Es war daraufhin zu einem schrecklichen Streit gekommen, bei dem alle herumschrien und niemand eine Lösung fand. Am Ende waren sie gezwungen worden, ohne Emilys Geburtsurkunde nach Bukarest zurückzukehren, und Daniella hatte ihnen gesagt, daß sie mit dem Paßamt in Bukarest telefonieren würde, um sicherzustellen, daß weder Emily noch Alexander das Land verlassen dürften.

Daniellas Rachsucht war unglaublich. Kerry vermutete, daß es ihr und Poenaru fürchterlich peinlich war, daß man ihnen auf die Schliche gekommen war, und daß Daniella jetzt in den Angriff als Mittel der Verteidigung überging. Was auch immer die Gründe für ihr Verhalten waren, die Males waren fast verrückt vor Sorgen. Was, wenn die Mädchen verhaftet wurden, weil sie ihre Akten genommen hatten? Was, wenn man ihnen die Babys wegnahm? »Haben Sie heute was von ihnen gehört?« fragte ich.

»Nein, wir konnten keinen Kontakt zu ihnen aufnehmen«, sagte Mrs. Male. »Ich hab' einfach gehofft, daß Ihr Mann noch da unten ist und ihnen helfen könnte.« Ich erklärte ihr, daß Alan wieder zu Hause war. Steven würde natürlich hinfliegen, genau wie Karens Alan in New York, aber beide bekamen keinen Flug vor Sonntag, und bis dahin konnte sonstwas passieren.

Als Alan an dem Abend von der Arbeit nach Hause kam, waren wir alle sehr niedergeschlagen. Es war so schrecklich — nach all dem, was die Mädchen durchgemacht hatten, so nah am Ziel zu sein und doch so weit entfernt. Wir wollten die Males gern anrufen, um zu erfahren, wie sich die Dinge entwickelten, hatten aber das Gefühl, daß sie lieber die Leitung frei hielten.

Um zehn Uhr klingelte das Telefon. Es war Kerry, und sie klang ziemlich mitgenommen. Adrian war im Laufe des Tages mit Karen noch einmal nach Gaesti gefahren und hatte es geschafft, mit reichlich Bestechung, moralischem Druck und dem von Adrian typischen Bluff Emilys Geburtsurkunde zu bekommen. Kerry hatte gerade mit Daniella telefoniert und mit ihr vereinbart, sich am nächsten Morgen zu treffen, um zu besprechen, was als nächstes passieren sollte. Sie hatte sie natürlich in der Zange. Sie hatten zwar ihre Kinder jetzt offiziell nach rumänischem Recht adoptiert, aber solange Daniella dem Paßamt keine Freigabe erteilte, konnten sie das Land nicht verlassen. Kerry und Karen hatten beschlossen, daß sie an diesem Abend für sie keine andere Möglichkeit sahen, als sich mit dem billigen rumänischen Gesöff voll-laufen zu lassen; das schien das einzig Vernünftige zu sein. Wir konnten ihnen nur zustimmen.

Karen hatte einige Neuigkeiten. Auf dem Weg nach Gaesti hatten sie im Waisenhaus Nr. 4 einen Besuch gemacht, um Michael zu sehen. Er war mit Marianna im Garten gewesen, hatte sein Abendbrot gegessen und war anscheinend in guter Stimmung. Karen mochte ihn offen-bar sehr gern, und es war aufmunternd, einen aktuellen Bericht zu bekommen. Doch ihre eigenen Erfahrungen waren beunruhigend, um es milde auszudrücken. Kerry und Karen waren vor Ort und konnten so ihr Schicksal weit wirkungsvoller beeinflussen, als wir es für uns selbst tun konnten. Außerdem war der bei weitem wichtigste Punkt, daß sie das Sorgerecht für ihre Kinder hatten. Sie konnten sich um sich kümmern, sie beschützen, lernen, sie zu lieben. Wie lange es auch dauern würde, Alexander und Emily aus Bukarest herauszubekommen, wenigstens waren die Kinder nicht in Gefahr. Wenn Ivan sich als ein zweiter Poenaru herausstellte und wir ein Wartespielchen spielen mußten, dann konnte die Verzögerung Michael das Leben kosten. Wir mußten einfach auf Ivan vertrauen und hoffen, daß es richtig war.

Am nächsten Tag kam Jane Allan zum ersten ihrer beiden Termine zur Überprüfung der häuslichen Verhältnisse. Sie kam um halb zwei und blieb bis zum Spätnachmittag. Wir diskutierten alle Aspekte unserer Familie mit allen ihren Fehlern, und auf merkwürdige Weise empfanden Alan und ich das wie eine Therapie. Plötzlich verstanden wir, warum die Psychiater-Couch funktioniert. Auch wenn es klar war, daß sie keine Entscheidung treffen konnte, ohne unsere Referenzpersonen befragt zu haben, war es am Ende des Gesprächs klar, daß sie der Adoption zustimmte. Sie sprach auch mit Locket, die, sehr nobel, wie wir fanden, uns ein gutes Zeugnis als Eltern ausstellte. In der Tat fanden wir das Gespräch weit weniger belastend, als wir es uns vorgestellt hatten.

Der nächste Tag war ein Samstag. Alan, Charlie und ich fuhren nach Heathrow, um einer weiteren von Harry McCormicks Kontaktpersonen, Marian Gaylor, etwas mitzugeben. Wir hatten jetzt die letzten Dokumente, die Ivan angefordert hatte, und ein Geschenk und Glückwunschkarten für Michael, denn am nächsten Tag wurde er zwei Jahre alt.

Harry machte uns mit Marian bekannt, die selbst Mutter von kleinen Kindern war, wie wir ihre Familie durch die Adoption eines rumänischen Waisenkindes vergrößert hatte und die es wie wir auch immer schwieriger fand, einfach zu vergessen, was sie in Rumänien gesehen hatte. Deswegen flog sie häufig nach Bukarest, um sowohl Hilfe für die Waisenhäuser organisieren als auch ihre Familie zu Hause versorgen zu können. Wir erfuhren, daß sie bei Ivan wohnte, der ihr bei ihrer Adoption geholfen hatte, was sehr beruhigend war. Sie versprach, dafür zu sorgen, daß Michael sein Geburtstagsgeschenk und seine Karten bekam. Wir fühlten uns merkwürdig flau, als wir uns von ihr verabschiedeten, und dachten, daß wir auch nach Bukarest fliegen sollten, auch wenn wir augenblicklich nichts tun konnten, um die Dinge voranzubringen. Wir gingen mit Charlie auf das oberste Parkdeck, damit er das geschäftige Treiben am Flughafen beobachten konnte. »Brmm-Brmms«, ob in der Luft oder am Boden, sind die große Leidenschaft seines Lebens. Die ländliche Idylle kann man getrost vergessen, Charles Fowler würde gern ständig an Terminal 2, Flughafen Heathrow, leben.

Am Sonntag, dem 8. Juli, wachte ich früh mit einem unmittelbaren Gefühl von Unbehagen und Unwohlsein auf. Es war ein wunderschöner Morgen, und ich weiß noch, daß ich am offenen Fenster stand und über die Felder zur Ruine des Herrenhauses blickte. Heute war Michaels Geburtstag, und ich dankte Gott für Adrian und Marianna, denn sonst hätte er ihn, da es ein Sonntag war, vernachlässigt und allein verbracht. Aber dennoch, morgens würde er in dem schrecklichen Bett aufwachen und die stinkende Luft einatmen, und abends müßte er da auch wieder einschlafen ... Ich dachte an Kindergeburtstage, wie sie sein sollten, mit liebenden, stolzen Eltern, einem Fest, Kuchen, Pudding, Schokoladenkeksen, Luftballons, Bonbons ... Ich kniff die Augen fest zu und legte eine Hand auf den Mund, damit ich nicht laut schrie. Kein Kind sollte so leben müssen wie Michael, kein Kind sollte so leiden wie er. Ich wollte toben und schreien und mit dem Kopf an die Wand schlagen. Im Nebenzimmer fing Charlie an zu rufen. Die Wut wich. »Wenn du drei wirst, ist alles anders, Michael, das versprech' ich dir. Das wird ein Geburtstag, Liebling, an den du noch lange denken wirst, an den wir alle noch lange denken werden«, flüsterte ich in die Morgenluft, bevor ich meinen Sohn holen ging.

Im Sommer findet einmal im Monat ein Abendgottesdienst in unserer kleinen Kirche mitten in den Feldern von Hampton Gay statt. Bei einer Bevölkerung von nur elf weiteren Personen sind mehr regelmäßige Gottesdienste nicht zu rechtfertigen. David Wilcox, unser Pfarrer, hatte sich bereits einverstanden erklärt, für unsere Überprüfung Referenzperson zu sein, daher wußte er alles über Michael. An diesem Tag kam er zum Mittagessen, und später im Gottesdienst forderte er die Gemeinde auf, für Michael zu beten. Ich versuchte mir einzureden, daß er im nächsten Monat um diese Zeit vielleicht schon bei uns war. Es war zwar unwahrscheinlich, aber theoretisch war es möglich.

Vor uns lagen noch zwei große Hürden. Erstens war da noch das Ergebnis unserer Überprüfung, obwohl dieses Problem dank Jane Allan fast gelöst zu sein schien. Wenn sie abgeschlossen war, wurde sie von der Einwanderungsbehörde in London angefordert, die sie zu unseren Akten legte, wenn die aus Bukarest eingetroffen waren. Um eine Einwanderungserlaubnis, das heißt ein Visum, mit dem wir Michael mit in dieses Land bringen durften, zu bekommen, wurde Ivan aufgefordert, unsere Akte bei der Britischen Botschaft in Bukarest zu hinterlegen. Die Akte reiste dann im Diplomatenkoffer zur Begutachtung zur Einwanderungsbehörde, und wenn sie da befanden, daß Michael ein geeigneter Fall für eine Adoption war, dann bekam er ein Visum für zwölf Monate. Der Diplomatenkoffer reist nur donnerstags von Bukarest nach London, und Ivan versicherte uns, daß er unsere Akte am kommenden Dienstag zur Botschaft bringen würde, damit sie auch rechtzeitig da war. Diesen Teil des Vorgangs konnten wir wenigstens beeinflussen, bei der zweiten Hürde war das nicht der Fall. Seit dem 10. Juni gab es kein Adoptionsgesetz mehr in Rumänien. Man hatte zu Recht gemeint, daß es verrückt war, wenn Präsident Iliescu jede Adoptionsurkunde persönlich unterschrieb. Adoption sollte statt dessen richterlicher Akt werden wie in den meisten Ländern. So weit, so gut, aber obwohl ein neues Gesetz dauernd versprochen wurde, passierte gar nichts.

In unserer kleinen Kirche kniend, betete und betete ich, daß man schnell eine Lösung finden möge. Man hätte eine Stecknadel fallen hören können, als David dazu aufforderte, für Michael zu beten. Wenn man an die Kraft des Gebetes glaubt, dann hatte Michael an diesem Tag seinen vollen Anteil bekommen.

Am nächsten Tag erhielten wir eine wundervolle Nachricht. Charlie saß noch in seinem Hochstuhl beim Frühstück, als das Telefon klingelte. Es war Adrian Young, unser Arzt. »Ich dachte, ich laß' es Sie sofort wissen«, sagte er, »die Testergebnisse sind da, und Michael ist sauber — kein AIDS, keine Hepatitis B. Viel Glück bei der Adoption.« Plötzlich stellte sich wieder Optimismus ein. Michael hatte kein AIDS, er war nicht HIV-positiv. Er war immer noch sehr krank, immer noch in Gefahr, aber es mußte keine schreckliche Entscheidung in bezug auf seine Zukunft getroffen werden. Unsere Aufgabe war es, ihn nach Hause zu holen, und was Michael selbst anging: Er mußte lange genug am Leben bleiben, um frei zu sein.

9. Folterqualen

Bis Mittwoch, den 18. Juli, hatten wir eine solche Glücks-
strähne gehabt, daß wir hätten wissen müssen, daß sie
enden würde. Wie versprochen, hatte Jane Allan die
Überprüfung beendet und uns als geeignet befunden,
Michael zu adoptieren. Sie hatte uns Auszüge zukommen
lassen — ein Teil des Berichts ist vertraulich —, und den
kompletten Bericht direkt an die Einwanderungsbehörde
geschickt. Was die britische Seite des Adoptionsvorgangs
betraf, brauchten wir nur noch die Bestätigung, daß
unsere Akte im Diplomatenkoffer und auf dem Weg von
der britischen Botschaft in Bukarest nach London war. So
Gott wollte, würde die Einwanderungsbehörde, wenn sie
unsere Akte erst einmal hatte, die Erlaubnis erteilen, daß
Michael ins Land kommen durfte.

Wir wußten, daß Ivan am Tag zuvor die Absicht gehabt
hatte, sich mit Konsul Bob House zu treffen, um ihm
unsere Dokumente auszuhändigen. Da er bereits gelernt
hatte, daß es dumm war, irgend etwas dem Zufall zu überlassen, verbrachte Alan also am Mittwoch ein paar Stunden mit Versuchen, Bukarest anzurufen, um zu überprüfen, ob bei der Übergabe alles glatt verlaufen war. War es
nicht. Bob in der Botschaft hatte von Ivan keine Akte
erhalten, weil Ivan angeblich nur bereit gewesen war,
höchstens zehn Minuten zu warten, und dann gegangen
war, bevor Bob ihn sprechen konnte.

Weitere umständliche Telefonate folgten, und schließlich schafften wir es, Kontakt zu Ivan zu bekommen. Ivan hatte nicht zehn Minuten gewartet, er hatte zwei Stunden gewartet, und da war immer noch niemand bereit gewesen, mit ihm zu sprechen. Er versprach, es an diesem Nachmittag noch einmal zu versuchen. Noch einmal zu Bob House, der immer noch leugnete, daß man Ivan hatte warten lassen, aber einverstanden war, ihn an diesem Nachmittag zu treffen. Er bestätigte auch, daß immer noch Zeit war, unsere Akte in den Diplomatenkoffer am Donnerstag zu tun, vorausgesetzt, es gab keine Zwischenfälle, unerwartete Ereignisse oder fehlende Unterlagen.

Er ist ein sehr angenehmer Mensch, dieser Bob House. Alan mochte ihn auf Anhieb, denn es schien, als hätten wir endlich an der Botschaft jemanden gefunden, der ehrlich betroffen war und gern helfen wollte. Alan fragte ihn, ob er irgend etwas Neues über die Fortschritte mit dem rumänischen Gesetz wüßte, und erfuhr, daß Bob am selben Morgen mit Ion Mazilu zusammengetroffen war, der ihm gesagt hatte, daß das Parlament in der kommenden Woche über eine Gesetzesvorlage debattieren wollte. Uns war nicht bewußt gewesen, daß Mazilu noch mit dabei war. Seit der Zeit, in der die Martins mit ihm verhandelt hatten, war er, so hatte man uns gesagt, für Adoptionen nicht mehr zuständig. Es war gut zu wissen, daß er es doch noch war und, noch besser, daß die Dinge sich offenbar in die richtige Richtung bewegten. Unsere Papiere würden den Diplomatenkoffer am Donnerstag erreichen, und das Gesetz gab es zumindest als Vorlage.

Immer noch nichts dem Zufall überlassend, rief Alan am Donnerstagmorgen noch einmal Bob House an. Er war nicht in seinem Büro. Es hatte in der Nacht einen Einbruch in der Botschaft gegeben, und er war mit der Polizei beschäftigt. War dies das unerwartete Ereignis, das verhinderte, daß unsere Papiere in den Diplomatenkoffer kamen? Das Mädchen in der Telefonzentrale der Botschaft wußte es nicht, und wir gerieten in Panik. Wenn unsere Papiere den Diplomatenkoffer nicht erreichten, mußten wir eine weitere volle Woche warten, und, was noch wichtiger war, es bedeutete auch, daß Michael eine weitere Woche im Waisenhaus eingekerkert war. Dazu bedeutete es auch eine Woche mit wachsender Anspannung für uns. Alan rief eine halbe Stunde später noch einmal an. »Sie sind ein netter Mann, Mister Fowler«, begann Bob House, »aber es besteht keine Notwendigkeit, mich dauernd zu belästigen. Ich tu' mein Bestes.«

»Was ist mit unseren Unterlagen, haben Sie sie bekommen?«

»Ja, ja«, sagte Bob, »ich habe Ivan gestern nachmittag getroffen. Ich muß noch ein bißchen an ihnen arbeiten, aber die Zeit sollte reichen, der Koffer geht nicht vor Mittag raus. Es hätte keinerlei Probleme gegeben, wenn da nicht dieser Einbruch gewesen wäre. Ich hoffe aber, daß ich die Zeit finde.«

Wir saßen in der Küche herum und starrten uns an. »Es geht um das Leben eines kleinen Jungen«, sagte ich, »er muß doch einfach wissen, wie wichtig das ist.«

Wir warteten bis zehn nach zwölf Bukarester Zeit. Alan rief noch einmal an. Mr. House war nicht zu erreichen, er war wieder bei der Polizei. »Hat unsere Akte den Diplomatenkoffer erreicht?« fragte Alan verzweifelt. Die Empfangsdame konnte uns nur mitteilen, daß, wenn Mr. House gesagt hatte, sie würde ihn erreichen, es auch erledigt worden wäre, und damit müßten wir uns zufrieden geben.

Mit dem Gedanken daran, daß wir immer noch Ion Mazilus Privatnummer hatten, beschlossen wir am Freitag, ihn anzurufen, da es vielleicht ganz gut wäre, aus berufenem Munde zu hören, wie weit das neue Gesetz tatsächlich gediehen war. Wenn wir davon ausgingen, daß unsere Papiere den Diplomatenkoffer erreicht hatten und wir ordentlich Druck ausübten, dann, so rechneten wir, dürfte es nur noch eine Woche oder zehn Tage dauern, bis wir die Einreiseerlaubnis bekamen, die ohne ein Adoptionsgesetz natürlich nutzlos für uns war.

Wir riefen Ion Mazilu um fünf Uhr morgens britischer, sieben Uhr rumänischer Zeit an. Wie immer war er charmant, höflich und sehr hilfsbereit. Was er uns zu sagen hatte, versetzte uns jedoch in vollkommene und äußerste Panik. Ja, bestätigte er, Bob House hatte recht, das Parlament wollte sich in der kommenden Woche mit der neuen Gesetzgebung befassen. Allerdings würde in neun Tagen eine Parlamentspause eintreten, und obwohl er hoffte, daß das Gesetz durchkam, könnte es sein, daß keine Zeit für diese Angelegenheit blieb, wo doch so viele andere wichtige Dinge zu diskutieren waren.

Alan legte auf, und ein Blick auf sein Gesicht sagte mir, daß die Dinge sehr schlecht standen. Immer noch benommen von der Möglichkeit, daß der Diplomatenkoffer verpaßt wurde, standen wir nun vor einer weit ernsteren Form der Verzögerung. Wenn das Gesetz in dieser Sitzung nicht passierte, dann würde es frühestens im September wieder vorgelegt werden. Schockiert und verzweifelt saßen wir in Charlies Zimmer auf dem Fußboden und versuchten, das Problem vernünftig zu diskutieren. Irgendwie mußten wir Druck auf das rumänische Parlament ausüben, um sicherzustellen, daß das Adoptionsgesetz verhandelt wurde. Wenn uns das mißlang, dann konnte es durchaus Oktober werden, bis unser Fall überhaupt angehört würde. Im Oktober konnte Michael schon tot sein.

In sehr gedrückter Stimmung frühstückten wir mit Charlie, und als Margaret kam, übergaben wir ihn ihrer Obhut, setzten uns hin und sprachen die ganze Sache noch einmal durch. Wir mußten höheren Orts Stunk machen, und zwar schnell. Wir beschlossen, daß es vermutlich am besten war, mit der Presse anzufangen, und riefen Bob Graham von der *Daily Mail* an, dessen Berichte aus Rumänien und Engagement für das Waisenhausproblem gut bekannt waren. Wir erzählten ihm, was wir von Mazilu erfahren hatten, und wie wir vertraute er dem Mann instinktiv. »Ich sag' Ihnen, was ich mach'«, meinte Bob, »ich ruf' am Montag Petra Roman, den Premierminister, an und seh mal zu, ob ich ihn ein bißchen zwacken kann. Tut mir leid, aber das ist das Beste, was ich machen kann.« Sein Bestes war mit Sicherheit gut genug für uns – den rumänischen Premierminister anzurufen, mußte ein großartiger Beginn sein.

Doch wir fanden, wir konnten es nicht dabei bewenden lassen, die Sache war zu wichtig. Wir brauchten diplomatischen Kontakt. Wir riefen ein oder zwei Bekannte an, bei denen wir vermuteten, daß sie über einige diplomatische Quellen verfügten, aber ohne Erfolg. Wir gaben den diplomatischen Annäherungsversuch auf und versuchten es mit dem politischen. Wir riefen Suzy Gale an. Suzy Gale ist mit dem Abgeordneten Roger Gale verheiratet, und seit die Geschichte der rumänischen Waisenhäuser bekannt war, hat sie es sich zur Aufgabe gemacht, ihren eigenen Einfluß und den ihres Mannes auf jede erdenkliche Weise zu nutzen, um den Waisenkindern zu helfen. Sie hörte sich an, was Alan zu sagen hatte, und bestätigte, daß, soweit sie wußte, die mögliche Verzögerung des neuen Gesetzes allen neu war. Auch wenn klar war, daß das Parlament während der Sommermonate eine Zeitlang Pause machen mußte, hatte niemand die Möglichkeit ins Auge gefaßt, daß das Gesetz vorher nicht verabschiedet wurde. »Willie Waldegrave ist unser Mann in Rumänien«, sagte sie, »ich meine, am besten schreiben Sie ihm, ich gebe Ihnen seine Fax-Nummer. Schicken Sie mir eine Kopie, und dann werde ich mal sehen, was Roger machen kann.«

Wir blieben Freitag fast die ganze Nacht auf, setzten einen Brief an William Waldegrave auf und faxten ihn am Samstagmorgen. »So«, sagte Alan, »wir haben mit Hilfe der Presse einen Aufstand gemacht, wir haben über die Politiker einen Aufstand gemacht – irgendwie müssen wir auch noch die Diplomaten knacken.«

Wir hatten beide keine Ideen, aber dann rief im Laufe des Tages zufällig meine Mutter an, um zu fragen, wie die Dinge standen. »Erinnerst du dich noch an Kesta George?« fragte sie.

»Ja«, sagte ich unbestimmt, »ist er nicht ein Cousin der Rathcreedans?«

»So ist es«, sagte meine Mutter.

Die Rathcreedans sind sehr alte Freunde von uns. Ich erinnerte mich, daß Kesta älter war als ich, ein Teenager, als ich Kind war, ein jungverheirateter Mann, als ich Teenager war. Meine Mutter hatte herausgefunden, daß er Staatsbeamter war, und zwar ein hochrangiger. Tatsächlich war er Geoffrey Howes erster Mann im Außenministerium gewesen. »Er wird im Augenblick viel zu tun haben«, sagte meine Mutter, »wo Geoffrey Howe gerade zurückgetreten ist. Aber es klingt, als könnte sich ein Versuch lohnen. Ich hab' gestern beim Mittag mit Ann Rathcreedan gesprochen, und sie sagte, daß er viele Verhandlungen mit Rumänien geführt hat, bei Handelsmissionen und solchen Gelegenheiten. Warum rufst du ihn nicht an?«

Wir klammerten uns an Strohhalme, aber dieser schien ein recht kräftiger zu sein. Am Sonntagabend rief ich Kesta an. Er war nicht zu Hause, aber man sagte mir, ich solle später wieder anrufen, was ich auch tat. Kesta ließ sich nicht sonderlich inspirieren von meiner Geschichte. »Ich hab' immer Ärger mit den Rumänen«, sagte er. »Ich kenne sie ganz gut, ich besuche Rumänien seit einer Reihe von Jahren. Sie können sehr schwierige Verhandlungspartner sein.«

»Was kann ich machen?« jammerte ich. »Wir müssen Druck auf das rumänische Parlament ausüben. Wir haben die Presse, die dem Premierminister einheizt, wir hoffen, daß William Waldegrave etwas unternehmen wird ...«

»Es handelt sich wirklich um ein diplomatisches Problem«, unterbrach Kesta. »Die Rumänen werden wahrscheinlich keinerlei Notiz von irgendwelchen Bitten nehmen, es sei denn, sie kommen über die Botschaft. Der britische Botschafter ist ein Mann mit Namen Michael Atkinson. An deiner Stelle würde ich ihm schreiben und ihn bitten, in deinem Namen zu intervenieren.«

Wieder blieben Alan und ich lange auf und schrieben einen Brief an Michael Atkinson. Wir schlugen im *Who's Who* nach, um ganz sicher zu gehen, daß wir seinen Namen richtig buchstabierten und die richtige Anzahl von Buchstaben – Abkürzungen für Titel – hinter den

Namen setzten. Dann faxten wir den Brief nach Bukarest, schickten Kopien an Robin Hoggard, der im Außenministerium die rumänische Abteilung leitete, und natürlich an den getreuen Bob House. Es war erst achtundvierzig Stunden her, daß wir mit Ion Mazilu gesprochen hatten, und als wir Sonntagabend ins Bett fielen, hatten wir das Gefühl, wenigstens kleine Fortschritte gemacht zu haben.

Am Montagmorgen telefonierten wir mit dem Außenministerium und sprachen mit Robin Hoggard. Die Auskunft die wir erhielten, war nicht gut. Michael Atkinson war in England. Er war wegen irgendeiner Diplomatenkonferenz gekommen, Robin war ihm erst vor ein paar Tagen auf dem Korridor begegnet. Jetzt aber hatte er sich für ein paar Urlaubstage in sein Haus zurückgezogen.

»Können Sie es nicht arrangieren, daß wir ihn treffen?« hakte Alan nach.

Robin Hoggard war nicht beeindruckt. »Es tut mir leid, daß Sie sich in einer solchen Situation befinden, aber ich kann nichts für Sie tun.«

»Wer ist verantwortlich, wenn Michael Atkinson nicht da ist?« fragte Alan.

»Tony Godson«, lautete die Antwort. Wir schickten ein Fax an Tony Godson.

Bei all unseren eigenen Kämpfen hatten wir sehr wenig an Kerry und Karen gedacht, nicht, weil sie uns gleichgültig waren, sondern weil einfach keine Zeit dazu gewesen war. Jetzt erfuhren wir, daß ihr Ärger ein abruptes und glückliches Ende gefunden hatte. Nach vielen Streitereien hatte Kerry schließlich Daniella mit einschmeichelnden Worten dazu überredet, ihre Einstellung zu überprüfen, und Alexander und Emily hatten beide einen Reisepaß bekommen. Für Karen und Alan war es das Ende der Geschichte, denn sie brauchten keine weiteren Papiere, um ihre neue kleine Tochter mit in die Staaten zu nehmen. Sie waren sofort abgeflogen, aber nicht ohne Adrian ein Angebot zu machen, das er nicht ablehnen konnte. Alan war selbständiger Geschäftsmann und war Adrian so dankbar für seine Hilfe, sie alle aus der Sackgasse herauszuholen, daß er ihm einen Arbeitsplatz in seiner Firma anbot. Er schlug vor, daß Adrian, Marianna und Irena, sobald Visa zur Verfügung standen, einen Besuch in Amerika machen sollten. Er würde ihnen die Reise bezahlen.

Der Heimweg von Kerry, Steven und Alexander war nicht ganz so einfach. Sie kamen in Heathrow ohne Einreiseerlaubnis an, denn ihre Akte mit der Überprüfung der häuslichen Verhältnisse durch die Sozialbehörde war nicht vollständig. Sie hatten eine sehr ungemütliche halbe Stunde in Heathrow, bevor man sie hereinließ. Man sagte ihnen, daß man sie der Einwanderungsbehörde melden würde und daß Alexander nur ein Visum für drei Monate bekäme. Immerhin, sie waren zu Hause. Am Montagnachmittag besuchten Locket und ich sie. Kerry sah nicht mehr so müde und angespannt aus, und Alexander gedieh prächtig, er war bereits ein großer, strammer, prächtiger Junge.

»Oh, ich hab' heute ein paar gute Neuigkeiten erfahren«, sagte Kerry fröhlich, ohne zu ahnen, welche Bombe sie legte. »Karen hat angerufen. Alan hat es geschafft, die Visa für Adrian und Marianna schnell durchzukriegen. Sie fliegen am 4. August auf Urlaub in die Staaten.«

Entsetzt starrte ich sie an. »Adrian und Marianna fliegen in zwei Wochen in die Staaten! Was wird mit Michael?«

»O Gott«, sagte Kerry, »daran hab' ich nicht gedacht. Hat Adrian Ihnen nichts erzählt?«

»Nein.«

»Das hätte er aber tun sollen«, sagte Kerry, »oder wenigstens hätte er mir sagen sollen, es Ihnen zu erzählen. Ich hab' gestern abend mit ihm gesprochen, weil er die Geburtsurkunde von Alex für mich suchen soll. Da hat er mir alles erzählt. Doch, es gibt eine Nachricht für Sie. Er sagt, daß Michael wieder sehr schlimmen Durchfall hat und mehr von diesem Mineralstoffpräparat braucht.«

Ich fuhr ganz benommen nach Hause. Was würde am 4. August mit Michael passieren? Wie schlimm war sein Durchfall? Und was um alles in der Welt würden wir machen, wenn das neue Gesetz nicht rechtzeitig verabschiedet wurde? Michael war inzwischen zwei kräftige Mahlzeiten täglich gewöhnt, man konnte sie ihm nicht auf einmal wegnehmen. Ich würde hinfliegen müssen. Vielleicht konnte Ivan es so hinbekommen, daß Michael bei mir in einem Hotel bleiben durfte. Vielleicht sollten wir ihn einfach entführen. Ich kam angespannt, unglücklich und verzweifelt zu Hause an.

An dem Abend riefen wir Adrian an, und er bestätigte, daß er und seine Familie nach Amerika fliegen würden, aber das Datum stünde noch nicht fest. Er bestätigte auch, daß es Michael nicht allzu gut ging, daß Marianna sich aber um ihn kümmerte, und wir sollten uns keine Sorgen machen. Wir machten uns Sorgen.

Am folgenden Tag, Dienstag, dem 24. Juli, versuchten wir, mal eine Weile nicht mehr an das neue Gesetz zu denken und uns auf die Einreiseerlaubnis zu konzentrieren. Wir hatten in der Einwanderungsbehörde in Croydon einen Termin mit Mike Line, dem Mann, der für Auslandsadoptionen zuständig war. Er hatte ein paar Fragen mit uns in bezug auf unsere Akte zu besprechen, die er tatsächlich aus Bukarest bekommen hatte. Wenn die erst einmal geklärt wären, sagte er, könnte die Akte an die Gesundheitsbehörde weitergegeben werden, wo man sie zusammen mit dem Bericht über die häuslichen Verhältnisse prüfen werde. Wenn man dort zufrieden sei, würde die Einreisegenehmigung erteilt.

Mike Line war viel jünger, als wir erwartet hatten. Die Fragen, die er stellte, waren unkompliziert, bis wir zu Michaels Geschichte kamen. Während das Waisenhaus uns erklärt hatte, daß Michael schon kurz nach seiner Geburt ins Waisenhaus Nr. 6 gekommen war, hatte seine Mutter gesagt, daß er nur acht Monate in einem Waisenhaus gewesen sei. Als ich anfing, Mike Line das zu erzählen, wurde er sehr ernst. »Wenn der Bericht falsch ist«, sagte er, »dann müssen wir ihn zur Überprüfung nach Bukarest zurückschicken. Wir müssen seinen genauen Lebenshintergrund kennen.«

Alan und ich sahen uns voller Entsetzen an. »Ich glaube, wir haben vielleicht die Übersetzung der Mutter mißverstanden«, sagte Alan hastig. »Alle im Waisenhaus waren sich sehr sicher, daß Michael seit seiner Geburt da war. Ich bin überzeugt, daß der Bericht stimmt.«

»Dann ist es in Ordnung«, sagte Mike Line.

Wir taten einen Seufzer der Erleichterung, die Katastrophe war abgewendet. »Was passiert denn jetzt?« fragten wir. Die Unterlagen sollten an Donna Sidonio, eine Frau in der Gesundheitsbehörde, weitergegeben werden. Sie würde mindestens eine Woche zum Studium unserer Unterlagen brauchen, und wenn sie zufrieden war, würde sie Mike Line eine entsprechende Empfehlung geben. »Wie?« fragte Alan.

»Telefonisch«, sagte Mike.

»Und was passiert dann?« fragten wir nach.

»Dann empfehle ich der Britischen Botschaft, Ihnen die Einreisegenehmigung zu erteilen.«

»Wie?« Alan blickte gen Himmel. »Per Diplomatenkoffer?«

»Nein, ich kann ein Telex schicken«, sagte Mike.

Es ging endgültig bergauf. »Also wäre es vernünftig zu sagen, daß wir Ende nächster Woche eine Einreisegenehmigung haben könnten?«

»Vorausgesetzt, Ihre Papiere sind in Ordnung«, sagte Mike Line, »sehe ich keinen Grund, warum das nicht so sein sollte.«

Wir hatten alles getan, was wir konnten, soweit es die Einreisegenehmigung betraf, aber es gab keine Verschnaufpause. Der nächste Tag, ein Mittwoch, war ein Tarom-Flugtag. Also fuhren wir wieder nach Heathrow, und dank Radu Grigoriou, dem örtlichen Chef von Tarom, konnten wir einen weiteren Koffer mit Saft, Milch, Mineralpräparaten und Trockennahrung für Michael mitschicken.

Nach unserer Heimkehr führte Alan die üblichen Telefongespräche − mit Robin Hoggard im Außenministerium, mit Bob Graham bei der *Daily Mail*, mit Suzy Gale und am Abend auch mit Nicolae Ivan. Niemand wußte etwas Neues, wir alle konnten nur warten. Es waren nur noch zwei Tage bis zur Parlamentspause.

Die Belastung, der wir als Familie ausgesetzt waren, machte sich bemerkbar. Alan und ich schnauzten uns gegenseitig an, und wir waren vollkommen übermüdet.

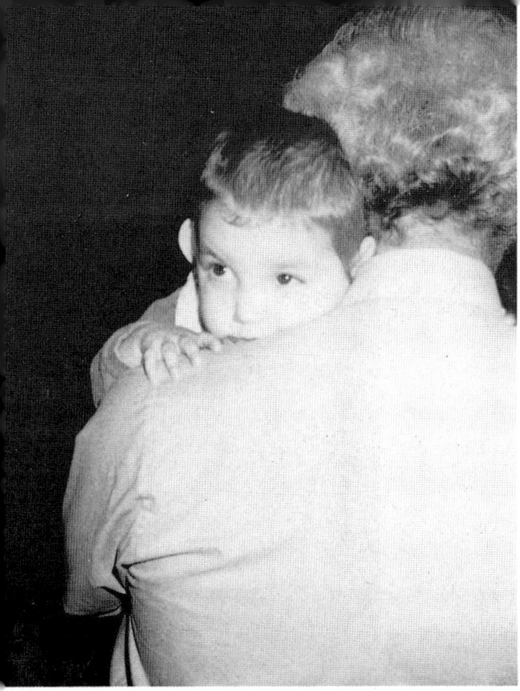

Alan mit Michael, kurz nachdem wir ihn gefunden hatten (links).

In Lenutas Wohnung – der Preis für ein Kind war eine Flasche Whisky (unten).

Michael und Marianna
(rechts).

»Oma«, ich und Michael im
Kinderheim nach dem Unfall
an seinem Auge (unten).

Locket und ich stellen Charlie
den kleinen Michael vor
(ganz rechts).

»Oma«, »Opa« und Christie
mit Charlie und Michael
während unseres Abschieds-
fests (rechts unten).

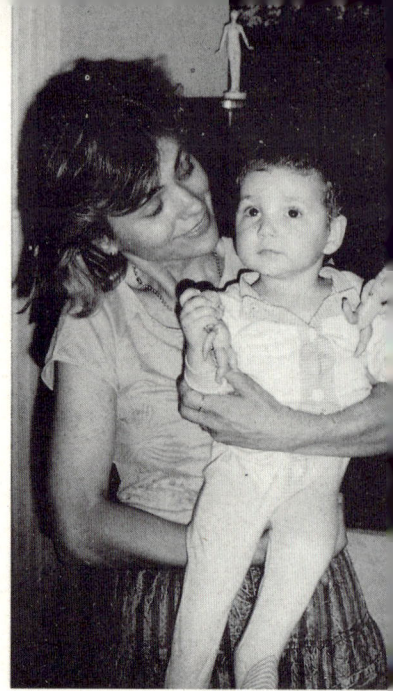

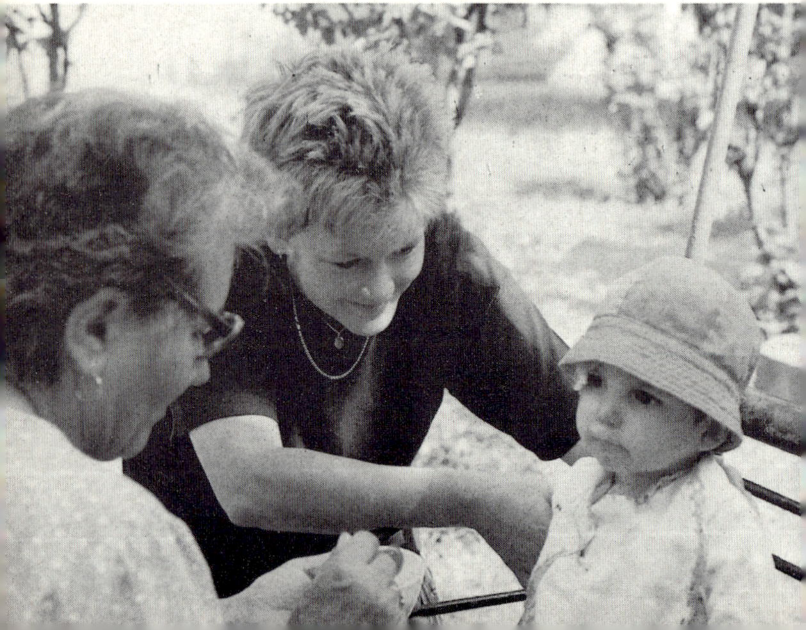

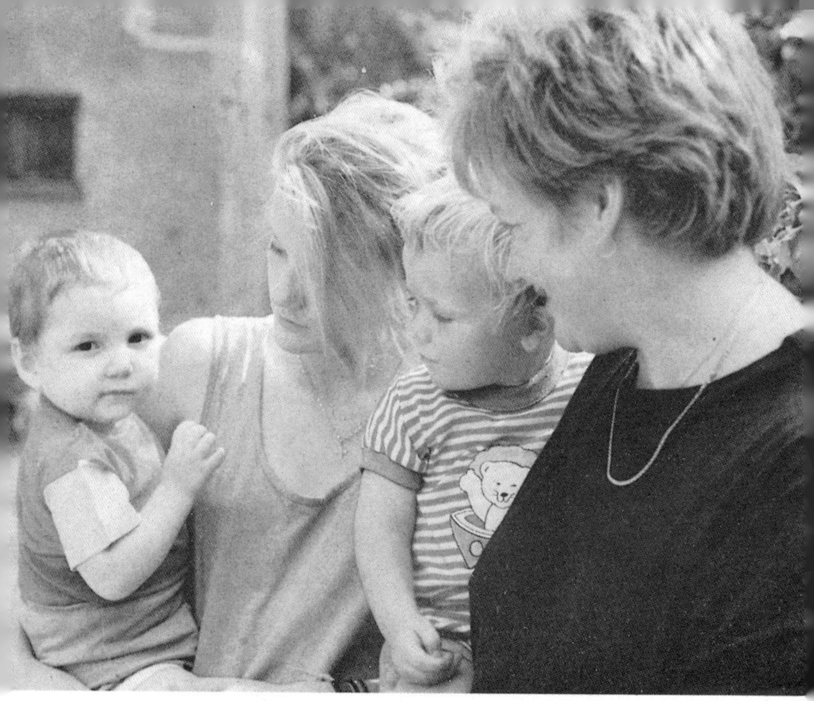

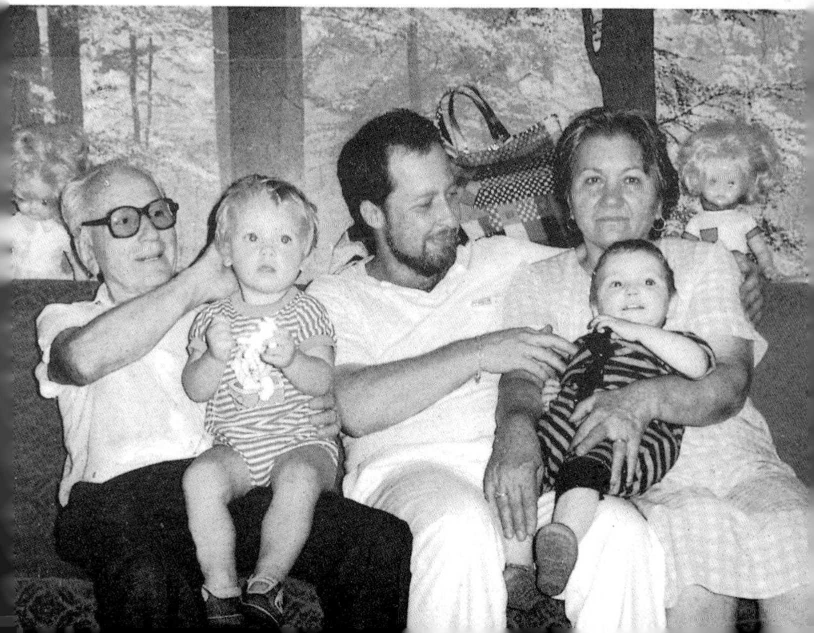

Michaels Taufe
(oben).

Michael mit Alan
– vier Monate,
nachdem wir ihn
im Kinderheim
entdeckt hatten
(rechts).

Locket, die einen kurzen Aufenthalt in Cornwall bei guten Freunden von uns sehr genossen hatte, war ziemlich vergnügt, aber sie sagte, sie fände die Spannung im Haus ziemlich unerträglich. Charlie war sehr blaß, er aß schlecht und hatte gelegentlich erhöhte Temperatur. Und er wurde auch ein bißchen vernachlässigt. In jeder Minute, die uns zur Verfügung stand, redeten Alan und ich pausenlos über Möglichkeiten, das System zu überlisten.

Freitagmorgen hielten wir die Spannung nicht mehr aus, und um Viertel vor sechs riefen wir Ion Mazilu noch einmal an. *Das neue Gesetz war vom Oberhaus verabschiedet worden*, erfuhren wir. Das Parlament hatte den Beginn der Pause um vierundzwanzig Stunden verschoben, daher sollte das Gesetz im Unterhaus am folgenden Tag, Samstag, dem 28., verabschiedet werden. Ob unsere Anstrengungen dazu beigetragen hatten, würden wir nie erfahren, aber das war vollkommen gleichgültig. Das Gesetz war fast verabschiedet, und unsere Erleichterung war riesig. Beim Frühstückstee vergossen wir ein paar Tränen.

Doch wir wußten immer noch nicht, was das neue Gesetz bedeutete. Später an diesem Morgen riefen wir Robin Hoggard im Außenministerium an, der gerade von der britischen Botschaft in Bukarest eine Zusammenfassung des neuen Gesetzes bekommen hatte. In dieser Zusammenfassung hieß es, daß wir bei der Anhörung durch das Gericht persönlich anwesend sein mußten, und wenn wir das nicht konnten, dann mußten wir unserem Anwalt Handlungsvollmacht erteilen. Wir riefen Suzy Gale an, um sie über die Neuigkeiten zu informieren, die wir von Mazilu erfahren hatten, denn sie hatte ja Kontakt mit vielen anderen Eltern, die sich in einer ähnlichen Situation befanden wie wir.

Im Laufe des Nachmittags ließen wir die Handlungsvollmacht ausstellen und beglaubigen, und abends riefen
wir Ivan an, um zu hören, welche Neuigkeiten er hatte.
Er bestätigte zwar, daß das neue Gesetz durch war, aber
der Zeitplan für den Gerichtsbeschluß sah mindestens
sechs Wochen vor: fünfzehn Tage, um einen Termin für
eine Anhörung zu bekommen, weitere zehn Tage für eine
weitere Anhörung und dann noch einmal mindestens
fünfzehn Tage, bevor das Gericht seine Entscheidung traf.
Er war der Meinung, daß es in unserem Fall möglich sein
könnte, die Zeit auf vier Wochen zu verkürzen, und zwar
aus zwei Gründen. Erstens waren unsere Papiere unter
den Bedingungen des alten Gesetzes vorgelegt worden,
daher würden die Behörden erkennen, daß wir eine
beträchtliche Zeit auf das neue Gesetz gewartet hatten.
Zweitens war Michael krank, und es bestand die Gefahr,
daß er nicht mehr lange genug lebte, um noch adoptiert zu
werden. Diese Verkürzung war eine gute Nachricht, aber
das Problem bestand darin, daß Ivan nicht wußte, wann
die vier Wochen beginnen konnten, denn jetzt mußte das
Gesetz erst noch veröffentlicht werden. Er sagte auch,
daß er keine Handlungsvollmacht brauche, womit er
behauptete, daß die Britische Botschaft wieder falsch
informiert hatte.

Unsere Hochstimmung, die früher am Tag geherrscht
hatte, schwand. Unter normalen Bedingungen sind sechs
Wochen keine lange Zeit, aber in unserem Fall könnte sich
eine solche Verzögerung als tödlich für Michael erweisen.
Die Drohung, daß Adrian und Marianna das Land verlassen würden, und die Aussicht, daß Michael wochenlang
ohne Betreuung sein würde, das war ein unerträglicher
Gedanke — wir mußten das verhindern.

Den Samstag und den Sonntag verbrachten wir damit, allen Leuten noch einmal Faxe zu schicken – Tony Godson, Kopie an Bob House mit der Bitte, etwas zu unternehmen; William Waldegrave; Bob Graham; Suzy Gale. Sonntagabend waren wir erschöpft, und wir schienen nichts erreicht zu haben. Wir riefen Adrian an, und der gab, nachdem er von einem müden, gereizten Alan ins Kreuzverhör genommen worden war, widerstrebend zu, daß Marianna, Irena und er am 4. August nach New York fliegen würden, aber wir sollten uns keine Sorgen machen, denn Mariannas Mutter würde sich um Michael kümmern. Wir verstanden nicht, warum es so schwierig war, Adrian diese Information aus der Nase zu ziehen. Hieß das, daß er in Wirklichkeit gar keine Pläne für Michael gemacht hatte?

Nach dem Gespräch mit Adrian war ich dabei, die Wände hochzugehen. Ich hatte Mariannas Mutter noch nicht kennengelernt, Alan allerdings kannte sie. Er versicherte mir, daß sie ein liebes, altes Mädchen war. Sie sprach kein Englisch, daher hatte er nicht direkt mit ihr reden können, aber er hatte das Gefühl, daß sie eine Person war, die die Verantwortung für Michael ernstnehmen würde. Aber natürlich konnte er nicht sicher sein, und mir ging es nicht anders. Ich wußte nur, daß Michael ein Maß an Betreuung gewohnt war, das beibehalten werden mußte. »Gesetz hin, Gesetz her«, sagte ich zu Alan, »ich muß hin und selbst Mariannas Mutter kennenlernen und dafür sorgen, daß alles in Ordnung ist. Dieser verdammte Adrian, warum muß er auch gerade jetzt fliegen?«

»Laß uns morgen früh mit Margaret reden«, sagte Alan. »Ich meine, wir sollten vielleicht beide hinfliegen.«

Die üblichen Telefonate am Montag, dem 30. Juli,

bestätigten, daß sich am Wochenende nichts verändert hatte, aber alle sagten, daß die Prozedur vor Gericht langwierig sein würde und daß es keinen Hinweis darauf gab, wann die Gerichte bereit sein würden, sich mit Adoptionsfällen zu befassen. Auf jeden Fall sprachen alle von Wochen oder möglicherweise gar Monaten, mit Sicherheit nicht von Tagen. Wir fingen an, über Alternativen nachzudenken. Konnte Ivan dafür sorgen, daß wir Michael aus dem Waisenhaus herausholen durften? Konnten wir mit der ganzen Familie, einschließlich Michael, auf einen unbegrenzten Urlaub in die Karpaten fahren? Unsere Einfälle wurden immer abenteuerlicher, als wir redeten. Mit Locket und Charlie lange Ferien zu machen, wäre in den meisten europäischen Ländern überhaupt kein Problem, sondern ganz im Gegenteil, es wäre ein Vergnügen. Vergnügen ist jedoch Mangelware in Rumänien, genau wie alles andere. Aber mit einem achtzehn Monate alten Charlie und einem zweijährigen Michael war es schwer vorstellbar, wie wir zurechtkommen würden. Das Leitungswasser war ausgesprochen gefährlich und Wasser in Flaschen oft nicht erhältlich. Das Essen war indiskutabel, und Windeln, Waschpulver, Cremes, Medikamente – nichts von den üblichen Dingen, die man für Babys brauchte, konnte man in den Geschäften kaufen. Wir müßten alles mitnehmen, einschließlich der gesamten Verpflegung. Aber in einem Punkt waren wir uns sicher: Irgendwie mußten wir einen Weg finden, um die Zeit abzukürzen, die Michael im Waisenhaus verbringen mußte. Wir mußten *irgend etwas* tun.

Am Montagnachmittag bekamen wir eine Aufmunterung, als die Rigbys uns besuchten. Wir kannten Sally und Steve Rigby seit vielen Jahren. Er ist Direktor einer privaten Vorbereitungsschule für Jungen in Sussex, und sie haben vier kleine Kinder. Sie sind sehr warmherzige Menschen, und sie zu Besuch zu haben, war, als würden wir plötzlich in die Arme genommen. Wir merkten auf einmal, daß wir uns sehr isoliert hatten. Unser geselliges Leben war zum Stillstand gekommen, und keiner von uns beiden hatte seit Wochen richtig gearbeitet. Michael aus dem Waisenhaus zu befreien, war unser einziges Thema. Es war eine wunderbare Abwechslung, tagsüber Ablenkung durch die Kinder zu haben und abends das echte Interesse und das Mitgefühl von Sally und Steve zu erleben.

Charlie allerdings war immer noch alles andere als gesund. Den ganzen Montag hatte er hohes Fieber, und nachmittags ging ich mit ihm zum Arzt. Er konnte nichts feststellen und zerstreute meine Ängste, daß das unerklärliche Fieber eine Hirnhautentzündung sein könnte. Auch wenn ich in gewisser Weise beruhigt war, konnte ich mich aber nicht gegen das Gefühl wehren, daß irgend etwas mit ihm nicht stimmte und daß es sich nicht nur um eine der normalen Kinderkrankheiten handelte. Aber am nächsten Morgen wirkte er ein bißchen munterer, und meine Ängste schienen unbegründet zu sein. Ich schob meine Gefühle auf den allgemeinen nervösen, neurotischen Zustand, in dem wir uns jetzt befanden.

Am Dienstag, während des Frühstücks mit den Rigbys, trafen wir unsere Entscheidung. Nachdem wir uns mit Margaret beraten hatten, beschlossen wir, am folgenden Wochenende genauso wie vorher nach Bukarest zu fliegen. Alan wollte am Samstag, dem 4. August, fliegen, um Marianna und Adrian zu besuchen, bevor sie in die Staaten flogen, und ich wollte am Sonntag folgen, damit wir ein paar Tage hatten, um zu sehen, wie es Michael ging, und um dafür zu sorgen, daß »Oma« ihm die richtige Betreuung zukommen ließ. Aber da war noch ein Gedanke in unseren Köpfen. Wenn wir in Bukarest waren, konnten wir vielleicht den Adoptionsprozeß beschleunigen. Zum Zeitpunkt unserer Reise schien es fast sicher zu sein, daß wir die Einreisegenehmigung bekamen, so daß die britische Seite des Adoptionsprozesses geklärt war. Vielleicht konnten wir nach der alten Methode eine Unterschrift unter unsere Papiere bekommen, oder wir konnten eine Möglichkeit finden, den gesetzlichen Weg zu umgehen.

Wir fingen an zu verzweifeln. Ein weiterer Anruf bei Adrian hatte ergeben, daß Michaels Durchfall jetzt akut war und daß er nach einem Fieberanfall jetzt Penicillin bekam. Diesmal klang sogar Adrian besorgt. Stundenlang zermarterten wir uns die Köpfe darüber, was wir am besten tun sollten, und telefonisch unterbreiteten wir Ivan unsere verschiedenen Ideen. Er war keine große Hilfe. Er verstand unseren Wunsch, nach Bukarest zu kommen und Michaels Wohlergehen zu überprüfen, da Adrian und Marianna nach Amerika flogen, aber er blieb dabei, daß die Vorstellung sinnlos war, die rumänische Gesetzgebung zu beschleunigen − wir mußten einfach warten, daß die Dinge ihren Lauf nahmen. Und Michael aus dem Waisenhaus zu holen, war unmöglich.

Den Dienstag verbrachten wir damit, uns zusammen mit den Rigbys Sorgen zu machen, und wir waren wütend, aber wir bekamen einen Anruf von der Gesundheitsbehörde, daß sie mit unseren Unterlagen zufrieden waren. Was sie betraf, so freuten sie sich, daß wir Michael adoptieren wollten, und nun läge es bei Mike Line, eine Einreisegenehmigung für Michael zu erteilen.

Am Nachmittag gelang es Alan noch einmal, zur Britischen Botschaft in Bukarest durchzukommen, und diesmal sprach er mit Tony Godson, dem Chargé d'affaires. Er bestätigte, daß es in der vergangenen Woche auf höchster Ebene Gespräche mit dem Justizministerium gegeben hatte, in denen es um all die Paare ging, die wie wir ursprünglich Unterlagen gemäß dem alten Adoptionssystem vorbereitet hatten und nun mit langen Verzögerungen rechnen mußten, bis das Gesetz veröffentlicht war. Tony Godson hatte gehofft, eine besondere Rechtsprechung zu erreichen für seiner Schätzung nach elf britische Paare, die die Einreisegenehmigung bereits hatten oder demnächst bekommen würden und deren Adoptionen verzögert wurden, weil ein Gesetz fehlte. Es war ein frustrierendes Gespräch, weil keine Lösung gefunden worden war, obwohl die britische Botschaft das Problem erkannt und diskutiert hatte. Die sogenannten Gespräche auf höchster Ebene waren fruchtlos geblieben.

Am Mittwoch verabschiedeten wir uns von den Rigbys, und Alan bereitete sich gerade auf einen weiteren Tag mit Anrufen bei allen Leuten vor, als etwas Erfreuliches passierte. Mein Stiefsohn Lorne rief an, um uns zu sagen, daß seine Frau Geraldine ihr erstes Kind zur Welt gebracht hatte — Leo Mackillop, rund dreitausendachthundert Gramm schwer und rundherum gesund. Lorne klang sehr tränenreich, aber überglücklich, und wir verabredeten, daß Locket und ich am nächsten Tag nach London fahren würden, um uns das neue Baby anzusehen.

Nachdem wir uns eine kleine Feier zugestanden hatten, fingen wir am Nachmittag wieder an zu telefonieren. Wir wollten versuchen, am Montag, unserem ersten gemeinsamen Tag in Bukarest, mit Tony Godson zusammenzukommen, Alan gelang es, mit seiner Sekretärin einen Termin zu vereinbaren, und er faxte die Bestätigung für unser Kommen. Da die Britische Botschaft nach Ivans Angaben sehr unfreundlich zu rumänischen Anwälten war, vereinbarten wir auch, daß wir unsere Einreisegenehmigung am selben Tag in der Botschaft abholen und sie Ivan persönlich überbringen würden, so daß es nicht zu Irrtümern kommen konnte. Wir beschlossen auch, während unseres Aufenthalts in Bukarest die Fortschritte bei Christina-Daniellas Adoption zu überprüfen, und wenn wir Zeit hatten, auch bei Mirella.

Bob Graham rief uns mit ziemlicher Verspätung an, aber das war verständlich. Er war nicht im Büro gewesen, weil er sich mit dem Mord der IRA an dem Abgeordneten Ian Gow befaßt hatte. Er sagte uns, daß er Kontakt zu Petra Roman aufgenommen hatte und es anscheinend nichts gab, was das Gesetz beschleunigen konnte. Er hielt es für wichtig, daß wir keinen weiteren Druck über die Medien ausübten, denn der könnte am Ende eine negative Wirkung haben.

Abends rief Alan die Cavills in Bukarest an. Miranda, ihre beiden Söhne und Brian, ihr englischer Mann, waren immer noch dort und wohnten bei Mirandas Mutter. Als sie hörten, daß wir beide kommen würden, luden sie uns zum Abendessen am Montag ein, und in der Zwischenzeit, sagte Miranda, wollte sie möglichst viel über das Gesetz und den eventuellen Termin seiner Veröffentlichung herausfinden. Die Familie gehörte zur einstigen Aristokratie Rumäniens, und sie versicherte uns, daß sie und vor allem ihre Mutter Freunde auf allerhöchster Ebene hatten und daß es ihnen immer noch möglich war, uns zu helfen. Das schien die erste erfreuliche Nachricht zu sein, die wir seit langem bekommen hatten, und wir waren sehr dankbar.

Am Donnerstag, dem 2. August, einem mörderisch heißen Tag, machten Locket und ich uns auf die anstrengende Fahrt nach Süd-London, um Leo zu sehen, jetzt vierundzwanzig Stunden alt. Wir fanden ihn und Geraldine nach einem ausgedehnten Marsch durch unendliche Krankenhausflure. Leo sah genau wie sein Vater aus, ein echter Mackillop, mit einer großen Nase und einem breiten Mund, er war sehr lebhaft und hungrig und sah eher wie fünfunddreißig aus als wie einen Tag alt.

Gutgelaunt verließen wir das Krankenhaus. Lorne und Geraldine hatten sich sehnlichst ein Kind gewünscht. Geraldine war über vierzig und hatte zwei Fehlgeburten gehabt, also war es alles nicht einfach für die beiden gewesen. Es war wunderbar, daß ihre Geschichte ein glückliches Ende gefunden hatte. Doch als wir nach Hause kamen, empfing Alan uns an der Tür und sah sehr bedrückt aus. Kurz nachdem wir gegangen waren, hatte Leo Schwierigkeiten mit der Atmung bekommen und war in aller Eile auf die Intensivstation gebracht worden. Im Augenblick wußten sie noch nicht, was bei ihm nicht stimmte, gingen aber davon aus, daß es irgendeine Infektion war. Lorne würde uns auf dem laufenden halten. Zusätzlich zu unseren eigenen Problemen schien dies das Faß zum Überlaufen zu bringen, aber es sollte noch schlimmer kommen.

Am nächsten Morgen bekam ich einen aufgeregten Anruf von Jo Leeman. Jo und ich hatten uns noch nie persönlich getroffen — tatsächlich ist das immer noch nicht passiert, aber ich habe das Gefühl, sie sehr gut zu kennen. Suzy Gale hatte uns vor ein paar Wochen zusammengebracht, weil sie und ihr Mann einen kleinen Jungen aus einem Waisenhaus rund neunzig Kilometer von Bukarest entfernt adoptieren wollten und genau so weit wie wir waren. Sie hatten eine Einreisegenehmigung, ihre Akte war vorbereitet, aber sie befanden sich in demselben Schwebezustand, weil es kein Gesetz gab. Abend für Abend hatten sie und ich telefoniert, oft eine halbe Stunde oder länger, und unsere Gespräche hatten uns beiden ungeheuer geholfen. Wir fingen alle an zu glauben, daß wir verrückt werden würden, wir konnten nicht schlafen, wir konnten nichts essen, wir konnten uns nicht auf unsere Arbeit konzentrieren. Es war merkwürdig tröstlich festzustellen, daß Jo und ihr Mann Brian genau dieselben Gefühle durchlebten wie wir. An diesem speziellen Morgen des 3. August durchbrach Jo die Gewohnheit, uns abends anzurufen, um uns zu sagen, daß sie als Antwort auf ein Fax, das sie und ihr Mann geschickt hatten, Antwort vom Außenministerium bekommen hatten. Nach Auskunft des Ministeriums war noch kein Gesetz verabschiedet worden, und wenn das wirklich so war, dann bestand wegen der Parlamentspause natürlich auch keine Hoffnung, daß das geschehen würde.

Alan und ich verfielen in böse Panik. »Da kann nicht stimmen«, sagte er.

»Aber wenn das Außenministerium es sagt, dann muß es stimmen«, sagte ich. »Laß uns Ivan anrufen.«

Noch einmal gingen wir von unserer Gewohnheit ab und riefen Ivan am Tag an; zum Glück erwischten wir ihn zu Hause. »Wie ich Ihnen gesagt habe, das Gesetz ist verabschiedet«, versicherte er uns, »es ist nur noch nicht veröffentlicht.« Es war schwer zu entscheiden, wem man glauben sollte. Wir wollten Ivan vertrauen, aber wir wußten so wenig über ihn. Es war doch sicher nicht möglich, daß er recht hatte und das Außenministerium sich irrte? Wir konnten das nur herausfinden, wenn wir selbst nach Rumänien flogen, und genau das taten wir.

Es war gerade sechs Wochen her, daß wir unsere erste gemeinsame Reise nach Rumänien gemacht hatten, aber es kam uns vor wie ein ganzes Leben. Wir schienen so naiv gewesen zu sein, als wir letztesmal hinflogen, so unvorbereitet, nicht nur auf die riesigen bürokratischen Schwierigkeiten, sondern auch auf die emotionale Belastung, die entsteht, wenn man einem Kind gegenüber eine Verpflichtung eingeht und dann nicht in der Lage ist, etwas zu unternehmen. Auf einer ganz persönlichen Ebene hatte ich das Gefühl, Michaels Mutter genauso im Stich zu lassen wie Michael selbst. Vergessen wir für einen Augenblick die rumänischen und britischen Adoptionsgesetze — Michaels Mutter hatte mir, einfach ausgedrückt, gesagt, daß sie ihren Sohn nicht mehr versorgen könnte und daß sie wollte, daß ich das tat. Sie hatte mir die Verantwortung für sein Wohlergehen übertragen. Das mag jetzt verrückt klingen, wo es doch Lenuta gewesen war, die Michael erst einmal in ein Waisenhaus gesteckt hatte, aber so fühlte ich es einfach. Michael war krank, starb langsam vor sich hin, und ich war machtlos, ihm zu helfen. Ja, wir taten, was wir konnten, indem wir regelmäßig Lebensmittel, Kleidung und Windeln schickten, Tatsache aber war, daß sechs Wochen, nachdem Lenuta uns die moralische Verantwortung übertragen hatte, ihr Sohn immer noch unter den entsetzlichen Bedingungen des Waisenhauses lebte, immer noch die mögliche Beute eines langen Kataloges von Krankheiten war, immer noch denkbares Opfer einer verschmutzten Nadel.

In Bukarest herrschten eine Hitzewelle und Wasser-mangel. Es war, hatte Marianna uns erzählt, unmöglich, dafür zu sorgen, daß er es kühl oder gar ein bißchen bequem hatte. Die Kinder im Waisenhaus waren allesamt chronisch dehydriert. Es war verrückt, unmenschlich, daß Michael so sehr leiden mußte, während wir gezwungen waren, daneben zu stehen und zuzuschauen, und abgesehen von wenigen Ausnahmen wie Jane Allan, schienen die Bürokraten schlicht gleichgültig zu sein.

Ich weiß noch, daß ich in dieser Zeit eines Tages mit einem Vertreter des Außenministeriums sprach und die üblichen Belanglosigkeiten zu hören bekam. An einem Punkt wurde mir erklärt, daß die Fowlers wirklich lang-sam zu einem lästigen Ärgernis wurden. Ich erinnere mich daran, daß ich »Was für eine Kindheit haben Sie denn gehabt?« ins Telefon schrie. Der Beamte war erstaunt über meinen Mangel an Beherrschung und brachte das auch zum Ausdruck. Mit dieser Art von Leu-ten zu reden, ist mehr als zwecklos, und Michael war immer noch im Waisenhaus eingesperrt.

In der Zwischenzeit war Leo sehr krank geworden. Er war im Brompton Hospital getauft worden, bevor eine größere Operation vorgenommen wurde. Er hatte eine blockierte Aorta, und es stand auf Messers Schneide. Zwei kleine Jungen unter ganz unterschiedlichen Bedin-gungen, und doch kämpften sie beide um ihr Leben. An dem Abend, an dem Leo auf der Intensivstation lag und nach der Operation an alle möglichen Apparate ange-schlossen war, sahen Alan und ich zufällig eine Fernseh-sendung über das Waisenkinderproblem in Rumänien. Sie zeigten kurz Waisenhaus Nr. 4 und zuviel von den inzwischen vertrauten Bedingungen. Später lagen Alan und ich im Dunkeln, hielten uns bei den Händen und weinten um Michael, um Leo ... »Lasset die Kindlein zu mir kommen« hatte an diesem Abend eine neue Bedeutung für uns bekommen.

Wir hatten es so eingerichtet, daß Locket während unserer Abwesenheit bei Jemma Cooke, einer Schulfreundin, wohnen sollte. Die Familie lebt in der Nähe von Chinnor, und ich wußte, Locket würde dort gut versorgt werden. Wir hatten ihr versprochen, daß sie, wenn wir Michael mit nach Hause nehmen konnten, noch einmal nach Bukarest kommen durfte, um ihn abzuholen. Ganz abgesehen von den Kosten hatten wir auch das Gefühl, daß ein weiterer Besuch in dem Waisenhaus, bei dem wir am Schluß Michael wieder nicht mitnehmen durften, sehr qualvoll für sie sein würde. Und doch fiel es mir schwer, sie zu verlassen, wo Leo so krank und wir so weit weg waren. Ich machte mir auch immer noch Sorgen um Charlie. Er war nicht in Ordnung. Das Fieber war weg, aber er aß immer noch nicht richtig und wirkte blaß und traurig. Ich gab natürlich mir die Schuld, wie Mütter das immer tun. Seit Wochen hatte im Haus keine gute Atmosphäre geherrscht, vielleicht war es das, was ihm fehlte, das und die Tatsache, daß er diesmal genau wußte, daß wir wegfuhren, und er war sehr anhänglich.

Wie beim letztenmal flog Alan am Samstag. Diesmal vereinbarten wir, daß er mich nicht anrufen würde. Nach seiner Ankunft in Bukarest wollte er alle verfügbare Zeit mit Adrian, Marianna und hoffentlich auch Mariannas Mutter verbringen. Adrian und Marianna flogen am nächsten Morgen um fünf nach Amerika.

Am Sonntag lief alles ganz genauso ab wie vor sechs Wochen, nur hatte ich jetzt Locket nicht bei mir. Margaret und ihre Familie kamen früh am Morgen, genau wie Russell, der mich zum Flughafen fuhr. Diesmal hatte ich nur Handgepäck bei mir. Das war gut, denn als wir ankamen, gab es fürchterliche Verspätungen. Vor drei Tagen war Saddam Hussein in Kuweit einmarschiert, und jetzt befürchtete man am Flugplatz Anschläge von Terroristen. Ich brauchte anderthalb Stunden, um durch die Paßkontrolle zu kommen, und die Maschine hatte bereits Stunden Verspätung. Als wir schließlich doch noch abhoben, versuchte ich, die Sorgen um Charlie und Locket vorübergehend beiseite schiebend, konstruktiv zu denken. Wir hatten einen Termin bei dem Chargé d'affaires in der Botschaft, wir besaßen eine Einreiseerlaubnis, und uns standen drei Tage in Bukarest zur Verfügung, um sicherzustellen, daß Michael richtig versorgt wurde und alles Erdenkliche zu tun, um unsere Adoptionspapiere durchzubringen.

Als die Maschine im Anflug auf den Flughafen von Bukarest war, bekamen wir unsere Einreisekarten ausgehändigt. Es gab ein Kästchen auf dem Formular, das angekreuzt werden mußte, wenn der Passagier ein Kind bei sich hatte. Ich kreuzte es an, weil ich es für unwahrscheinlich hielt, daß bei der Einreise irgend jemand das Formular überprüfte. Es war ein verrückter Impuls, doch wenn ich mit einem Kind ins Land kam, dann war es doch nur vernünftig, daß ich es auch mit einem Kind verließ. Es war eine idiotische Idee, aber keine unvorstellbare – daß ich Michael mit meinem Paß herausbrachte, wobei ich ihn als Charlie ausgab. Verrückt, aber einen Versuch wert, man konnte ja nie wissen. Alles war einen Versuch wert, wenn die Zeit knapp wurde.

10. Tage der Verzweiflung

Um sieben Uhr dreißig am folgenden Morgen steckte Ivan wie üblich voller Energie, war zwanglos gekleidet mit einem kurzärmeligen Hemd mit offenem Kragen, ziemlich grell karierten Hosen und den unvermeidlichen Segelschuhen. Wir hatten uns mit ihm in der Halle des Inter-Continental Hotels verabredet, um die Taktik zu besprechen. Er hatte eine Kopie des Gesetzes bei sich, das immer noch nicht veröffentlicht worden war, und er las jede Klausel mit uns durch, wobei er alles gut und sorgfältig erklärte. Es war klar, daß der gesamte Vorgang von Anfang bis Ende sechs Wochen dauern würde, auch wenn Ivan ehrlich davon überzeugt zu sein schien, daß er ihn auf vier oder fünf Wochen reduzieren könnte. Doch es gab einen Aspekt, der ihm Sorgen machte. Nach dem neuen Gesetz würde der Fall in einem anderen Bezirk der Stadt angehört werden. Unser medizinischer Bericht war in Bezirk 2 erstellt worden, in dem das Waisenhaus Nr. 4 liegt, und das galt auch für die Überprüfung, das Abstempeln und die Anerkennung des Berichts über unsere häuslichen Verhältnisse. Ivan hatte einige Zweifel, ob das Gericht das anerkennen würde, und befürchtete, es könnte von dem neuen Bezirk eine weitere Überprüfung verlangen.

»Sollten wir den Bericht nicht in jedem Fall von dem

neuen Bezirk überprüfen lassen, während wir auf das Gesetz warten?« fragte Alan.

Ivan schüttelte den Kopf. »Wir wollen doch keinen Ärger.«

Wir erzählten ihm von unserer Verabredung mit Tony Godson an diesem Nachmittag, und er war deutlich beeindruckt. »Wir hoffen, daß wir unseren Fall irgendwie beschleunigen können«, sagte ich, »und wir haben uns gefragt, ob wir wohl unsere Akte ausleihen können.«

»Natürlich, natürlich«, sagte Ivan und gab sie uns. »Aber Sie werden die Dinge auf keinen Fall beschleunigen können.« Er lächelte Alan an. »Sie sind ein sehr netter Mann, Mister Fowler, aber Sie sind zu ungeduldig.« Das sollte zum Familienspruch werden: »Sie sind ein sehr netter Mann, Mister Fowler, aber ...« Ivan wunderte sich vermutlich über unser Gelächter, aber er lachte mit uns. »Ich wünsch' Ihnen Glück«, sagte er. »Sie werden nichts tun können, aber warum es nicht versuchen?« Er zuckte mit den Achseln. »Wer weiß, vielleicht haben Sie Erfolg, hoffen wir es.« Und dann war er weg.

Da Adrian auf dem Weg nach Amerika war, hatten wir unseren Fahrer verloren, aber er hatte uns nicht vergessen und dafür gesorgt, daß sich sein Cousin Christie, ein arbeitsloser Ingenieur und Teilzeitfahrer, um uns kümmerte. Christie war ein kleiner, rundlicher Mann mit hellem Haar und einem Gewächs im Gesicht, das irgendwo zwischen Bart und modischen Stoppeln lag. Er hatte weder Adrians Ausstrahlung noch dessen Englischkenntnisse, aber er war ein freundlicher Mann und wollte unbedingt helfen. Alan hatte am Tag zuvor, als er noch allein in Bukarest war, festgestellt, daß er genauso pünktlich und zuverlässig war wie Adrian. Nachdem Ivan gegangen war, kam Christie und fuhr uns zur Wohnung von Adrian und Marianna, wo Oma auf uns wartete. Wir umarmten uns spontan — sie strahlte dieselbe offene Warmherzigkeit aus wie ihre Tochter —, und Alan holte den Koffer mit den Geschenken und Lebensmitteln für sie und mit weiterer Ausstattung für Michael aus dem Auto. In einem unserer früheren Pakete hatten wir eine Kühltasche geschickt, und die füllte sie jetzt mit Essen und Trinken für Michael. Ihr Mann erschien, ein netter Mensch — sie waren überhaupt ein reizendes Paar —, freundlich, liebevoll und mit einem wunderbaren Sinn für Humor. Mit Hilfe von Christies Übersetzungen und vielen Gesten unterhielten wir uns gut.

Nach einer halben Stunde oder so hielt ich es nicht mehr aus und bat darum, zum Waisenhaus zu fahren. Christie brachte uns hin, und wieder einmal machten wir uns auf den Marsch über den Betonweg, vorbei an den Hühnern und Kinderbetten und die Treppen hinauf zum düsteren Empfang. Es herrschte ein einziges Chaos. Im Raum neben dem Empfang saßen sehr viele Kinder schreiend auf dem Topf, eine zweite Gruppe war draußen auf den Balkons. Die Leiterin begrüßte uns, den Blick fest auf die Tasche gerichtet, die wir bei uns hatten. Sie wurde sofort sehr lebhaft, als Alan ihr die Tasche überreichte, die voll war mit Zigaretten, Whisky, Parfüm und Seife. Sie verschwand in ihrem Büro und schloß die Tür, offensichtlich um ihre Beute genauer zu betrachten.

Während wir warteten, erhaschten wir einen flüchtigen Blick auf ein Kind, das mit blutverschmiertem Gesicht davongetragen wurde. »Das sieht wie Michael aus«, sagte ich nervös.

Alan schüttelte den Kopf. »Beruhige dich, ich bin sicher, daß er es nicht war.«

Wir warteten. Oma hatte einer der Schwestern ein Päckchen Zigaretten gegeben, damit sie Michael holen ging, aber nichts passierte. »Wo bleibt er nur?« fragte ich und wurde immer besorgter.

Christie klopfte an die Tür der Leiterin und fragte, ob sie die Dinge für uns beschleunigen könnte. Unter den Schwestern gab es große Diskussionen. Ich wußte, daß etwas nicht stimmte. Christie kam zurück und blickte grimmig drein. »Er hat einen Unfall gehabt.«

»Was ist passiert?« fragten Alan und ich wie aus einem Munde.

»Ich weiß es nicht. Sie sagen, daß sie ihn uns jetzt bringen, sie mußten ihn nur erst saubermachen.«

Alan und ich sahen uns entsetzt an. »Das war er mit all dem Blut«, flüsterte ich. »Ich hab' es gewußt.« Ich spürte, wie ein Gefühl, Michael zu beschützen, mit einer solchen Intensität in mir aufstieg, daß es fast erschreckend war. Ich wollte diese Leute beiseite schieben, um zu ihm zu kommen, um zu meinem Kind zu kommen. Er war jetzt mein Kind, da gab es in einem Augenblick wie diesem keinen Zweifel.

An der Tür war es unruhig, und Michael wurde hereingebracht. Er war totenblaß, die Haut leicht grün, und aus einer riesigen klaffenden Wunde über seinem rechten Auge floß Blut. Der Schnitt war buchstäblich um Haaresbreite am Auge vorbei gegangen. Er schrie. Die Leiterin kam geschäftig herbei, nahm ihn der Schwester weg und trug ihn in ihr Büro. Mit einer Hand fummelte sie in einer Schublade und zog eine braune Flasche hervor. Irgend jemand kam mit Watte. Mit Entsetzen sah ich, daß es sich um Jod handelte. Sie fing an, das Jod auf die offene Wunde zu tupfen, ein Teil davon lief ihm ins Auge. Ich schrie sie an: »Lassen Sie ihn in Ruhe, geben Sie ihn mir.«

»Nein, nein.« Sie machten weiter, irgend jemand kam mit einem Stück Pflaster an und klebte es mit Gewalt auf die Schnittwunde, so daß das Auge halb verdeckt war und die Wimpern an dem Klebestreifen festhingen.

Ich griff ihn mir. »Es ist alles gut, Michael«, flüsterte ich ihm ins Ohr, als er sich an mir festklammerte, wobei sein Schluchzen seinen ganzen winzigen Körper schüttelte. Oma saß da, die Augen aufgerissen und voller Tränen. Ein Paar, von dem ich später erfuhr, daß es Franzosen waren, saß auf dem Sofa und drückte zwei winzige Kinder an sich. Die Frau sprang auf und hielt mir einen Zwieback hin. Ich gab ihn Michael – er war eindeutig vollkommen ausgehungert. Er biß mehrmals hastig ab und verschluckte sich. Seine Augen liefen, seine Nase lief, er kriegte keine Luft. »Laßt uns nach draußen gehen«, sagte ich zitternd.

Im Garten ebbte sein Schluchzen langsam ab. Oma bereitete etwas zu trinken für ihn zu, und wir setzten ihn auf eine der alten rostigen Schaukeln, wie Marianna es offensichtlich immer gemacht hatte, wenn sie ihn fütterte. Ich hielt seine Hand fest, und wir boten ihm etwas zu trinken an. Er trank drei Becher leer und jammerte jedesmal zum Erbarmen, wenn dieser neu gefüllt wurde.

Dies war der absolute Tiefpunkt, an dem wir Michael je erlebt haben, und gebe Gott, daß er es bleiben wird. Ich glaube, in diesem Augenblick war er kurz vor dem Aufgeben. Als Oma ihm etwas zu essen anbot, war er, obwohl er essen wollte und mußte, zuerst sehr widerwillig. Schließlich setzte ich ihn auf meinen Schoß, und während ich ihn streichelte und lieb auf ihn einredete, fing er an, sich zu entspannen, und schließlich aß er recht gut. Es gelang mir, das Pflaster so zu richten, daß die Wimpern nicht mehr festklebten. Das Blut saß in dicken Klumpen unter dem Verband. Es war ein tiefer Schnitt, und die Narbe ist immer noch da. Sie wird immer da sein.

Christie kam geschäftig herbei. Er war im Haus geblieben, um herauszufinden, was passiert war. Bei einem Versuch zu laufen, war Michael offensichtlich gegen ein altes Eisenbett gestolpert, das eine scharfe Kante hatte. Es war, sagte er, in der letzten Woche zu mehreren Unfällen gekommen, weil sie personell so unterbesetzt waren. Bei einem kleinen Mädchen befürchtete man einen Hirnschaden, nachdem es hintenüber gefallen war und einen offenen Schädelbruch erlitten hatte. Das Kind wäre fast gestorben. Ein anderes Kind hatte sich das Bein gebrochen. Ich zog Michael an mich heran, wir *mußten* ihn herausholen.

Als er sich sattgegessen hatte und anfing, ein bißchen fröhlicher zu werden, hatte ich Gelegenheit, ihn mir zum erstenmal genau anzuschauen. Mit Sicherheit hatte er beträchtlich zugenommen, seit ich ihn zum letztenmal gesehen hatte. Das ließ ihn ein bißchen komisch aussehen, denn während die obere Hälfte seines Körpers jetzt recht kräftig war, waren seine Beine immer noch mager und nicht zu gebrauchen, nicht viel kräftiger als die eines Neugeborenen. Sein Gesicht war mit Mückenstichen übersät, manche davon vereitert, und die Wunden an seinem Hinterkopf hatten sich, wenn überhaupt, zum Schlimmeren verändert. Da war auch eine tiefe, schmerzende Wunde am Rücken, eben unterhalb des Windelrands, und der gesamte Windelbereich war rot und wund. Als ich mit Christies Hilfe mit Oma sprach, erfuhr ich zu meiner Überraschung, daß Marianna die Salbe nicht benutzt hatte, die ich ihr gegeben hatte. Ich erklärte

Oma, wie wichtig die Salbe war, und gemeinsam schmierten wir Michaels Gesicht, Hinterkopf und Po damit ein. Er weinte überhaupt nicht, als ob er merkte, daß wir ihm zu helfen versuchten. Er trug keine Windel, nur eine schmutzige Unterhose. Wir legten ihm eine Papierwindel an und zogen ihm eine von den kleinen Hemdhosen aus Baumwolle über. Oma erzählte, daß jedesmal, wenn sie Michael irgendwelche Kleidungsstücke anzog, diese später verschwanden. »Wenn wir heute nachmittag wiederkommen, um Michael etwas zu essen zu geben«, sagte Christie, »dann ist die Hemdhose weg und er steckt wieder in den Waisenhaussachen.« So war es tatsächlich, und so unglaublich schockierend es auch wirken mag, einem verlassenen Kind etwas zu stehlen, empfand man das hier nicht als ungehörig.

Ich hatte Michaels Schuhgröße abgeschätzt und ein Paar kleine Leinenschuhe mitgebracht. Erstaunlicherweise paßten sie. Wir zogen sie ihm an, denn im Garten lagen überall Glasscherben herum – Alan hatte sogar eine gebrauchte Spritze unter einer Schaukel gefunden –, und dann gingen Alan und ich in ein paar Schritten Entfernung voneinander in die Hocke, während Michael ein paar zögernde Schritte zwischen uns machte. Dabei lachte er, und seine gute Laune war wiederhergestellt. Wir machten das nur kurze Zeit, denn wir wollten ihn nicht müde werden lassen. Dann trugen wir ihn im Garten umher, sangen ihm etwas vor, kuschelten mit ihm und versuchten ihn so gut wie möglich zu trösten. Er mochte Alan offensichtlich sehr gern und kannte ihn eindeutig noch von den vorausgegangenen Besuchen. Mir gegenüber war er ein bißchen zurückhaltender, aber durchaus freundlich.

Weil Michael und ich etwas aufzuholen hatten, schlug Alan vor, daß er Oma beim Zusammenräumen helfen wollte, während wir ein bißchen Zeit allein miteinander verbrachten. Ich trug ihn ans andere Ende des Gartens, und wir setzten uns in den Schatten eines alten Busches. Ich pflückte ein paar Blätter ab, und er fing an, damit zu spielen. Ich begann, ihm Kinderlieder vorzusingen, und er wandte sich mir zu und lächelte. Ich gab ihm einen Kuß, und er kuschelte sich enger an mich. Das fühlte sich richtig und gut an, so wie es sein sollte.

Alan und Oma waren am anderen Ende des Gartens zu sehen, und als sie die letzten Sachen in der Tasche verstauten, kamen vier erbarmenswert magere kleine Jungen hinter einem der Büsche hervorgerannt. Es ist unter diesen Umständen immer schwierig, das Alter von rumänischen Kindern einzuschätzen, aber sie sahen aus wie drei oder vier. Sie liefen zu Alan und Oma, die Hände ausgestreckt. Ich wußte, daß nur noch zwei Zwiebäcke in der Tasche waren. Ich sah, wie Alan sie herausnahm, sie sorgfältig halbierte und jedem Kind ein Stück gab. Sie ergriffen sie mit Freudenschreien und stopften sie sich in den Mund. Einer der kleinen Jungen lief auf uns zu, und ein fünftes Kind tauchte aus dem Nichts auf. Ich wurde traurig, denn ich wußte, daß ich nichts für ihn hatte. Er lief auf das Kind zu, das sich uns näherte, offensichtlich war es sein Freund. Die beiden blieben stehen, sahen sich an, und der Junge ohne Zwieback streckte die Hand aus. Die Spannung zwischen ihnen war mit Händen greifbar. Der kleine Junge mit dem Zwieback biß plötzlich einmal kräftig ab, nahm dann den Zwieback aus dem Mund und gab ihn seinem Freund, der ihn auf einmal verputzte. Dann schlenderten sie in ihren zerfetzten Schuhen davon und traten unterwegs nach Glasscherben und Abfall. Wenn Gott an diesem Tag irgendwo in Waisenhaus Nr. 4 war, dann hielt er seine Hand über das hungernde Kind, das seinen Zwieback mit seinem Freund teilte.

Michael an diesem Vormittag allein zu lassen, war trotz des schrecklichen Beginns nicht schmerzlich, weil wir wußten, daß wir ihn später wiedersehen würden. Oma sagte, sie würde noch eine Stunde mit ihm im Garten bleiben, während wir mit Christie ins Hotel zurückkehrten, und wir verabredeten, daß wir kurz vor sechs wieder bei ihr sein würden, damit wir die Stunde von sechs bis sieben mit Michael verbringen konnten, wenn sie ihm etwas zu essen gab.

Christie fuhr uns zu unserem Hotel, was jetzt das Inter-Continental war. Bei der Reise, die Alan allein nach Bukarest unternommen hatte, hatte sich bestätigt, daß das Hotel Bucuresti einfach zu scheußlich war, und obwohl das Inter-Continental einen anderen Standard besaß als die anderen Inter-Continentals rund um die Welt, so war es doch weit besser als das Bucuresti – es gab etwas Ordentliches zu essen, um damit einmal anzufangen. Zum Mittagessen gingen wir an dem Tag in ein Restaurant im dreiundzwanzigsten Stock und bekamen eine Mahlzeit, wie wir sie in Bukarest gewohnt waren und die wir mit einer Flasche anständigem Wein hinunterspülten. Während des Essens redeten wir ausschließlich über Michael und Charlie. Mit Blick darauf, daß das Inter-Continental fast zivilisiert war, überlegten wir, ob es möglich wäre, Charlie mitzubringen, wenn wir herkamen, um Michael abzuholen. Es wäre besser für die Jungen, sich auf neutralem Boden kennenzulernen. Wir waren ziemlich optimistisch, denn wir hatten die Akte, wir hatten um halb drei einen Termin in der Botschaft, und obwohl wir uns wegen Michaels Sturz am Morgen sorgten, waren wir jetzt wenigstens glücklich über Oma und ihre Fähigkeit, Michael dieselbe Fürsorge zukommen zu lassen wie Marianna.

Wir waren pünktlich am Haupteingang der Britischen Botschaft, und man führte uns in den Hauptempfang, was etwas ganz anderes war als die Benutzung des Hintereingangs letztesmal. So sollte eine Britische Botschaft aussehen: dicke Teppiche, teure Sofas, Glastische, Marmoraschenbecher, mehrere schöne Gemälde von englischen Landschaften und eine Reihe von Pflanzen, die offensichtlich wuchsen und gediehen. Nach etwa zehn Minuten Wartezeit wurden wir nach oben ins Allerheiligste geführt, in das Büro des britischen Botschafters.

Tony Godson stellte sich als angenehmer Mensch heraus und war bereit zu helfen, aber es war sofort zu erkennen, daß er nichts tun konnte. Noch einmal erklärte er uns, daß es auf höchster Ebene Gespräche mit dem Justizministerium gegeben hatte und daß eine Reihe von Namen der Paare genannt worden war, die bevorzugt behandelt werden sollten. Als wir darum baten, die Namensliste einsehen zu dürfen, wurde klar, daß wir nicht darauf standen, weil die Britische Botschaft nicht rechtzeitig informiert worden war um uns mit auf die Liste zu setzen, obwohl eine Empfehlung für die Einreisegenehmigung vorlag. Das allein war nicht besorgniserregend, da es mit dem Justizministerium offenbar keine Fortschritte gegeben hatte – ob wir also auf der Liste standen oder nicht, war kaum von Bedeutung. Tony Godson war sehr höflich, gewährte uns die übliche Audienz von zwanzig Minuten und sagte dann, er würde uns an

Bob House weiterreichen, der uns die Einreisegenehmigung erteilen würde. Als wir gingen, fragten wir ihn, ob es ihm etwas ausmacht, wenn wir uns direkt an das Justizministerium wandten. Wir erzählten von Michaels Unfall und sagten, daß unserer Meinung nach schnell etwas zu geschehen hatte. Er meinte, daß sei durchaus in Ordnung, Bob House würde uns den Namen der Kontaktperson nennen.

Obwohl wir einen Termin bei ihm hatten, war Bob House nicht da, und so saßen und saßen wir im Empfang, wurden immer deprimierter angesichts der Tatsache, daß das Gespräch mit Tony Godson nicht unseren Erwartungen entsprochen hatte. Schließlich hörten wir, wie die Empfangsdame jemandem am Telefon erzählte, daß Bob House die Botschaft für den Rest des Nachmittags verlassen hatte. Als wir bei ihr nachfragten, bestätigte sie, daß dies der Fall sei. Da Zeit so kostbar war, war das eine böse Nachricht, und wir hatten gerade mit der Empfangsdame vereinbart, daß sie uns gleich am nächsten Morgen anrufen würde, als Bob plötzlich durch die Eingangstür kam. Er war genau so, wie wir ihn uns vorgestellt hatten, forsch-fröhlich, energiegeladen und offensichtlich hilfsbereit. Er führte uns in sein Büro, und wir erklärten ihm, daß der Hauptgrund unseres Besuchs bei ihm war, unsere Einreisegenehmigung zu bekommen und sie unserem Anwalt zu geben. Er sagte, er wolle sie holen, nachdem er zuerst nachgesehen hatte, ob sie nicht auf seinem Schreibtisch lag. Fünfzehn Minuten später kam er zurück und sah besorgt aus. Er sagte, daß alle nachgesehen hätten, aber die Einreisegenehmigung sei nicht eingetroffen. Alan rastete aus, wir rasteten beide aus. »Dürften wir dann Mike Line in der Einwanderungsbehörde anrufen?«

fragte Alan. »Er hat uns versprochen, daß sie hier sein würde.«

Bob House guckte zweifelnd. »Das bedeutet, ein internationales Gespräch anzumelden. Es dauert mindestens drei oder vier Stunden, bis man durchkommt.« Ein bißchen unserer puren Verzweiflung mußte bei ihm angekommen sein. »Hören Sie«, sagte er, »ich gehe noch einmal nach oben und lasse gründlich suchen, vielleicht hat sie jemand übersehen.« Quälende zwanzig Minuten später kehrte er mit einem triumphierenden Lächeln zurück. »Sie ist am Wochenende eingetroffen«, sagte er, »und wurde falsch eingeordnet. Sie wird jetzt mit der Maschine geschrieben, damit ich sie unterschreiben kann. Keine Sorge, es ist alles in Ordnung.«

Die Erleichterung war riesig. Nachdem wir gedacht hatten, wir hätten die britische Seite wasserdicht gemacht, wäre das einfach zuviel gewesen. Alan erzählte Bob von unserem Treffen mit Tony Godson, während wir warteten, daß das Dokument geschrieben wurde. Bob grinste. »Ich verstehe Ihre Frustration«, sagte er, »Sie sind ein sehr netter Mann, Mister Fowler, aber tun Sie mir den Gefallen und schicken Sie keine Faxe mehr an Tony Godson mit einer Kopie an mich. Der Name Fowler ist in dieser Botschaft langsam nur allzu gut bekannt.«

»Gut«, sagte Alan ohne Bedauern.

Wir fragten ihn dann nach den Kontakten zum Justizministerium, und nach einem Blick in seine Unterlagen nannte er uns den Namen Dinu Ianculescu. »Er ist im Ministerium der Chef für auswärtige Angelegenheiten, ein angenehmer Bursche. Ehrlich gesagt, ich sehe nicht, daß Sie bei ihm irgendwie weiterkommen, wir jedenfalls haben es nicht geschafft. Aber es schadet nichts, wenn Sie es versuchen. Immerhin haben Sie uns mit Ihrer Hartnäkkigkeit zermürbt.« Ich vermute, er war arg in Versuchung, von Nervensägen zu sprechen.

Als wir gingen, hatten wir durch die verschiedenen Verzögerungen dreieinhalb Stunden in der Botschaft verbracht, und wir mußten durch die Stadt rasen, um Oma abzuholen. Als wir im Waisenhaus ankamen, sah Michael viel besser aus. Sie hatten das Pflaster entfernt, und obwohl die Wunde tief war, sah sie noch nicht entzündet aus. Wie Oma vorausgesagt hatte, waren die Sachen, die wir ihm morgens angezogen hatten, verschwunden, selbst die Windel. Wir fütterten ihn, legten ihm eine Windel an und rieben seine Wunden noch einmal ein. Es kam uns so vor, als sähen sie schon besser aus.

Als wir im Garten saßen, kam eine Gruppe von Kindern auf einen der Balkone über uns. Es war dieselbe Gruppe, die wir morgens auf den Töpfen sitzend gesehen hatten. Obwohl sie erbarmungsvoll dünn und von Wunden bedeckt waren, hatten sie da alle ganz vergnügt gewirkt. Anders jetzt. Es war Abend, Schlafenszeit. Sie waren alle splitternackt, warteten vermutlich darauf, angezogen zu werden. Sie waren müde, vermutlich hungrig und durstig, und es gab niemanden, der sie tröstete, niemanden, der ihnen vorlas, kein Gutenachtkuß von einer Mutter. Sie wanderten ziellos umher, einige weinten, andere schienen nicht einmal die Kraft zum Protest zu haben. Mehrere hängten sich an die Gitterstäbe des Balkons und schaukelten hin und her oder schlugen immer wieder die Köpfe gegen das Metall. Es war eine Qual, sie zu sehen. Ich warf einen Blick auf Oma, die sich hastig die Augen wischte. Nach ein paar Minuten schrie eine der Schwestern die Kinder an, sie sollten hereinkommen. Die meisten schlichen davon, ein paar Nachzügler wurden grob durch die Türen gezerrt. Es war ein Anblick, der mich immer verfolgen wird. Jedesmal wenn ich meine eigenen Kinder in ihren gemütlichen Zimmern ins Bett lege, fällt es mir schwer, nicht an das Elend jener kleinen Kinder zu denken.

Wir sollten um acht Uhr bei den Cavills sein und mußten erst noch ins Hotel zurück, um zu baden und uns umzuziehen, also ließen wir Michael wieder mit Oma allein. An diesem Abend fühlte ich mich ihm näher – er erkannte mich und schien sich zu freuen, mich zu sehen –, und seit die Einreisegenehmigung ehrfurchtsvoll in Alans Aktenkoffer gelegt worden war, schien er sogar noch mehr zu uns zu gehören.

In dem eleganten Wohnviertel von Bukarest sind die Straßen nach den Hauptstädten der Welt benannt. Die Cavills wohnen in der Madrider Straße, einer angenehmen, ruhigen, grünen Straße mit angenehm weit auseinanderliegenden Häusern. Die Architektur war uns zu fremd, als daß wir erkennen konnten, wie alt die Gebäude waren, aber im Fall der Cavills deutete ein riesiger Weinstock mit einem dicken Stamm, der sich vorn an der Mauer hochrankte, darauf hin, daß das Haus mindestens hundert Jahre alt war.

Die Tür wurde von Miranda geöffnet, die Alan gut kannte, die ich aber nie kennengelernt hatte – eine dunkle, auffällig hübsche Frau, die eher italienisch als rumänisch wirkte, sehr aufgeregt war und bei der sich die Wörter zu überschlagen schienen, wenn sie redete. Als sie uns nach oben führte, erklärte sie, daß dies eigentlich das Haus ihrer Mutter war, aber während der Sommerferien wohnten sie und Brian mit den beiden Söhnen hier, weil sie eine Computerfirma in Rumänien gründen wollten. Sie waren an diesem Tag gerade von der Küste zurückgekehrt, wo sie ein paar geschäftliche Verhandlungen erfolgreich abgeschlossen hatten, und in bester Stimmung. Wir wurden der versammelten Mannschaft vorgestellt: Brian Cavill, groß, blond, sehr englisch, die beiden Söhne (offensichtlich altersmäßig sehr nah beieinander, aber nicht als Brüder erkennbar, da einer der Mutter, der andere dem Vater ähnlich sah), ein Mann mit Namen Barry, der geschäftlich mit ihnen zu tun hatte, und ein fünfzehnjähriges Mädchen, das offenbar seine Tochter war. Die Gläser waren gefüllt, und wir hatten uns gerade hingesetzt, als Mirandas Mutter eintrat. Alle nannten sie Mutti, und sie stellte sich auch mit dieser deutschen Bezeichnung vor. Alan hatte mir erzählt, was für eine bezaubernde, warmherzige Person sie war, und ich mochte sie auf Anhieb. Es war merkwürdig, in Ost-Europa eine Frau kennenzulernen, die ich nur als Aristokratin bezeichnen kann. Sie war groß, hatte eine wunderbare Haltung, und ihre Stimme hätte in jeder Sprache kultiviert geklungen. Sie war ein Teil des alten Rumänien, des Rumänien zwischen den Weltkriegen, als das Land für einen kurzen Abschnitt in seiner Geschichte ganz es selbst sein durfte. Das Haus paßte zu Mutti oder zumindest wird es eines Tages zu ihr passen – sie hatten gerade erst mit dem Tapezieren und der Renovierung begonnen, es gab noch viel zu tun, und alles mußte importiert werden.

Auch wenn man Mutti als Aristokratin bezeichnet, so wäre es falsch, sie für reich zu halten. Hier wie in jedem anderen Haus in Rumänien war zu erkennen, daß es an Geld und an den einfachsten Einrichtungsgegenständen mangelte. Die Cavills mußten um alles kämpfen, auch wenn die Verbindung zu England zweifellos eine Hilfe war. Ich bewunderte diese Familie auf Anhieb wegen ihrer Beharrlichkeit und ihrer Loyalität gegenüber ihrem Land. Mutti war Witwe. Es wäre so leicht für sie gewesen, Rumänien einfach zu verlassen, um das Alter höchst bequem in der Nähe von London bei Brian und Miranda zu verbringen. Aber nein, sie versuchten, etwas zu tun, ein Geschäft zu gründen, ein wunderschönes altes Haus zu retten. Sie demonstrierten ihr Vertrauen in die Freiheit, die ihrem Volk unter der neuen Regierung geschenkt worden war. Ob dieses Vertrauen gerechtfertigt war, ist eine andere Sache, aber ihr Fleiß war anregend und rührend zugleich.

Während Mutti das Abendessen zubereitete und dabei jede Hilfe ablehnte, unterhielten wir uns. Die Cavills erzählten uns von ihrer Firma, Barry und seine Tochter berichteten über ihre ersten Eindrücke von Rumänien, und unvermeidlich kam das Gespräch auf Michael. Der Abend war schwierig für mich, meine Gedanken drehten sich dauernd um Michael. Sein Unfall an diesem Morgen hatte mich mehr aufgeregt, als mir bewußt geworden war, nicht nur, weil er dabei sein Augenlicht hätte verlieren können, was allein schon schlimm genug gewesen wäre. Es war die Situation, in der er sich mit dieser Verletzung befand, die ich nicht ertragen konnte. Ich fragte mich, was in aller Welt passiert wäre, wenn wir in dem Augenblick nicht eingetroffen wären, wie er zurecht gekommen wäre. Mir wurde klar, daß ich zum erstenmal einen Blick auf seine Verletzlichkeit hinter seinem tapferen Äußeren erhascht hatte, darauf, wie kurz vor dem Aufgeben er war. Wir mußten ihm *jetzt* helfen, es mußte eine Möglichkeit geben.

Geschickt lenkte Alan das Gespräch auf das Problem des neuen Gesetzes, und Miranda versetzte uns sofort einen Schlag ins Kontor. Sie hatte mit einem Freund in der Regierung gesprochen, jemandem in hoher Position, einem Freund ihres verstorbenen Vaters, und er hatte ihr erklärt, daß gegenwärtig kein Gesetz veröffentlicht werden konnte, weil es in Rumänien kein Papier gab, um es zu drucken. Wir starrten sie ungläubig an. »Ich weiß, ich weiß«, sagte sie, »es klingt verrückt, aber das sind die Tatsachen. Das Gesetz muß gedruckt und an alle Richter und Gerichte im Land verteilt werden. Ohne Papier geht das nicht, und bevor es nicht veröffentlicht ist, existiert praktisch kein Gesetz.« Das war natürlich mehr oder weniger das, was Ivan uns schon erzählt hatte.

»Herrgott noch mal«, sagte Alan, »dann müssen wir eben Papier schicken.«

Miranda starrte ihn an. »Meinen Sie das ernst?«

»Ja, natürlich meine ich das ernst«, antwortete Alan. »Michael ist in großer Gefahr, und wir sind ihm gegenüber eine Verpflichtung eingegangen. Ehrlich, ich mag gar nicht daran denken, wieviel uns die ganze Sache kosten wird, aber was ist schon eine Tonne Papier oder so, wenn wir von Michaels Leben reden.« Im Raum wurde es sehr still.

»Es ist schrecklich«, sagte Mutti in die Stille hinein.

Alan nutzte die Gelegenheit, daß ihm alle ihre Aufmerksamkeit schenkten, und erzählte die Geschichte von unserem Besuch in der Botschaft. »Man hat uns den Namen dieses Mannes gegeben, Ianculescu, er ist beim Justizministerium. Kennen Sie ihn zufällig?« Er sah Miranda und Mutti an. Beide schüttelten den Kopf.

»Ich kann ein bißchen herumtelefonieren«, sagte

Mutti. Sie verschwand in der Zimmerecke und fing an zu telefonieren, während wir weiter über das Problem diskutierten. Mutti unterbrach uns plötzlich. »Mir ist gerade was eingefallen, der beste Freund deines Vaters« – sie nannte einen Namen – »kannte jeden im Justizministerium. Du könntest ihn erwähnen, Miranda.«

»Das mach' ich.«

»Wollen Sie sagen, daß Sie mit uns zu Ianculescu kommen?« fragte Alan.

»Natürlich«, meinte sie.

Es gab große Diskussionen um das Programm für den folgenden Tag, und wir beschlossen, daß es am besten wäre, wenn wir Miranda um acht Uhr abholten, damit wir gegen viertel nach acht im Justizministerium sein konnten. Miranda hatte um zwölf einen sehr wichtigen geschäftlichen Termin, aber wir hatten alle das Gefühl, genug Zeit zu haben, um Dinu Ianculescu ausfindig zu machen und mit ihm zu reden.

Beim Essen, das köstlich war, besprachen wir alle denkbaren Argumente, die wir bei Ianculescu anführen konnten, wenn wir das Glück hätten, ihn zu sprechen. Michaels Unfall würde uns sicher weiterbringen, genau wie sein allgemeiner Gesundheitszustand. Wir befanden, daß dieses möglicherweise unsere Trumpfkarte war und daß wir sie voll ausspielen sollten. Ich kam plötzlich auf den Gedanken, daß es vielleicht hilfreich wäre, wenn wir die Ärztin, die Michael untersucht hatte – Magdalena Dragon, die Freundin der Cavills – zu der Aussage bringen könnten, daß es ihm sehr schlecht ginge und er dringend Betreuung durch Ärzte in England brauche. Wir riefen sie an, und obwohl sie sehr freundlich war, wollte sie keine solche Aussage machen, ohne sein Auge untersucht zu haben, und vor dem Besuch im Justizministerium wäre sicherlich keine Zeit mehr für eine solche Untersuchung.

Nach dem Abendessen, zu dem wir vermutlich ziemlich viel Wein tranken, setzten wir uns in Sessel und bekamen Kaffee und Cognac angeboten. Und da passierte es, als wir dann von dem Thema Michael abkamen und ganz allgemein über die schlimme Lage in Rumänien sprachen, daß Miranda und ich uns plötzlich in die Haare kriegten. Sie fragte uns, warum wir, da wir doch offensichtlich gekommen waren, um uns um Rumäniens Kinder zu kümmern, uns das Recht herausnahmen, nur ein Kind zu retten. Sollten wir nicht mehr tun, fragte sie, warum adoptierten wir nicht mehrere Kinder, warum gründeten wir kein Heim für rumänische Kinder in England, warum dies, warum das? Ich vermute, daß ich bei meiner Verteidigung sehr angespannt war, aber plötzlich merkte ich, daß ich die Beherrschung verlor. Was tat sie denn für die Waisenkinder Rumäniens? wollte ich wissen. Sie war immerhin Rumänin, sie trug mehr Verantwortung als wir, und anders als Adrian konnte sie sich nicht damit entschuldigen, daß sie vom Leid der Kinder nichts wußte. Sie hatte schließlich Zugang zur freien Presse der Welt. Sie half eben anders, betonte Miranda in ihrer Antwort. Sie gründete eine Firma, um Arbeitsplätze für die Menschen zu schaffen, damit sie ihre Kinder bei sich zu Hause behalten konnten.

Wir schnaubten beide vor Wut. Irgendwo im Hinterkopf wußte ich, daß ich vorsichtig sein mußte, daß diese Frau der beste Reisepaß war, den wir besaßen, um Michael aus Rumänien herauszubekommen. Dennoch empfand ich ihre Kritik als ausgesprochen unfair und war verärgert über Alan, weil er schwieg und mich nicht unterstützte. Er war sehr vernünftig, der Verstand hätte mir das sagen sollen, aber der Verstand spielte hier keine Rolle. Das Thema war zu sehr mit Gefühlen belastet. Wir stritten weiter, und gerade als es so aussah, daß uns die Dinge ernsthaft entgleiten könnten, trat Mutti plötzlich ein, tadelte Miranda streng, als wäre sie ein kleines Kind, und fragte sie mit einem amüsierten Lächeln, warum sie denn nicht selbst ein Kind adoptierte, da sie doch nur zwei habe.

Der Streit verlor seine Schärfe. Miranda erklärte, daß zwei Kinder bei ihren geschäftlichen Verpflichtungen das Äußerste waren, womit sie fertig werden konnte. Sie entschuldigte sich für ihren Ausbruch. Die Gefahr war vorüber, aber mir blieben ein Gefühl des Unbehagens und der Eindruck, daß ich sie nie verstehen würde. Sie war so unberechenbar, ich fragte mich sogar, ob sie am nächsten Morgen wirklich mit zu dem Termin im Justizministerium gehen würde.

Meine Befürchtungen waren grundlos. Am folgenden Morgen holte Christie uns um halb acht im Hotel ab, und fünf vor acht waren wir in der Madrider Straße. Miranda, in einem wunderschönen cremefarbenen Seidenkostüm, wartete schon auf uns. Sie sah hervorragend aus, genau richtig. Ihre gute Laune war offensichtlich weitgehend zurückgekehrt, und sie suchte offensichtlich Streit, aber nicht mit mir. »Wir kriegen Michael 'raus«, sagte sie. »Die sollen sich vor mir in acht nehmen.«

Wir fuhren zum Justizministerium, einem riesigen, eindrucksvollen Gebäude, das sehr an unsere Gerichtsgebäude erinnerte. Es war mühsam, das richtige Zimmer zu finden, aber schließlich wurden wir in einen großen Warteraum geführt, der nur mit einem großen Tisch möbliert war, um den herum eine Reihe von Stühlen standen. Es waren etwa zwanzig Leute aus allen Bevölkerungsschichten da, was für so früh am Morgen überraschend war. An der Wand war eine Tafel, die anzeigte, daß jeden Tag ein anderer Vertreter des Justizministeriums Dienst hatte, und am Dienstag war es Ianculescu. Wir konnten unser Glück kaum fassen. Auf dem Tisch lag ein Zettel, und jeder, der kam, trug seinen Namen ein. Auch wir schrieben unseren Namen auf die Liste, setzten uns hin und warteten.

Es wurde bald erkennbar, daß das Justizministerium die Anfragen schnell erledigte. Die Leute gingen hinein und kamen innerhalb von fünf Minuten wieder heraus. Es war auch klar, daß sie nicht mit Ianculescu zusammentrafen, sondern mit einer Frau, die vermutlich seine Assistentin war. »Wir müssen an ihr vorbeikommen«, flüsterte Miranda.

Miranda fing an, mit den anderen Leuten, die warteten, zu reden. Neben uns saß ein Mann, der, wie sich herausstellte, gerade von der Anklage, seinen Neffen umgebracht zu haben, freigesprochen worden war. Er war ein wild aussehender Typ mit stechenden Augen und einer wüsten Mähne. Er sah durchaus wie ein Mörder aus, aber das Gericht hatte ihn für unschuldig befunden. Anders sein Bruder, dessen Sohn er angeblich umgebracht hatte. Sein Bruder schikanierte ihn, und deswegen war der Mann hier, um eine Anordnung des Gerichts zu bekommen, die dem Bruder das untersagte.

Ein alter Mann schlurfte zu Miranda, setzte sich und begann eine lange Diskussion mit ihr. »Worum geht es?« fragte ich.

»Es ist eine Grenzstreitigkeit«, sagte sie. »Sein Nachbar hat den Weinstock dieses alten Mannes herausgerissen. Der alte Mann sagt, der Wein sei auf seinem Grund und Boden gewesen, nicht auf dem des Nachbarn, und daß der nicht das Recht gehabt hätte. Der Stock trug viele Trauben, und der alte Mann will Schadenersatz, aber er kann seine Forderung nicht schriftlich niederlegen, weil er nicht lesen und schreiben kann.«

»Machen Sie das für ihn?« fragte ich.

»Ja, natürlich, wenn wir Zeit haben.«

Der alte Mann begann zu diktieren, und mit einem Bleistiftstummel begann Miranda, die Forderung für ihn niederzuschreiben. Ich bewunderte diese Seite von Miranda sehr. In ihrem teuren Kostüm und von den gewöhnlichen arbeitenden Menschen Rumäniens umgeben wirkte sie fehl am Platz, aber sie sprach nicht herablassend und deutete in keiner Weise an, daß sie sich als etwas Besseres fühlte. Ganz im Gegenteil, sie war eine von ihnen, und das mochte ich sehr an ihr.

Schließlich waren wir an der Reihe. Wir verließen den alten Mann, wünschten ihm Glück und gingen hinein, um Dinu Ianculescus Assistentin zu treffen. Miranda erklärte, wer wir sind und warum wir gekommen waren. Anfangs wirkte die Frau widerwillig, aber Miranda fing an, beiläufig Namen zu erwähnen, und das funktionierte. Das Verbindungsnetz der alten Kumpel untereinander funktioniert in Rumänien genauso wie überall in der Welt. Innerhalb von Sekunden, so schien es, wurden wir in Ianculescus Büro geführt.

Es waren drei Leute im Raum, einschließlich Dinu Ianculescu selbst, ein freundlicher, älterer Herr, der mit seiner Halbglatze und der großen Brille widersinnigerweise Arthur Askey nicht unähnlich war. Voller Wärme schüttelte er uns die Hände und schien sich zu freuen, uns zu sehen, auch wenn er kein Englisch sprach. Bei ihm waren ein weiterer Assistent – ein großer, dünner Mann, der genauso freundlich war und ausgezeichnet Englisch sprach – und eine Sekretärin, eine hübsche Frau von Mitte Dreißig. Wir setzten uns und begannen zu reden, oder besser, Miranda redete, und wir alle hörten zu. Es war unmöglich, genau mitzubekommen, was sie sagte, aber sie begann eindeutig damit, an ihren Vater und die Freunde ihres Vaters zu erinnern. Ianculescu zündete sich eine Zigarette an und schien sich zu entspannen. Er lächelte und war sehr umgänglich. Nach und nach kam Miranda auf uns zu sprechen und erklärte unser Problem. Die Atmosphäre im Raum veränderte sich, und alle hörten ihr intensiv zu. »Ich habe Herrn Ianculescu erklärt«, sagte sie plötzlich zu mir, »daß Michael stirbt, daß er dringend ärztliche Versorgung braucht, daß Sie ihn herausholen müssen.«

Sie fingen an, Fragen zu stellen: wann wir Michael zum erstenmal gesehen hatten, warum wir ihn adoptieren wollten, wie es in unserer Familie aussah. Wir zeigten ihnen Fotos von unserem Haus, von Locket, von Charlie und schließlich von Michael. Die Fotos wurden an alle herumgereicht, auch an die Sekretärin, und es gab viele Diskussionen. Was sie am meisten zu beeindrucken schien, war, daß wir dafür gesorgt hatten, daß Michael während des Adoptionsvorgangs ernährt und betreut wurde. »Sie müssen den kleinen Jungen sehr gern haben«, sagte Ianculescus Assistent ernst zu mir.

»Ja, so ist es«, antwortete ich.

Sie fingen an, untereinander zu reden – das Warten war eine Qual. Alan und ich sahen Miranda verzweifelt an, damit sie übersetzte. Sie deutete uns an, Geduld zu haben. Endlich streckte Dinu Ianculescu sich und zündete eine weitere Zigarette an. Er zuckte mit den Achseln. »So viele Kinder«, sagte er in Englisch und sah mich an. »Französische, italienische, amerikanische, kanadische, irische ...«

Ich begriff, was er meinte. Er wollte sagen, daß es viele Familien wie unsere gab, die in einem System ohne Gesetz festsaßen. »Ich weiß, daß Sie nicht allen helfen können, auch wenn Sie es noch so gern möchten«, platzte ich plötzlich heraus, »aber könnten Sie nicht einem einzigen kleinen Jungen helfen?« Ich hob einen Finger hoch, und dann, trotz meiner Anstrengungen, mich nicht selbst zum Narren zu machen, brach ich in Tränen aus. »Tut mir leid«, murmelte ich.

Er starrte mich ziemlich lange an, murmelte irgend etwas vor sich hin und nahm dann ein sauberes Blatt Papier. Er fing an zu schreiben und redete dabei laut vor sich hin. »Was macht er?« fragte Alan Miranda.

Miranda gab die Frage an Ianculescu weiter. Er hörte einen Augenblick auf zu schreiben und redete sehr schnell auf sie ein, während er mich dabei ansah. »Was sagt er, Miranda?« fragte ich verzweifelt. In ihrem Gesicht war Hoffnung, auch in Alans. Ich hatte zuviel Angst, um zu hoffen.

Auch Miranda war jetzt den Tränen nahe. »Er sagt, daß er die nach dem neuen Gesetz notwendige Erklärung schreibt. Er sagt, wenn er das hier vorbereitet hat, wird er seinen Freund anrufen, der der höchste aller rumänischen Richter ist. Er wird versuchen, für heute nachmittag eine Anhörung vor Gericht zu arrangieren. Er fragt, wann Sie nach Hause fliegen.«

»Wir wollten morgen wieder nach Hause«, sagte ich.

»Er sagt, wenn Sie bis zum Wochenende warten könnten, dann können Sie Michael mitnehmen.«

Wieder brach ich in Tränen aus. Es war unglaublich,
undenkbar ... Michael am Wochenende mit nach Hause
nehmen! »Sagen Sie ihm danke«, sagte ich. »Ich weiß gar
nicht, wie ich ihm sagen soll, wie dankbar wir sind.«

»Er weiß es«, sagte Miranda.

»Tut mir leid, daß ich weine«, sagte ich.

»Ist schon in Ordnung, uns allen geht es auch nicht
anders.«

Ich schaute mich um und sah, daß die Sekretärin
genauso weinte wie der Assistent. Selbst Dinu Ianculescu
hatte einen ziemlich roten Kopf bekommen und war
offensichtlich gerührt. Ich sah Alan an, er schüttelte
ungläubig den Kopf und lächelte, hatte aber, vermute ich,
genauso wie ich Angst, es zu glauben.

Es dauerte zwei Stunden, bis das Dokument formuliert
und abgeschrieben war, und in dieser Zeit saßen wir in
dem winzigen Büro, während sich in unserem Kopf alles
drehte und durcheinander ging. Nach der anfänglichen
Begeisterung fing ich an, über Locket und Charlie nachzudenken. Würde Margaret bis zum Wochenende bleiben, würde Locket so lange bei den Cookes wohnen können? Würden wir am Samstag überhaupt einen Flug aus
Rumänien heraus bekommen? Würden die Papiere wirklich durchgehen? Schon vor langer Zeit hatten wir festgestellt, daß in Rumänien nichts so glatt lief wie es aussah.
Doch alles schien nach Plan zu verlaufen. Als er mit der
Arbeit halb fertig war, rief Ianculescu seinen Freund an.
Ja, es würde ihn freuen, den Fall zu übernehmen, und
man verabredete einen Termin um zwei Uhr am Obersten
Gerichtshof.

Als wir uns langsam ein bißchen entspannten, sah ich mich in dem Raum um. Ein Anwaltsbüro, wie man es in der ganzen Welt findet, voll mit dicken Wälzern und hochgetürmten Aktenbergen. Plötzlich wurde mir der Ausblick aus dem Fenster bewußt: Da stand er in theatralischer Pracht und füllte das gesamte Fenster aus – Ceaucescus Palast. Hinter dem Palast stieg die Sonne immer noch, und mit dieser Beleuchtung von hinten sah das ganze Gebäude eher wie die Kulisse einer üppig ausgestatteten Oper aus, nicht wie die Wirklichkeit. Es war ein ungewöhnliches Gefühl, hier in dem Büro des kleinen Herrn zu sitzen, der Michael eine Aussicht auf Freiheit gegeben hatte, ihm zuzusehen, wie er fleißig die Papiere ausarbeitete, und draußen den Palast des Mannes anzustarren, der mit allem angefangen, der das Elend geschaffen, der Michael in sein stinkendes Kinderbett gebracht hatte.

Endlich war das Dokument fertig und unterschrieben, und Ianculescu hatte eine Reihe von Anweisungen für uns. Wir mußten Michaels Mutter ausfindig machen und sie um zwei Uhr zum Gericht bringen. Auf den ersten Blick war das kein großes Problem, vorausgesetzt natürlich, sie war zu Hause und nicht zur Arbeit, aber wir sagten zu, daß wir das machen würden.

Dann informierte er uns, daß Michael vom Augenblick der Adoption an aufhören würde, rumänischer Staatsangehöriger zu sein und daß er in unsere Pässe eingetragen werden müßte, damit er das Land verlassen durfte. Das war merkwürdig, denn wir wußten, daß er nicht als britischer Staatsbürger anerkannt wurde, bis wir ihn nach britischem Recht adoptiert hatten. Das aber konnte erst geschehen, wenn er ein Jahr im Land war. Doch wir diskutierten nicht mit ihm, wichtiger war, Michaels Mutter zu finden und pünktlich vor Gericht zu erscheinen.

Schließlich verließen wir Dinu Ianculescu. Es ist schwierig, Worte zu finden, um einem Mann zu danken, der aller Wahrscheinlichkeit nach das Leben unseres Sohnes gerettet hat. Wir taten unser Bestes, und ich glaube, er wußte, wie wichtig es uns war, wie dankbar wir waren. Ich hoffe es jedenfalls, denn wir werden ihn nie vergessen – niemals. Als wir draußen waren, verfiel Miranda in Panik. Sie mußte ihren geschäftlichen Termin einhalten, aber erst mußten wir in das Sekretariat des Obersten Gerichtshofs fahren und unseren Termin für zwei Uhr bestätigen lassen. Das machten wir, und Christie fuhr mit beängstigender Geschwindigkeit zurück in die Madrider Straße. Dort tranken wir eine Tasse Kaffee mit Mutti, während Christie Miranda zu ihrem Treffpunkt brachte. Sie und Brian wollten eine Fabrik besichtigen und dann noch zu jemandem ins Büro, aber wir verabredeten, daß wir uns um genau ein Uhr fünfundvierzig im Haus ihrer Mutter wieder mit ihr treffen würden. Mutti war die Liebenswürdigkeit in Person und sagte, wir sollten Michaels Mutter, sobald wir sie gefunden hatten, auf einen Kaffee oder einen guten Schluck mitbringen.

Es schwer zu erklären, wie wir uns in diesem Augenblick fühlten. Wir waren einerseits in Hochstimmung, standen aber auch unter schwerem Schock. In erster Linie waren wir diesmal nach Rumänien gekommen, um die Versorgung Michaels zu überprüfen. Wir waren auch entschlossen gewesen, den Versuch zu machen, die anscheinend hoffnungslose Situation rund um das Gesetz, das verabschiedet, aber nicht veröffentlicht war, ein bißchen aufzuweichen. Auf wunderbare Weise schienen wir das

System besiegt zu haben, aber es war einfach zu schön, um wahr zu sein.

Als Christie zurückkam, fuhren wir schnell in unser Hotel und baten ihn, in der Halle zu warten, während wir nach oben hasteten. Wir versuchten Ivan anzurufen, um ihm zu erzählen, was passiert war, und ihn zu fragen, ob er bereit wäre, mit uns um zwei vor Gericht zu erscheinen, aber bei ihm zu Hause nahm keiner das Telefon ab. Wir riefen Bob House in der Botschaft an und befragten ihn wegen des Passes. »Es ist unmöglich«, sagte er entschieden, »Michael kann nicht in Ihren Paß eingetragen werden. Wenn Sie heute nachmittag eine Anhörung vor Gericht haben und die Adoption von Michael genehmigt wird, dann adoptieren Sie einen rumänischen Staatsbürger, ganz gleich, was Ianculescu sagt, und die Rumänen müssen einen Paß ausstellen.«

Alan und ich setzten uns aufs Bett und besprachen alles. In diesem Stadium konnten wir gar nichts tun. Wenn Michael wirklich staatenlos wurde, dann würden wir uns darum kümmern müssen, wenn der Fall eintrat. Wichtig war, sich auf den Gerichtstermin zu konzentrieren. Wir versuchten es noch einmal bei Ivan, hatten aber wieder kein Glück, also gingen wir nach unten und fuhren mit Christie zu Lenutas Wohnung.

Wir hatten ziemlich viel Geld bei uns, mehr als tausend Pfund, wovon das meiste für Ivans Gebühren und Auslagen bestimmt war, deshalb blieb ich mit der Aktentasche im Auto sitzen, während Alan und Christie nach oben gingen, um Lenuta zu holen. Ich erinnerte mich an das letzte Mal, als ich vor dieser Wohnung im Auto gesessen hatten, damals voller Angst und ohne Hoffnung, daß sie Michaels Adoption zustimmen würde. Genauso fühlte ich mich jetzt. Was, wenn sie nicht zu Hause war? Würden wir sie ausfindig machen können? Wir hatten Christie fünfzig Dollar versprochen, wenn er Lenuta rechtzeitig für den Gerichtstermin finden würde, und er war entschlossen, es zu schaffen. Er war kein Adrian, er war nicht so gewitzt, kein solcher Schnelldenker und nicht so respekteinflößend, aber es war ihm wichtig, was wir taten. Michael war ihm wichtig, davon war ich überzeugt. Sie waren nach wenigen Augenblicken zurück. Alles war in Ordnung. Lenuta und ihr Lebensgefährte hatten gerade ausgehen wollen, wir hatten sie gerade noch erwischt. Sie hatte zugestimmt, vor Gericht zu erscheinen, und war gerade auf dem Weg die Treppe hinunter.

Auf der Fahrt zurück zur Madrider Straße saßen Lenuta und ich hinten im Auto. Wir lächelten uns an, sprachen aber nicht miteinander – wir konnten nicht, weil wir beide kein einziges Wort aus der Sprache der anderen kannten. Unterwegs musterte ich sie verstohlen. Die Tragik der Umstände hatte bei unserem ersten Zusammentreffen meine Beobachtungsgabe beeinträchtigt. Jetzt erkannte ich, daß sie eine gutaussehende Frau war, wenn auch ein wenig übergewichtig. Ihr dunkles, lockiges Haar war dick und glänzend, sie hatte eine gute Haut und riesige braune Augen. Ich wollte sie mögen und hatte in den Wochen, seit wir Michael gefunden hatten, ziemlich mit meinen Gefühlen gekämpft. Diese Frau hatte ihm das Leben geschenkt, und dann hatte sie ihn mir geschenkt. Ich wollte in der Lage sein, Michael zu sagen: »Deine Mutter ist eine gute Frau, eine tapfere Frau«, ich wollte von diesen Worten überzeugt sein. Es war ihr guter Gesundheitszustand, der mich aus der Fassung brachte. Ja, sie war arm, ja, sie lebte mit einem kranken Mann zusammen, den sie vermutlich unterstützen mußte, aber dennoch war sie wohlgenährt. Und was ich nicht begreifen konnte, war, daß ihre Kinder Hunger litten, während sie mehr als notwendig aß. Kein einziges Mal hatte sie gefragt, wie es Michael ging, ob er gesund war, ob er gut versorgt wurde. Hatte sie Angst vor unserer Antwort? War es ihr wirklich nicht auf die eine oder andere Weise wichtig? Oder vielleicht hatte sie ihn, um bei Verstand zu bleiben, aus ihrem Gedächtnis streichen müssen, sobald sie die Entscheidung getroffen hatte, sich von ihm zu trennen.

Wir kamen etwas zu früh in der Madrider Straße an, um fünf nach halb zwei. Mutti bat uns herein und machte, wie versprochen, einen Kaffee. Sie bot Michaels Mutter eine Zigarette an, die diese annahm, und wir saßen an einem Tisch und betrieben höfliche Konversation. Lenuta war offensichtlich beeindruckt von der Madrider Straße. Mit eindeutiger Bewunderung sah sie sich dauernd um. Sie fragte, ob sie zur Toilette gehen dürfte, was, wie ich vermute, ein Vorwand war, damit sie sich den Rest des Hauses ansehen konnte. Wir saßen und warteten. Es war Viertel vor zwei, und Alan und ich fingen an, unruhig zu werden.

»Keine Sorge«, sagte Mutti, »Miranda weiß, wie wichtig das ist, sie wird gleich hier sein.« War sie nicht. Auch um zehn vor zwei noch nicht.

»Wir brauchen zehn Minuten bis zum Gericht. Ich denke, wir sollten ohne sie fahren«, sagte Christie.

»Aber wie? Wir wissen doch nicht, wo wir hin müssen«, sagte ich.

»Wir wissen, daß wir zum Obersten Gerichtshof müssen«, sagte Alan, »aber wir kennen den Namen des Richters nicht.« Zwar war der Name des Richters bei dem Treffen erwähnt worden, aber Miranda hatte ihn aufgeschrieben, Miranda wußte den Namen des Gerichts, einfach alle Einzelheiten.

Wir begannen eilig, alle Möglichkeiten durchzusprechen. Christie konnte dahin fahren, wo er Miranda abgesetzt hatte, aber wie wir bereits wußten, gingen sie und Brian weiter zu einem anderen Termin, also ergab das wenig Sinn. Mutti machte ein paar Anrufe bei Leuten, von denen sie annahm, daß die beiden bei ihnen sein konnten, aber niemand wußte, wo sie waren. Fünf vor und immer noch nichts. Wir gingen alle nach unten, aus der Kühle des alten Hauses in die Hitze. Alan lief an das eine Ende der Straße, ich an das andere, in der Hoffnung, Miranda kommen zu sehen. Nichts ... Zwei Uhr. »Was machen wir jetzt?« fragten wir uns voller Verzweiflung.

»Wir sollten fahren«, sagte Christie. »Wir erscheinen vor Gericht, wir kommen ohne Miranda zurecht. Sie haben die Unterlagen, Ihre Akte?«

»Ja«, sagte Alan, »aber wir wissen doch nicht, wohin wir müssen, Christie.«

»Keine Sorge. Das find' ich schon.«

Es war zwanzig nach zwei, als wir den Obersten Gerichtshof erreichten. Alan und ich waren wie benommen, wir konnten einfach nicht glauben, daß das passierte. Wie konnte Miranda uns im Stich lassen? Wir hatten eine sehr besorgte Mutti zurückgelassen — sie verstand nicht, daß ihre Tochter sich bei einer so wichtigen Angelegenheit absichtlich verspäten konnte, und war überzeugt, daß sie einen Unfall gehabt hatte.

Christie fragte am Informationsschalter des Obersten Gerichtshofs nach. Er stellte sich wie alle anderen in die

Schlange, während die Minuten verrannen. Adrian wäre einfach an die Spitze der Schlange marschiert, und wir wären innerhalb von Sekunden unterwegs gewesen. »Ich weiß, wohin wir müssen«, sagte Christie schließlich triumphierend.

Im Laufschritt folgten wir Christie die Treppe hinauf, ich selbst, Alan und Lenuta. Sie hatte uns mitfühlend angelächelt. Sie wirkte ruhig, entspannt und anscheinend froh über das, was wir zu tun versuchten. Alan und Christie ließen Lenuta und mich draußen und betraten durch eine Tür den Empfangsbereich für die verschiedenen Kammern. Es war ein riesiges Gebäude, in dem ein ständiges Kommen und Gehen herrschte, und Lenuta und ich stellten uns oben an die Treppe, damit wir Miranda sehen konnten, wenn sie eintraf. Es war unsere einzige Hoffnung, daß Miranda, wenn sie merkte, daß sie zu spät dran war, direkt zum Gericht kommen würde.

Alan tauchte fünf Minuten später wieder auf. Er war vor Frustration den Tränen nahe. »Sie haben nie etwas von uns gehört«, sagte er mit erstickter Stimme.

»Aber wenn das hier der Oberste Gerichtshof ist, dann müssen sie das«, tobte ich.

»Das hier ist der Oberste Gerichtshof«, sagte Christie, »mit Sicherheit.«

»Ja, Christie hat recht«, sagte Alan, »er hat uns tatsächlich zum Obersten Gerichtshof gebracht. Ich versteh’ das einfach nicht, wo, zum Teufel, ist diese verdammte Frau?«

Es war jetzt zehn vor drei. »Das Gericht schließt um drei«, sagte Christie leise; er sah unsere Verzweiflung, unser Elend. Wir standen herum und wußten nicht, was wir machen sollten.

»Warum versuchen wir nicht, die Madrider Straße und/

oder Ivan anzurufen?« sagte ich, »dann tun wir wenigstens etwas.«

Alan ging zurück zur Rezeption und fragte, ob wir das Telefon benutzen dürften. Die Antwort lautete nein. Wir wußten nicht, was wir machen sollten, ob wir es wagen konnten, die Halle zu verlassen und dann Miranda zu verpassen, oder ob wir ein Telefon suchen sollten. Wir teilten uns in zwei Gruppen: Alan und ich machten uns auf die Suche nach einem Telefon, Christie blieb bei Lenuta. Wir fanden sehr schnell ein Telefon. Es funktionierte nicht. Ich weiß noch, daß ich neben Alan stand und den nutzlosen Hörer anstarrte. Wir waren gescheitert mit Michael, wir waren so weit gekommen, aber nicht weit genug. Würde der Richter ein zweites Mal bereit sein, nachdem wir unseren ersten Termin nicht eingehalten hatten? Und was war mit Miranda passiert, warum hatte sie uns im Stich gelassen, *warum*? Am Ende konnten wir nur noch aufgeben.

Wir verabredeten mit Lenuta, daß wir sie am folgenden Morgen um halb neun noch einmal abholen würden, und wir fragten sie, ob sie bereit war, weiterhin mitzumachen, ganz gleich, wie lange es dauern würde, bis wir einen neuen Termin hatten. Sie lächelte viel, nickte und sagte, sie wäre dabei. Ich vermute, daß das alles eine ganz neue Erfahrung für sie war, mit Sicherheit war sie überhaupt nicht über die Zeitverschwendung verärgert.

Christie setzte uns am Hotel ab und fuhr dann Lenuta nach Hause. Wir verabredeten, daß er uns um halb sechs abholen und zum Waisenhaus fahren würde, um Michael zu besuchen. Es schien sehr lange her zu sein, daß wir ihn gesehen hatten. Wir waren bis zum äußersten erschöpft, ausgelaugt. Abwechselnd riefen wir immer wieder bei

Miranda an. Endlich, gegen fünf Uhr, erreichte Alan sie. Sie war ziemlich lässig. Es tat ihr leid, daß wir uns verpaßt hätten, aber sie wäre direkt zum Gericht gefahren. Warum wir denn nicht dagewesen wären?

»Aber wir waren da«, sagte Alan.

»Waren Sie nicht. Ich war rechtzeitig da«, behauptete Miranda. »Ohne Sie und ohne Papiere konnte ich nichts ausrichten.« Es war sinnlos, mit ihr zu streiten. Sie hatte nicht den Hauch eines schlechten Gewissens und keinerlei Vorstellung davon, welche Qualen sie uns bereitet hatte. Ich wußte, daß wir ihr dankbar sein sollten für alles, was sie für uns erreicht hatte, aber im Augenblick haßte ich sie. Sie gab uns den Namen des Richters, Marian Popa, und sagte, daß sie ihn anrufen wollte, um ihm mitzuteilen, daß wir im Verkehr steckengeblieben waren, und um sich zu entschuldigen. Sie bot nicht an zu sagen, daß es ihre Schuld war.

Wir riefen Ivan noch einmal an, und endlich erreichten wir ihn. Wir erklärten ihm kurz, was passiert war, und er sagte zu, um sieben ins Hotel zu kommen, um die Angelegenheit zu besprechen. Er war eindeutig überrascht — erfreut wäre ein zu starkes Wort — von dem, was wir erreicht hatten, und er hatte das Gefühl, daß eine Chance bestand, daß der Fall am folgenden Tag noch einmal aufgerufen wurde.

Wir fühlten uns ein bißchen besser und gingen auf ein Bier zu Christie in die Hotelbar, bevor wir zum Waisenhaus fuhren. Als wir im Waisenhaus ankamen, war Oma mit Michael im Garten, und sie war sehr böse. Sie war am Morgen gekommen, um Michael zum Mittagessen mitzunehmen, hatte aber Bestechungsgeschenke vergessen. Deshalb ließen sie nicht zu, daß sie ihn sah. In ihrem Alter konnte sie in der Mittagshitze nicht nach Hause eilen, die Geschenke holen und rechtzeitig zurücksein, um Michael vor dem Mittagsschlaf zu füttern, also hatte er die Mahlzeit überhaupt nicht bekommen. Sie war sehr wütend, was nicht überraschte. Seit fast zwei Wochen war ihre Familie zweimal täglich ins Waisenhaus gekommen und hatte Geschenke mitgebracht, damit Michael gefüttert werden konnte, und bei dem einen Mal, bei dem die Geschenke vergessen worden waren, hatten sie ihr den Zugang zu ihm verweigert. Ich fragte mich, wie Michael sich wohl fühlte; er mußte sie vermißt haben, und er mußte großen Hunger haben. Er war gerade beim Essen, als wir ankamen, aber auch er wirkte müde und gereizt. Die Mückenstiche in seinem Gesicht verschwanden langsam, und die Narbe an seinem Auge schien gut zu heilen, aber er hatte einen heißen Kopf und war durstig. Er schien eine böse Erkältung zu bekommen, seine Nase war rundherum rot, und die Atmung ging schwerer, als wir es je gehört hatten. Ich dachte an den Gerichtstermin, den wir verpaßt hatten. Am liebsten hätte ich geschrien und mit dem Schicksal gehadert. Michael mußte sofort aus dem Waisenhaus heraus, aber der verpaßte Termin konnte uns um Wochen zurückwerfen.

Ein weiteres Paar kam mit einem Baby in den Garten. Ich hatte schon lange den Versuch aufgegeben, das Alter von rumänischen Kindern einzuschätzen. Das kleine Mädchen sah aus wie drei Monate, es stellte sich aber heraus, daß es etwas über ein Jahr alt war. Die beiden waren Engländer, die Alan schon einmal getroffen hatte, und als Michael gefüttert wurde, setzten Alan und ich uns zu ihnen. Ihre familiäre Situation war der unseren nicht unähnlich, auch wenn sie viel jünger waren als wir. Sie hatten bereits einen dreijährigen Sohn, und als sie das zweite Baby planten, hatte sich plötzlich ihr Gewissen gemeldet, sie hatten das Gefühl, sie sollten einem rumänischen Waisenkind helfen, statt noch ein Kind in die Welt zu setzen. Das Ergebnis war Imogen – ein winziges, zerbrechliches Bündel, das sie offensichtlich anbeteten –, aber sie waren außer sich vor Frustration und Sorgen. Sie holten Imogen jeden Tag aus dem Waisenhaus zu sich ins Hotel. Wenn sie sie abends ins Waisenhaus zurückbrachten, schluchzte sie ununterbrochen. Die ganze Situation war für sie alle zum Verzweifeln. Sie waren im selben Stadium wie wir, hatten eine Einreisegenehmigung und warteten auf einen Gerichtstermin. Sie machten sich Sorgen um ihren kleinen Sohn zu Hause, den sie seit dreieinhalb Wochen nicht gesehen hatten.

Wir erzählten ihnen von unseren Erfahrungen und gaben ihnen die Telefonnummer von Ianculescu. Vielleicht wäre er bereit, auch für sie ein Wunder zu bewirken.

Michael war merkwürdig passiv. Er saß auf meinem Schoß, die Augen halb geschlossen. »Es geht ihm nicht gut, es geht ihm gar nicht gut«, sagte ich zu Alan.

»Ich weiß, tut mir leid, aber wir müssen jetzt gehen.« Es war zehn vor sieben, und um sieben waren wir mit Ivan in unserem Hotel verabredet.

Ich verabschiedete mich schnell von Michael. Ich wußte, daß ich ihn am nächsten Tag wiedersehen würde. Wir waren uns bereits einig, daß wir unmöglich mit unserer Tarom-Maschine am Morgen nach Hause fliegen konnten – wir mußten um zehn am Flughafen sein und hatten vorher den Gerichtstermin hinter uns zu bringen.

Ivan war pünktlich wie immer. Wir trafen ihn in der Hotelhalle und erzählten ihm noch einmal genau, was passiert war. »Marian Popa ist der höchste Richter in Rumänien«, bestätigte Ivan, »ich bezweifle, daß er uns vorlassen oder sich unseren Fall anhören wird, aber wir können es versuchen. Sie sagen, Sie haben die Mutter für morgen früh hierher bestellt?« Wir nickten. »Das ist gut. Wann wird sie im Hotel sein?«

»Etwa Viertel nach neun«, sagte Alan.

»Das ist bestens.« Das war einer von Ivans Lieblings-ausdrücken. »Ich werde um halb zehn hier sein. Wir werden direkt zum Gericht fahren und sehen, was wir machen können. Ich vermute, gar nichts, aber wer weiß.« Er sah Alan an und lächelte ein wenig. »Mister Fowler, Sie haben es sehr gut gemacht, daß Sie so weit gekommen sind. Aber warum haben Sie es immer so eilig?«

»Wir müssen Michael herausholen«, sagte Alan, »wenn wir das nicht tun, könnte er sterben.«

»Nein«, sagte Ivan, »dieser Junge ist stark.« Und damit ging er.

An dem Abend aßen wir im Restaurant unten im Hotel, das vorwiegend von Rumänen besucht und wo das Essen eher mit Lei als mit Dollar bezahlt wird. Das Essen war sehr gut, zumindest besser als im Bucuresti, und der Wein, ein rumänischer Cabinet Sauvignon, war ausgezeichnet. Dennoch konnten wir uns für Essen und Getränke nicht begeistern. Wir kamen uns wie die Idioten vor. Wenn wir uns nur den Namen des Richters notiert hätten, dann hätten wir auch die richtige Kammer finden können. Auch wenn Christie kein Adrian war, hätte er bei der Anhörung für uns dolmetschen können. Wenn wir von Ianculescus Büro aus nur Ivan angerufen hätten, dann hätte er uns im Gericht treffen und uns vorstellen können, so daß es egal gewesen wäre, ob Miranda anwesend war oder nicht. Wenn nur, wenn nur ... Unsere Gedanken drehten sich im Kreis.

»Ich ertrage es nicht, ihn noch einmal zu verlassen«, sagte ich. »Jetzt, wo ich ihn besser kenne, jetzt, wo wir die paar Tage zusammen verbracht haben, ist alles nur noch schlimmer.«

»Ich weiß«, sagte Alan, »das kann nicht so weitergehen, daß wir so hin und her gerissen werden. Wenn diese Anhörung vor Gericht nicht zustande kommt und wir vor weiteren Wochen des Wartens stehen, dann müssen wir eben mit der ganzen Familie nach Rumänien kommen.«

»Aber ohne den Gerichtsbeschluß bekommen wir ihn nicht aus dem Waisenhaus heraus«, sagte ich. »Ich bin nicht sicher, daß es richtig ist, wenn er den Tag im Hotel und die Nacht im Waisenhaus verbringt, der Gegensatz ist zu groß.«

»Ein Schritt nach dem anderen«, sagte Alan mit einem gequälten Lächeln.

An dem Abend weinte ich mich in den Schlaf, und ich vermute, Alan ging es ebenso.

In der Hotelhalle am nächsten Morgen um neun Uhr waren wir beide überzeugt, daß irgend etwas schiefgehen würde — daß Christie nicht in der Lage sein würde, Lenuta rechtzeitig herzubringen, oder daß Ivan nicht auftauchen würde. Christie und Lenuta kamen fünf Minuten zu spät, als wir schon außer uns waren vor Sorgen. Christie sah unseren gequälten Gesichtsausdruck und lachte. »Christie macht immer das, was er gesagt hat, nicht wie diese Miranda«, sagte er. »Haben Sie gedacht, daß ich nicht komme?«

»Nach gestern«, sagte Alan, »können Sie uns deswegen keine Vorwürfe machen.«

»Ich war es nicht, der Sie im Stich gelassen hat«, sagte Christie spitz.

Während wir in der Halle saßen und auf Ivan warteten, erzählte Christie uns ein bißchen über Lenuta, die gelassen neben uns saß. »Sie ist eine nette Frau«, sagte er, »wir haben gestern auf der Fahrt nach Hause geredet und heute im Auto auch wieder. Sie ist gut beim Kinderkriegen, sie ist nicht gut bei der Kinderversorgung. Sie weiß das. Sie ist lustig, sie bringt mich zum Lachen.«

Ich hatte am Tag zuvor, als wir herumgerannt waren, um die richtige Kammer zu finden, den Humor in ihren Augen bemerkt. Es war der Humor seiner Mutter gewesen, der Michael geholfen hatte, am Leben zu bleiben, da war ich mir ganz sicher. »Es gibt viele Fragen, die ich ihr gern stellen würde«, sagte ich zu Christie.

»Später«, sagte Alan, »laß uns erst versuchen, diese Gerichtssache hinter uns zu bringen.«

Ivan war pünktlich. Wäre er es nicht gewesen, ich glaube, Alan und ich hätten Stücke aus dem Teppich gebissen. Er forderte uns auf, seinem Auto zu folgen, und wir fuhren mit halsbrecherischer Geschwindigkeit durch die Straßen von Bukarest. Wie alles bei Ivan war seine Fahrweise unglaublich schnell und ungeduldig.

Als wir den Obersten Gerichtshof erreichten, bemerkten wir auf Anhieb unseren Fehler: Es handelte sich um das Gebäude gegenüber von dem, in dem wir gewesen waren. Wir fragten Ivan, wie uns dieser Fehler unterlaufen konnte. »Es gibt zwei Oberste Gerichtshöfe«, sagte er, »einen für Rumänen und einen für internationale Angelegenheiten. Sie waren in dem für Rumänen.« So einfach war das also. Kein Wunder, daß Miranda uns nicht finden konnte, sie war im richtigen Gebäude gewesen, wir im falschen. Dennoch, ich konnte ihr nicht verzeihen. Sie hatte zugesagt, um Viertel vor zwei im Haus ihrer Mutter zu sein, und sie war nicht da gewesen.

Ivan lief die Stufen zum Obersten Gerichtshof hinauf, und alles, was wir tun konnten, um mit ihm Schritt zu halten, war, daß wir buchstäblich hinter ihm herrannten. Ich warf einen Blick auf Lenuta, während wir rannten, und sie grinste, wobei sie ihre Augenbrauen bis in den Himmel hochzog. Sie war im Begriff, mit einer Unterschrift ihren Sohn herzugeben, doch sie lächelte. Ich vertrieb diesen Gedanken einfach aus meinem Kopf.

Ivan ging direkt in das Büro von Marian Popa und redete mit einer Sekretärin. Wir warteten, und nach ein paar Sekunden wurden wir in sein Büro geführt. Sofort veränderte Ivan sich. Er wurde ungeheuer ehrerbietig — es war eine interessante Metamorphose. »Das ist Marian Popa, der Oberste aller Richter«, sagte er zu uns und stellte uns dann vor.

Marian Popa war ein charmanter Mann, sehr warmherzig, sehr nett, mit wunderschönen zwinkernden blauen Augen. Er war freundlich, nicht nur zu uns, auch zu Lenuta, was ihn in meinen Augen zu einem besonderen Menschen machte. Er sprach mit uns allen, mit Ivan als Vermittler, fragte uns, warum wir ein Kind adoptieren wollten, erkundigte sich nach Michael und unseren anderen Kindern. Dann sprach er mit Lenuta.

»Holen Sie die Fotos heraus«, flüsterte Ivan.

Wir holten die Fotos hervor, die inzwischen viele Fingerabdrücke hatten, und zeigten ihm Bilder von unserem Haus, von Charlie und Locket, schließlich von Michael mit dem Pflaster auf dem Auge.

»Dem Jungen wird es gut gehen«, sagte Marian Popa

plötzlich in englisch, »er kommt in ein schönes Zuhause. Sie sind nette Leute, ich mag Sie.«

Tränen schossen mir in die Augen. Ich glaube, ich habe in Rumänien mehr geweint als in meinem ganzen bisherigen Leben.

»Wann wollen Sie den Jungen mit nach Hause nehmen?« fragte Marian Popa über Ivan.

»Am Wochenende?« fragten wir.

Er nickte, es war ein zustimmendes Nicken – wir konnten es nicht glauben –, und es schien, als wären wir wieder auf dem richtigen Kurs. Wir schüttelten uns die Hände, dankten ihm und wurden wieder ins Büro der Sekretärin gebeten.

»Was passiert jetzt?« fragten wir Ivan.

»Wir gehen jetzt zum Richter von Bezirk 2 von Bukarest, um die Anhörung festzulegen.« Marian Popa war uns nach draußen gefolgt, und jetzt unterzeichnete er unsere Akte mit einer schwungvollen Bewegung und übergab sie Ivan. Wir schüttelten uns alle noch einmal die Hände, wobei ich mir ohne großen Erfolg die Augen wischte.

Wieder war Wettrennen angesagt. Ivan donnerte aus dem Raum und einen langen Gang entlang, der die eine Seite eines viereckigen Innenhofs bildete. Am anderen Ende, auf der rechten Seite gegenüber, klopften wir an eine Tür und wurden zum Eintreten aufgefordert. Ein garstiger kleiner Mann mit heimtückischen Gesicht saß an einem Schreibtisch. Ein Blick auf ihn, und mich verließ der Mut, ich wußte, daß wir in Schwierigkeiten steckten. Er stand nicht auf, als wir eintraten, machte keine Anstalten zu einem Händeschütteln, er bedeutete uns nur mit einem Kopfnicken, Platz zu nehmen, und arbeitete dann weiter, als ob wir gar nicht existierten. Nervös sah ich Alan an. Wir warteten. Endlich sah der Mann auf, Ivan gab ihm die Akte und erklärte unsere Situation. Die Diskussion wurde hitzig. Alan griff nach meiner Hand und drückte sie.

Theatralisch wandte sich Ivan uns zu. »Nach den Bestimmungen des Gesetzes können wir erst in fünfzehn Tagen vor Gericht gehört werden.« Alan und ich fingen an zu protestieren. Ivan hob die Hände, um uns zum Schweigen zu bringen. »Ich bin mit dem Richter übereingekommen, den Zeitraum auf fünf Tage zu reduzieren, die Anhörung ist daher auf den nächsten Dienstag, elf Uhr, festgesetzt.«

»Aber Marian Popa hat gesagt, daß wir Michael am Wochenende mit nach Hause nehmen können.« Ich wandte mich an den Richter. »Bitte, bitte, können Sie es nicht eher einrichten – der Junge ist sehr krank.«

Der Richter sah einfach durch mich hindurch. »Das ist nicht möglich«, sagte Ivan, »Sie müssen mit den fünf Tagen einverstanden sein. Ich habe mein Bestes getan. Diskutieren Sie nicht mit ihm.«

Ich sah Lenuta an. »Was ist mit Michaels Mutter, muß sie auch noch einmal kommen?«

»Nein«, sagte Ivan, »ich habe das mit dem Richter besprochen. Sie kann jetzt in seiner Gegenwart den Eid leisten, und dann braucht sie nichts mehr zu tun. Zumindest für sie ist dann alles vorbei.«

Wir taumelten aus dem Büro des Richters hinaus. »Warum durften wir nicht mit ihm diskutieren?« fragte Alan.

»Weil er«, sagte Ivan mit erzwungener Geduld, »ein sehr mächtiger Mann ist. Wenn Sie ihn verärgern, wird er Sie überhaupt nicht anhören.«

»Aber Marian Popa ...«, begann ich.

»Marian Popa kann diesen Richtern nur raten, was sie tun sollen, er kann nichts anordnen. Ich habe mein Bestes getan. Ich glaube, Michael wird das erste Kind sein, das Rumänien nach dem neuen Gesetz verläßt. Damit sollten Sie zufrieden sein.« Er sah Alan an. »Sie sind ein sehr netter Mann, Mister Fowler, aber Sie sind zu ungeduldig.« Diesmal riefen seine Worte kein Lächeln auf unseren Gesichter hervor. »Kommen Sie«, sagte Ivan zu Lenuta. Er verließ uns und sauste mit Lenuta in heißer Verfolgungsjagd um den Innenhof herum, durch eine Tür, durch die nächste ...

Zehn Minuten später war alles vorbei. Lenuta hatte ihre Erklärung beeidet. Sie hatte ihren Sohn weggegeben. Ivan führte uns aus dem Obersten Gerichtshof hinaus, und Alan überreichte ihm einen Umschlag mit seinem Honorar. »Also«, sagte er, »der Gerichtstermin ist am nächsten Dienstag. Sie brauchen nicht dabeizusein, ich habe alles, was ich brauche.« Er winkte und war weg.

Christie holte Alan, Lenuta und mich ab. Wir erzählten ihm, was passiert war, und er schien nicht zu verstehen, warum wir unglücklich waren. »Die Nachricht ist gut«, sagte er, »sehr gut. Michael muß nur noch ein paar Tage im Waisenhaus bleiben.«

»Aber es können mehr als ein paar Tage werden«, sagte Alan, »wir wissen nicht, was nach dem Termin passiert, ob wir den ganzen Vorgang abkürzen können oder ob er sich noch wochenlang bis zum Abschluß hinziehen wird.«

»Aber wenigstens ist Lenutas Teil abgeschlossen«, sagte ich, »ich würde es schlimm für sie finden, wenn sie das alles noch mal durchmachen müßte.«

Lenuta sah ganz glücklich aus, obwohl sie gerade ihren Sohn weggegeben hatte. Wir vereinbarten, daß Christie uns am Hotel absetzen und sie dann nach Hause fahren würde, und mir war bewußt, daß wir sie zum letztenmal sahen. Da war soviel, was ich sie noch wegen Michael fragen wollte.

»Wie lange waren Ihre Kinder im Waisenhaus?« fragte ich sie über Christie.

Es wurden mehr Einzelheiten von der Geschichte bekannt als vorher. Der Vater der Kinder war, als sich die Revolution entwickelte, angeschossen und verletzt worden. Er war ins Krankenhaus gebracht worden, aber in Rumänien wird man im Krankenhaus nur behandelt, wenn die Familie regelmäßig zahlt. Lenuta mußte mit Geld für ihren Mann ins Krankenhaus kommen, sie mußte allein den Lebensunterhalt verdienen, und sie mußte sich um die Kinder kümmern. Das war unmöglich, daher hatte sie die Kinder in ein Waisenhaus gegeben. Ihr Mann war dann gestorben, und jetzt hatte sie einen neuen Lebensgefährten. Sie hatte es ganz klargemacht, daß sie, nachdem sie einmal beschlossen hatte, sich von den Kindern zu trennen, sie niemals zurücknehmen würde. Sie waren Teil ihrer Vergangenheit, einer Vergangenheit, die sie lieber vergessen wollte.

»Aber in Michaels Dokumenten steht, daß er zwei Jahre im Waisenhaus war, sein ganzes Leben lang«, sagte ich.

Nein, das stimmte nicht, versicherte Lenuta uns, es waren nur acht Monate. Das erklärte natürlich, warum er keine Symptome wie Schaukeln oder Kopfschlagen zeigte, warum er immer noch lächeln konnte, warum er nicht aufgegeben hatte.

Als wir uns der Stelle näherten, an der wir aussteigen würden, sagte ich zu Christie: »Fragen Sie bitte Lenuta, ob es irgend etwas gibt, was sie gern haben möchte, irgend etwas, was wir für sie tun können.« Plötzlich schien alles so schrecklich zu sein. Sie hatte uns ihren Sohn für den Preis einer Flasche Whisky gegeben. Wir hatten ihr nichts gegeben.

Die Antwort kam schnell. Irgendein kleines Geschenk würde eine große Hilfe sein. Ihr Lebensgefährte, er brauchte Medizin. Sie war im Augenblick arbeitslos, also kam kein Geld herein. Und bald würden sie umziehen.

Auf dem Rücksitz leerte Alan seine Taschen, wobei nicht viel herauskam. Ich stöberte in meiner Handtasche und fand Parfüm und ein paar Schachteln Zigaretten, die wir immer dem Personal im Waisenhaus gegeben hatten. Wir überreichten unsere Geschenke, die für diese Umstände so gering waren. Sie nahm sie mit einem Kopfnicken und einem Lächeln entgegen.

»Christie, fragen Sie sie, ob sie in Zukunft über Michael informiert werden möchte. Ich könnte ihr jedes Jahr ein Geburtstagsfoto von ihm schicken oder so etwas.« Christie stellte die Frage. Sie schien zu zögern und stimmte dann plötzlich zu – ja, das würde ihr gefallen, aber sie wußte ihre neue Adresse noch nicht. Wir verabredeten, daß Christie der Mittelsmann sein sollte. Hastig schrieben wir seine Adresse und Telefonnummer auf, auch die von Ivan. Uns kam der Gedanke, daß sie, wenn ihr gegenwärtiger Lebensgefährte starb und sie wieder heiratete, vielleicht nicht wollte, daß der neue Mann von den Kindern erfuhr, und dann wollte sie womöglich keine Fotos mehr haben.

»Wir schicken jedes Jahr ein Foto an Ihre neue Adresse,

bis Sie uns wissen lassen, daß wir damit aufhören sollen«, sagte ich, »und informieren Sie bitte Christie, wenn Sie wieder umziehen.«

Wir hielten am Hotel. Ich wußte nicht, was ich sagen sollte. Ich drückte ihren Arm. »Auf Wiedersehen und danke. Wir sorgen für ihn, sorgen gut für ihn.« Ich fing wieder an zu weinen.

Alan verabschiedete sich und zog mich aus dem Auto. Christie ordnete sich wieder in den Verkehrsstrom ein, Lenuta schaute sich nicht um. »Es ist einfach alles so, so … schrecklich«, sagte ich unter Tränen.

»Ja«, sagte Alan.

In der Hotelhalle machten wir vereinte Anstrengungen, uns zusammenzureißen. Wir hatten am Abend zuvor Margaret angerufen, um ihr zu sagen, daß wir nicht die Tarom-Maschine nehmen und noch nicht wußten, wann wir nach Hause kommen würden. Margaret, die Gute, hatte gesagt, daß sie so lange bleiben würde, wie wir brauchten, um Michael herauszubekommen. Jetzt gab es eigentlich keinen Grund mehr, in Rumänien zu bleiben, da der Gerichtstermin erst in sechs Tagen war. Ich ging nach oben in unser Zimmer und rief Margaret an, während Alan über die Straße ins Büro der Lufthansa ging, denn Tarom flog nur dreimal in der Woche. Eine halbe Stunde später trafen wir uns wieder. Wir hatten Glück, es gab noch einen Flug, aber das bedeutete, daß wir in vierzig Minuten zum Flughafen fahren mußten.

Es war eine wahnsinnige Panik. Wir riefen Christie an und holten ihn zum Hotel zurück, wir bezahlten und stärkten uns an der Bar am Swimmingpool ganz oben im Hotel mit zwei großen Wodka-Tonic. Es war nicht möglich, Michael noch einmal zu sehen, das war uns klargeworden, als wir die Abflugzeit erfuhren. Oma würde ihm sein Mittagessen gegeben haben, und er würde jetzt schlafen. Ihn zu wecken, um uns zu verabschieden, wäre nicht nett. Christie hatte mit Oma gesprochen, die ihm versichert hatte, daß es ihm nicht schlechter ging – wenn überhaupt was war, dann hatte sich seine Erkältung leicht gebessert –, aber es war dennoch schrecklich für uns, ihn dazulassen. Außerdem hatten wir ein schlechtes Gewissen, weil wir uns nicht um seine Schwestern gekümmert hatten. Als Adrian noch in Bukarest war, hatte er Christina-Daniella regelmäßig besucht, aber diese Verantwortung hatte er nicht an Christie weitergegeben. Von Mirella hörten wir nichts Neues. Wir hatten die Absicht gehabt, Ivan zu beauftragen, ein Auge auf die Mädchen zu haben, aber in dem Durcheinander der letzten beiden Tage hatten wir das vergessen. Da wir uns bewußt waren, wie leicht man in Rumänien die Spur von Kindern verlor, beschlossen wir, Ivan anzurufen, sobald wir zu Hause waren.

Es war ein Tiefpunkt für uns, als wir in Christies Auto stiegen und aus Bukarest hinaus Richtung Flughafen fuhren. Wir hatten etwas erreicht, hatten aber immer noch das Gefühl, gegenüber Michael versagt zu haben. Nur so konnten wir es sehen.

11. Frei

Auf den ersten Blick scheint es grotesk, daß wir so niedergeschlagen nach Hause flogen, wo doch der Gerichtstermin schon in sechs Tagen stattfinden sollte. Als wir vor
vier Tagen nach Rumänien gereist waren, hatten wir keine
Einreisegenehmigung, es gab ein nicht veröffentlichtes
Adoptionsgesetz, und es bestand alle Wahrscheinlichkeit,
daß es, selbst wenn das Gesetz veröffentlicht war, noch
sechs Wochen Wartezeit gab, während der Rechtsweg seinen Lauf nahm. Unter diesen Bedingungen hatten wir
viel erreicht, aber ich vermute, daß ein Teil unserer Frustration in der Tatsache lag, daß wir der Befreiung Michaels so nahe gewesen waren, und wenn Miranda pünktlich
gewesen wäre, hätten wir Michael mit nach Hause nehmen können.

Wenn ich zurückblicke, glaube ich, daß es nicht ganz so
einfach war. Wenn Bilder von verhungernden Familien in
der Dritten Welt über unseren Bildschirm flimmern, sind
wir alle schockiert und traurig über das, was wir sehen.
Doch fast ohne Ausnahme sieht man ein hungerndes
äthiopisches Kind, wie es sich an seine hungernde Mutter
klammert — ein schlimmer, entsetzlicher Zustand, aber
bei all ihrem Leiden gibt es wenigstens etwas Wärme und
Trost. Ich glaube, der Grund dafür, daß die rumänischen
Waisenkinder so stark eine Saite in den Herzen und Köp-

fen der Menschen zum Klingen brachten, liegt darin, daß Ceaucescus Kinder allein sind, verlassen. Sie haben niemanden, der sie tröstet, niemanden, den sie ihren Freund nennen können, niemanden, der sie beschützen oder für ihre Rechte eintreten könnte. Es war dieser Aspekt von Michaels Leid, den wir am schwersten ertragen konnten. Den größten Teil des Tages litt er unter beträchtlichen Schmerzen, und die mußte er allein ertragen. Jede Mutter, die ihr Kind zum erstenmal im Kindergarten zurückläßt, erlebt eine ganz besondere Form der Qual während der zwei oder drei Stunden, die sie warten muß, bis sie sieht, wie es ihrem Kind ergangen ist. Wir leiden unter demselben Gefühl, aber in größerem Ausmaß. Unfälle waren an der Tagesordnung im Waisenhaus, das wußten wir. Michael war krank und vermutlich durcheinander. Da tauchten diese merkwürdigen Leute immer aus heiterem Himmel auf, interessierten sich ungeheuer für ihn, um dann wieder zu verschwinden. Das mußte beunruhigend sein, und er mußte damit fertig werden … allein.

Wir waren auch kampfesmüde. Es schien, als versuchten wir, Michael *trotz allem* nach Hause zu holen — die rumänischen Behörden hatten Schwierigkeiten gemacht, die britischen Behörden hatten Schwierigkeiten gemacht, selbst das Waisenhaus ließ uns ohne dauernde Bestechung nicht an ihn heran. Es war ein solcher Kampf, und oft bekamen wir das Gefühl vermittelt, daß das, was wir taten, nicht ganz richtig war. Es ist schwer zu erklären, aber die meisten Bürokraten, auf die wir trafen, schienen die Adoption abzulehnen, auf jeden Fall aber nicht zu unterstützen. Ich denke oft an die vielen Paare, die wir gesehen haben, wie sie in Waisenhäusern warteten, in der Britischen Botschaft, in Gerichten, in Hotelhallen …

und die Angst und die Belastung sind immer sofort zu erkennen. Wir waren gut dran, wir hatten bereits Kinder, aber für die meisten Adoptiveltern war die Situation anders. Erst mußten sie mit dem Schicksalsschlag möglicher Kinderlosigkeit fertigwerden, dann mit der erschütternden, schmerzlichen Erfahrung, wegen Unfruchtbarkeit ärztlich behandelt zu werden, dann mit der erfolglosen Bewerbung, ein Baby in England zu adoptieren. Nach all dem waren sie Zeugen des entsetzlichen Leidens in den rumänischen Waisenhäusern geworden, und immer noch hatten sie mit destruktivem Widerstand und endlosem Papierkrieg zu kämpfen, um ein eigenes Kind zu bekommen. Es machte mich sehr wütend – und tut es immer noch.

Locket und Fran holten uns am Flughafen ab, als wir am Abend um elf endlich in Heathrow ankamen. Ich kannte Fran schon sehr lange. Sie war sechzehn und hatte gerade die Schule verlassen, als sie zu mir kam, um mir mit dem Baby Locket zu helfen, damit ich meine Firma gründen konnte, die uns alle ernähren sollte. Sie hat seitdem immer wieder mal für mich gearbeitet. Wir haben unsere Höhen und Tiefen – ich schmeiße sie regelmäßig raus, sie sagt mir gelegentlich, wie ich meine Arbeit machen muß –, aber eigentlich sind wir gute Kumpel, und sie ist eine wunderbare Freundin für Locket gewesen. Sie hat inzwischen ihre eigene Gartenfirma, aber in Krisenzeiten hilft sie uns immer noch. Das hier war eine Krisenzeit. Sie hatte sich während unserer Abwesenheit um die Tiere gekümmert und auf dem Weg zum Flughafen Locket bei den Cookes abgeholt. Sie und Locket hatten gute Laune. In Lockets Leben gab es, wie wir auf dem Heimweg herausfanden, einen neuen Mann mit Namen Simon, worauf ihre gute Stimmung zurückzuführen war.

Wir taten unser Bestes, um zu erklären, was in Bukarest passiert war, aber ich bin nicht sicher, daß es viel Sinn ergab.

Charlie war natürlich im Bett, als wir zu Hause ankamen, aber Margaret schien überzeugt zu sein, daß es ihm recht gut gegangen war, auch wenn er immer noch nicht ganz gesund war und sehr wenig aß, ganz und gar ungewöhnlich für ihn. Wir gingen erschöpft ins Bett, und um fünf Uhr am nächsten Morgen begrüßte uns ein sehr glücklicher kleiner Junge, obwohl Margaret recht hatte und er wirklich ungewöhnlich blaß aussah.

Es folgte ein weiterer Tag mit Telefonaten. Die Einwanderungsbehörde sah Probleme mit dem neuen Gesetz und wußte auch nicht genau, ob die Frage der Pässe gelöst war. Wir brachten Suzy Gale auf den neusten Stand der Dinge, so daß sie alle Informationen, die wir zu dem neuen Gesetz gesammelt hatten, an andere Paare weitergeben konnte. Im Inter-Continental war es uns gelungen, ein Fotostat von Ivans Kopie des noch nicht veröffentlichten Gesetzes anzufertigen, das wir jetzt an die Einwanderungsbehörde schickten (offenbar hatte die Botschaft noch nicht daran gedacht, das zu tun). Ich rief Jo Leeman an – sie waren mit ihrem Gerichtstermin noch nicht vorangekommen, aber unsere Geschichte machte ihnen Mut, so daß sie beschlossen, es sei das Beste, wenn sie selbst nach Rumänien flogen. Jo war sehr müde und weinte viel.

An dem Abend bekamen wir einen Anruf von einer Frau mit Namen Theresa Broad, der Suzy Gale geraten hatte, Kontakt zu uns aufzunehmen, um auf den neusten Informationsstand zu kommen. Ihr Anwalt hatte ihr gesagt, daß zumindest ein Elternteil vor Gericht erscheinen mußte. Alan erklärte ihr, daß wir danach in

Gegenwart des heimtückisch aussehenden Richters gefragt hatten und daß der gesagt hatte, daß nur Ivan anwesend sein mußte. Doch Theresa wollte kein Risiko eingehen: Sie würde am nächsten Wochenende nach Rumänien fliegen. Alan und ich besprachen das, und Alan rief Ivan an. Wie die Dinge nach dem neuen Gesetz standen, mußten wir nach dem Gerichtstermin fünfzehn Tage warten, bis die Adoption amtlich wurde. Doch angesichts der besonderen Umstände und Michaels schlechtem Gesundheitszustand war Ivan relativ zuversichtlich, daß er diese fünfzehn Tage auf zwei oder drei verkürzen konnte. Wenn Alans Anwesenheit dazu beitragen könnte, daß er es schaffte, dann war es nur vernünftig, wenn Alan dabei war. Wir fragten Ivan nach seiner Meinung. Seine Antwort kam, typisch für ihn, schnell und auf den Punkt. »Seien Sie mein Gast«, sagte er. »Wer weiß, es könnte nützlich sein.«

An dem Abend entwickelten wir einen Plan. Alan würde am Sonntag mit der Tarom-Maschine fliegen, so daß er bei der Anhörung vor Gericht am Dienstag um zehn Uhr anwesend sein konnte. Wenn die Dinge schlecht liefen und wir uns an die Frist von fünfzehn Tagen halten mußten, dann würde er vermutlich nach Hause kommen. Die Frage war, was würde geschehen, wenn alles gut lief? Wir besprachen es unter möglichen Gesichtspunkten. Die ganze Situation hatte uns zu emotionalen Wracks gemacht: Wir hatten ein schlechtes Gewissen, weil wir in Rumänien, weit weg von Charlie und Locket, waren, und wir hatten ein schlechtes Gewissen in England, wenn wir weit weg von Michael waren. Alle brauchten uns — wir wurden in zwei Hälften zerrissen. Es gab nur eine Lösung: Locket, Charlie und ich würden am Mittwoch nach Rumänien fliegen, am Tag nach dem Gerichtstermin. Wenn die Dinge gut liefen, konnten wir alle am Sonntag nach Hause fliegen; wenn nicht, würden wir bei Michael bleiben, bis er frei war. In dem Augenblick, in dem diese Entscheidung gefallen war, fühlten wir uns viel besser. Endlich würden wir zusammen sein, und das allein zählte. Selbst wenn Michael im Waisenhaus schlafen mußte, würden wir die Tage zusammen verbringen, was es auch an Bestechung kosten mochte. Wir würden eine Familie sein.

Trotz ihres Liebeslebens waren Lockets Prioritäten klar. Sie wollte bei ihrem neuen kleinen Bruder sein und war bereit, so lange in Rumänien zu bleiben, wie es dauerte. In der Zwischenzeit führte ich Charlie wieder den Ärzten vor. Keiner konnte etwas Schlimmes bei ihm finden, und obwohl sie uns für verrückt hielten, weil wir ein Kleinkind mit nach Rumänien nahmen, hatten sie nicht das Gefühl, daß für ihn irgendeine Gefahr bestand, solange wir Lebensmittel und Getränke für ihn dabei hatten.

Jetzt waren hektische Aktivitäten bei uns ausgebrochen. Kurz nach unserer ersten Rumänien-Reise war Charlie aus seinem kleinen Zimmer gegenüber unseres Schlafzimmers in ein größeres gegenüber dem Zimmer von Locket umgezogen. Er liebte sein neues Zimmer, und bis jetzt hatten wir die Tür zu seinem alten Zimmer einfach zugemacht. Wir hatten den Umzug vorgenommen, weil wir davon ausgingen, daß Michael nachts durchaus unruhig werden könnte, und wenn er nahe bei uns und weiter weg von den beiden anderen Kindern war, würde er sie weniger stören. Jetzt mußte plötzlich ein Kinderzimmer eingerichtet werden: ein neues Bettchen, neue

Vorhänge, ein paar Bilder, eigenes Spielzeug, Kleidung. Fran machte sich daran, das Zimmer neu zu dekorieren. Ich wählte ruhige, gedämpfte Farben aus, da ich mir bewußt war, daß es augenblicklich wenig Farbe in Michaels Leben gab und daß alles, was zu kräftig war, ihn beunruhigen könnte. Die Gefühle waren genau dieselben wie bei der Ausstattung eines Zimmers für ein Neugeborenes. Soviel Freude eine Frau im späten Stadium der Schwangerschaft auch an den Vorbereitungen für das Baby haben mag, es herrscht immer auch Nervosität. Wird das Baby gesund sein? Forderte man das Schicksal heraus, wenn man so viele Vorbereitungen traf? So ging es mir bei Michaels Zimmer. Angenommen, das Gesetz wurde nie veröffentlicht, angenommen, die Anhörung verlief zu unseren Ungunsten, angenommen ... Dennoch, die Vorbereitungen gingen unaufhaltsam voran: ausreichend Nahrung, Kleidung, Windeln und Getränke für zwei Babys für mindestens zwei Wochen, und das meiste davon mußte ins Handgepäck angesichts von Taroms einzigartiger Begabung, Gepäck zu verlieren.

Wir faxten Bob House in der Britischen Botschaft — sollte es zum letztenmal sein? —, daß wir alle kamen und ob er wohl, bitte, das Problem mit dem Paß klären würde. Wir riefen Christie an und erzählten ihm von unseren Plänen. Unser eigenes Telefon stand nie still, weil Freunde anriefen, um zu erfahren, was passierte, und weil verzweifelte Paare, die Suzy Gale an uns verwiesen hatte, unseren Rat suchten. Selbst die Einwanderungsbehörde hatte angefangen, Anrufe an Alan weiterzuleiten, da er mehr über das neue Gesetz wußte als sie selbst. Es war eine groteske Situation.

Bei all dem Durcheinander wegen unserer eiligen

Abreise, dachte ich wenigstens daran, Lorne und Geraldine anzurufen und nach Leo zu fragen. Es ging ihm gut, und er sollte in ein oder zwei Wochen aus dem Krankenhaus kommen. Es war schwer für sie. Nach all der Zeit, in der sie sich nach einem Baby gesehnt hatten, war Geraldine jetzt zu Hause – ohne ein Baby. Sie verbrachte den größten Teil des Tages im Krankenhaus, wo sie sich um Leo kümmerte, aber es gab keine Möglichkeit für sie, regelmäßig über Nacht bleiben zu können. »Ich hab' das Gefühl, er gehört mehr dem Krankenhaus als mir«, sagte sie, »er kann doch gar nicht merken, daß ich seine Mutter bin.«

»Ich bin sicher, daß er das tut«, sagte ich mit mehr Bestimmtheit, als ich empfand, und dabei dachte ich an einen anderen verwirrten kleinen Jungen. Erst hatte Marianna sich um Michael gekümmert und war dann gegangen, dann Oma – was würde er denken, wenn ich ihn übernahm? Würde er je lernen, wieder jemandem zu trauen, wenn man diese Ereignisse vor dem Hintergrund sah, daß erst sein Vater, dann seine Mutter und dann seine beiden Schwestern aus seinem Leben verschwunden waren? Wir waren so damit beschäftigt gewesen, Michael aus dem Waisenhaus zu befreien, daß wenig Zeit gewesen war, um darüber nachzudenken, wie sich eine weitere Veränderung auf ihn auswirken würde, selbst wenn es eine Veränderung zum Guten war.

Als Alan am Sonntagmorgen abflog, war Charlie verständlicherweise sehr angespannt. Gemeinsam verabschiedeten wir Alan am Flughafen, und es war eine wehmütige Abreise, denn, wenn alles gut lief, konnte es bedeuten, daß dieses unser letzter gemeinsamer Augenblick mit nur einem Kleinkind war. Es gab kein Bedauern, nur die Erkenntnis, daß die Dinge nie wieder wie früher sein würden.

Als ich nach Hause kam, war meine Mutter da, um über das Wochenende zu bleiben, und Locket kehrte nach einer Party am Vorabend in die Gemeinschaft zurück. Es war auch wieder Zeit für unseren monatlichen Gottesdienst. Wieder betete David für Michael. Ich dachte daran, daß ich im letzten Monat gehofft hatte, Michael bei uns zu haben. Er war nicht da, aber vielleicht nächsten Monat ...

Später an diesem Abend rief Alan an und erzählte, daß der Flug, wie vorauszusehen war, dreieinhalb Stunden Verspätung gehabt und daß Christie ihn nicht am Flughafen abgeholt hatte. Er war sehr müde und sagte, daß er sich nicht sonderlich wohl fühlte. Wir verabredeten, daß wir erst nach dem Gerichtstermin am Dienstag wieder miteinander telefonieren wollten. Dann wollte er mir, sobald er Gelegenheit dazu hatte, das Ergebnis durchsagen. Tatsächlich rief er am folgenden Tag spät abends noch einmal an. Im Waisenhaus Nr. 4 hatte er einen Mann namens Steve Kelly getroffen, der gerade von der Botschaft erfahren hatte, daß die Gerichte bereit waren, die Formalitäten innerhalb von vier Tagen nach der Anhörung unter Dach und Fach zu bringen. Wenn man den Samstag als vollen Tag zählen konnte, dann würden wir unseren vorgesehenen Heimflug am Sonntag gerade schaffen. Doch wie alle anderen Gerüchte nahmen wir die Nachricht mit einigem Vorbehalt auf.

Alan hatte auch Neuigkeiten über Miranda erfahren. Die Leute, mit denen sie und Brian geschäftlich zu tun hatten, waren in einen Autounfall verwickelt worden, und zwei von ihnen waren ums Leben gekommen. Die

Cavills waren in einem entsetzlichen Zustand, denn die Männer waren sowohl Freunde als auch Kollegen gewesen. Das war eine schreckliche Nachricht, und natürlich tat es mir leid, aber es widerstrebte mir immer noch, ihr zu verzeihen. Ich war nicht besonders stolz auf mich, aber so fühlte ich nun einmal.

Am Dienstag wurde ich mit einem Gefühl von Übelkeit wach und merkte, daß es daran lag, daß es der Tag des Gerichtstermins war. Den ganzen Morgen sah ich auf die Uhr, wissend, daß Rumänien uns zwei Stunden voraus war. Von halb neun an ging ich nicht vom Telefon weg. Um zehn Uhr englischer Zeit rief Alan an.

»Wir haben es geschafft«, sagte er.

»Meinst du das ernst?« fragte ich und wagte immer noch nicht, es zu glauben.

»Ja«, sagte er. »Es hat nur zehn Minuten gedauert. Der Richter war eine Frau, um die Fünfzig, sehr angenehm, sehr freundlich. Sie vertagten sich eine oder zwei Minuten, um ihre Entscheidung zu treffen, und dann gab es viel Gelächter und Fröhlichkeit, weil die Fotos herumgezeigt wurden.«

»Und die fünfzehn Tage?«

»Sind verkürzt worden«, sagte er. »Ivan ist ziemlich zuversichtlich, daß wir morgen den Paß abholen können, und dann brauchen wir nur noch den Visumstempel der Britischen Botschaft.« Er seufzte. »Warte mal, die Botschaft ist diese Woche am Mittwoch, Donnerstag und Freitag geschlossen, also muß ich Bob House überreden, extra für uns zu öffnen.«

»Sie sind ein sehr netter Mann, Mister Fowler, aber ...«, meinte ich. Trotz der Aufregung, die diese Nachricht verursachte, dachte ich daran, Alan zu fragen, wie er sich fühlte.

»Nicht gut«, sagte er, »fiebrig, und Magenbeschwerden habe ich auch. Wenn ich die Dinge mit Bob House geklärt habe, lege ich mich ins Bett.« Alan ist einer der Männer, die sich nur hinlegen, wenn sie sich wirklich ganz schlecht fühlen. Das waren keine guten Vorzeichen.

Nachdem ich aufgelegt hatte, suchte ich Locket, Margaret und Charlie, um ihnen die Neuigkeit zu erzählen. Wir saßen im Garten und tranken Kaffee. Wir hatten es geschafft, Michael gehörte zu uns, und es ging jetzt nur noch darum, einen Paß zu bekommen und einen Stempel von der Britischen Botschaft. Wir brauchten auch eine Geburtsurkunde, aber die war für die Einreise nach England nicht nötig. Er gehörte zu uns, er gehörte zu uns … Dennoch konnte ich es kaum glauben, hatte Angst, mich der Freude und Erleichterung zu überlassen, die in so greifbarer Nähe lagen, *denn es durfte nicht ein einziger Punkt mehr schiefgehen.*

Am Mittwoch, dem 15. August, fuhr Fran uns zum Flughafen. Charlie schlief im Auto ein bißchen, was gut war, denn als wir ankamen, geriet er sofort in fieberhafte Aufregung. Nur mit Handgepäck checkten wir am Schalter der British Airways ein und stellten uns dann in die lange Schlange zur Abflughalle. Die Sicherheitsmaßnahmen waren wegen der Golfkrise sehr streng geworden, und es dauerte eine Stunde, bis wir durch die Paßkontrolle waren, und da waren Locket und ich schließlich erschöpft, weil wir das Gepäck und Charlie tragen mußten. Als wir erst einmal in der Abflughalle waren, wurde alles besser. Wir kauften uns was zu essen und zu trinken, auch wenn Charlie sich weigerte, überhaupt etwas zu essen. Wir freundeten uns mit einer amerikanischen Familie an, die kleine Kinder hatte und nach einem Europaurlaub nach Washington flog. Es ging nicht gut weiter. Erst hatte das Flugzeug eine Stunde Verspätung, dann gab es eine Bombendrohung, und wir mußten alle die Abflughalle verlassen, und dann gab es eine weitere Stunde Verspätung. Schließlich stiegen wir drei sehr müde mit fast vier Stunden Verzögerung ins Flugzeug.

Gegenüber von uns saß diesmal eine Gruppe von Leuten, die ich nicht richtig einordnen konnte. Es waren zwei Frauen und ein Mann, eindeutig keine Adoptiveltern. Wir fingen an, miteinander zu reden, und es stellte sich heraus, daß wir Carol Sarler vom *Sunday Times Magazine*, einer Fotografin und einem Spezialisten vom Great Ormond Street Hospital gegenüber saßen, die unterwegs waren, um die Möglichkeiten der Einführung einer Beschäftigungstherapie in den Waisenhäusern zu prüfen. Wenn die Kinder erst mehr zu essen und etwas Besseres als Lumpen zum Anziehen hatten, bestand die nächste Hürde darin, ihnen Aktivitäten anzubieten.

Wir verstanden uns sehr gut, teilten uns den Wein, und Charlie war in seinem Element, rannte den Mittelgang rauf und runter und freundete sich mit allen an. Er war das einzige Kind an Bord und nutzte das voll aus. Charlie hat immer ein großartiges Gespür für gute Gelegenheiten. Ich bin mir absolut sicher, daß er wußte, daß dieses keine gewöhnlichen Ferien waren. Er war auf dem Weg zu seinem neuen Bruder, das hatten wir ihm erzählt. Er war natürlich viel zu klein, um sich klar auszudrücken, aber seine Aufregung ließ die Luft knistern, und er konnte sich kaum zusammennehmen.

Als wir in Bukarest ankamen, waren Locket und ich fix und fertig, doch Charlie war in Hochform. Während wir die inzwischen vertrauten Stufen in die Abflughalle des

Flughafens Bukarest hinabstiegen, sah ich Alan und Christie am Dipolmatenschalter stehen, den wir dank Adrian inzwischen ganz selbstverständlich benutzten. Alan hielt etwas in der Hand, mit dem er winkte.

»Womit winkt er, Locket?« fragte ich.

»Ich glaube …«, mit einem Grinsen wandte sie sich mir zu, »es ist ein Paß, und du darfst nicht mehr als einmal raten, für wen der ist.«

Es war ein gefühlsbeladenes Wiedersehen. Charlie war erstaunt, seinen Vater an diesem ungewöhnlichen Ort vorzufinden, und mochte Christie auf Anhieb, mit dem er feste Freundschaft schloß. Auf einer Wolke der Euphorie schwebten wir durch den Diplomatenausgang, winkten dem Zoll mit unserem Handgepäck zu, und wenige Augenblicke später waren wir im Taxi auf dem Weg ins Hotel. Alles lief gut, sehr gut. Noch mußten wir Michaels Paß abstempeln lassen, aber wir hatten ihn wenigstens schon, und auch wenn die Botschaft geschlossen war, so wollte Bob House sie am nächsten Nachmittag für uns öffnen. »Sie sind ein sehr netter Mann, Mister Fowler, aber …«, sagten wir einstimmig.

Während Alan auf dem Rücksitz Charlie im Arm hatte, studierte ich Michaels Paß. Er war wirklich ein höchst ungewöhnliches Dokument. Als ob noch unter kommunistischer Herrschaft, war er auf die Sozialistische Republik Rumänien ausgestellt. Michaels Name war mit Marian Aurel Fowler angegeben, eine wunderbare Kombination seiner beiden Namen, und als Geburtsort war England genannt. Dennoch, er war ein sehr, sehr kostbares Dokument, und dazu hatte Alan eine abgestempelte und beglaubigte Adoptionsurkunde. Er gehörte wirklich zu uns, wirklich.

Im Inter-Continental hatten wir dasselbe Zimmer bekommen, das Alan und ich vor ein paar Tagen geteilt hatten. Aber jetzt standen darin zwei Kinderbettchen. Es fing an, ganz wirklich zu werden, als ob alles tatsächlich geschehen würde. Locket hatte ein Zimmer direkt gegenüber. Wir gaben eine Bestellung beim Zimmerservice auf. Charlie wollte immer noch nichts essen, nahm aber eine Flasche mit Milch, und mit Hilfe seiner Lammfelldecke, seines geliebten Teddy Farquharson und seiner üblichen Gutenachtgeschichte schlief er in seinem wackeligen Holzbettchen problemlos ein. Alan und ich zogen uns in Lockets Zimmer zurück, wo wir bei einer Flasche Wein zusammensaßen und unsere Pläne für den kommenden Tag durchsprachen.

Morgens wollten wir ins Waisenhaus fahren, um Michael abzuholen. Wir mußten es uns mehrmals laut vorsagen, um es glauben zu können. Das war seine letzte Nacht an dem grauenvollen Ort, morgen würde er frei sein. Alan hatte dafür gesorgt, daß Oma das Mittagessen für Michael und Charlie ins Hotel bringen sollte, damit Michael bei all den fremden und vielleicht erschreckenden Dingen die Beruhigung hatte, Oma zu sehen, die er gut kannte, und das gewohnte Essen zu bekommen. Sie hatte zugesagt, daß sie, vorausgesetzt, Christie fuhr sie, das jeden Tag machen wollte, bis wir nach Hause flogen. Nach Hause fliegen — das schien jetzt für uns alle das wichtigste zu sein. Michael ging es immer noch ziemlich schlecht, Alan besser, aber er fühlte sich ein bißchen schwach, und Charlie aß immer noch nichts. Die Kinder aus Bukarest herauszubekommen, war lebenswichtig.

»Rumänien macht mir angst.« Ich erinnerte mich wieder an Karens Worte. Es hatte Demonstrationen am Flughafen gegeben, als wir ankamen, und weitere Demonstrationen am Universitätsplatz, als wir durch die Stadt fuhren. Es war eine zornige Stadt, und bei der immer noch schrecklichen Hitze war die Stimmung gereizt. Wir durften nicht vor zehn Uhr am folgenden Morgen ins Waisenhaus fahren, also sagte Alan, daß er erst im Tarom-Büro vorbeischauen wollte, um zu sehen, ob er unseren Flug von Sonntag auf Samstag vorverlegen konnte, so daß wir nur noch zwei Tage in Rumänien bleiben mußten.

Endlich schliefen wir, wenn auch unruhig. Charlie weckte uns am nächsten Morgen wie üblich um fünf, aber zum Glück war es sieben Uhr rumänischer Zeit und daher fast akzeptabel. Wir nahmen ihn mit nach unten zum Frühstück ins Hotelrestaurant, das einzige Mal, daß wir unsere Kinder in der Öffentlichkeit fütterten. Das war kein Erfolg. Es gab offensichtlich keine Hochstühle, und das einzige Essen, was wir ihm zu geben wagten, war das, was wir oben vorbereitet hatten, dazu ein bißchen Brot. Bald war er vom Tisch aufgestanden, lief zu vollkommen fremden Leuten und stellte sich vor. Sie warfen ihm kalte Blicke zu, was ihn ganz fertigmachte, denn das war er nicht gewohnt. Doch es war interessant, weil es dazu beitrug, den sich verstärkenden Eindruck in unseren Köpfen zu bestätigen, daß die Rumänen ihre Kinder nicht sonderlich zu mögen schienen, und mit Sicherheit machten sie ihnen gegenüber absolut keine Zugeständnisse.

Christie, ein im Grunde freundlicher Mann, hatte zugegeben, daß er sein vierjähriges Kind regelmäßig schlug, und war absolut erstaunt, daß wir Charlie nicht schlugen. Irgendwie war das merkwürdig. Die Rumänen sind sehr emotionale Menschen, und so schien es nicht unvernünftig zu sein, wenn man erwartete, daß sie ihren

Kindern gegenüber sehr warmherzig waren. Statt dessen sind sie unglaublich harsch, vielleicht weil das Leben für sie so schwer ist. Mit Sicherheit war Charlie nicht ungezogen, er schrie und weinte nicht und warf nicht mit seinem Essen herum. Er war einfach gesellig, wie das so seine Art ist, aber die Blicke der anderen Leute im Restaurant waren so feindselig, daß wir einen ziemlich schnellen Abgang machten.

Tarom war nicht sehr hoffnungsvoll, was unsere Chancen anging, auf die Samstag-Maschine zu kommen, aber sie versprachen, es zu versuchen. Punkt Viertel vor zehn traf Christie ein, um uns zum Waisenhaus zu fahren. Wir nahmen etwas zu trinken und Zwieback mit, auch die Karre, mit der Marianna und Oma Michael zwischen Waisenhaus und Omas Wohnung hin und her gefahren hatten. Sie war dreckig, stellte ich fest, bis auf die Stelle, auf der Michael gesessen hatte. Der gesamte Bezug hatte gelbe Flecken, und es machte einem bewußt, wie verschmutzt die Luft in Bukarest sein mußte.

In dem Augenblick, in dem wir am Waisenhaus aus dem Auto stiegen, stellte sich ein Gefühl der Unwirklichkeit ein. Als wir hinterher darüber sprachen, gaben Alan und Locket zu, daß es ihnen genauso gegangen war. Zum letztenmal gingen wir den Betonweg entlang, aber statt die Treppe hinaufzugehen, warteten Charlie und ich im Garten, während Locket, Alan und Christie mit dem kostbaren Stück Papier verschwanden, das die Adoption bestätigte.

Es ist schwer, den Widerwillen zu erklären, den Alan und ich dabei empfanden, Charlie mit ins Waisenhaus zu nehmen. Es hatte etwas damit zu tun, wie er aussah – so braungebrannt, blond und gesund. Irgendwie kam es uns

254

vor, als würden wir angesichts von soviel Elend unser Wohlergehen auf gemeine Weise vorführen. Daher saßen Charlie und ich auf der rostigen Schaukel, auf der ich mit Michael so oft gesessen hatte. Wir waren ziemlich allein, und ich stellte fest, daß ich die beiden Welten nicht zusammenbrachte. Hier war ich mit Charlie im Waisenhaus, das Michaels Heim war. Das war es, wovon wir geträumt hatten, nämlich die Familie zusammenzuführen, aber im Augenblick war das nicht Wirklichkeit.

Alan kam zu uns. »Ich hab' Locket und Christie oben bei Michael gelassen«, sagte er. »Zum Glück war Dr. Unescu da. Sie war froh, als ich ihr das Adoptionspapier zeigte. Wir können ihn nehmen und gehen, einfach so.«

»Ich wollte sie fragen, was für Impfungen er bekommen hat«, sagte ich, »und auch, wie sein Alltag verlaufen ist. Das Leben hier mag gräßlich sein, aber er ist daran gewöhnt. Ich will die Dinge nicht zu schnell verändern, um ihn nicht zu beunruhigen.«

»Sie ist jetzt oben«, sagte Alan. »Geh rauf und sprich mit ihr, und dann kannst du Michael gleich umziehen.«

Am Abend zuvor hatten wir beschlossen, daß Locket es sein sollte, die Michael aus dem Waisenhaus holte. Aus irgendeinem Grund schien es richtig zu sein, daß seine große Schwester ihn befreite, und es war nach unserem Gefühl auch richtig, daß Alan und ich bei Charlie blieben.

Michael war sehr vergnügt, als wir ihn mit Locket und Christie am Empfang vorfanden, fast, als ob er wußte, daß dies sein großer Tag war. Seine wunden Stellen waren immer noch schlimm, aber der Schnitt über dem Auge war gut verheilt. Oma mußte das Essen geradezu in ihn hineingestopft haben, denn er hatte einen dicken Bauch, der bei seinen spindeldünnen Beinchen vollkommen fehl am Platz wirkte. Er erkannte mich und streckte die Arme aus, um hochgenommen zu werden. Ich umarmte ihn ganz fest.

Dr. Unescu kam, und Christie erklärte, was ich wissen wollte. Die Ärztin lächelte über das ganze Gesicht und sagte, daß sie einen Zettel für uns vorbereiten würde, auf dem Michaels Schutzimpfungen und Angaben zu seinem Tagesablauf standen. Ich fragte sie, ob sie für ein Foto mit in den Garten kommen würde. Immerhin hatte sie eine wichtige Rolle in Michaels Leben gespielt, und eines Tages würden wir ihm gern alles über sie erzählen. Sie stimmte zu, wenn auch widerstrebend.

Locket und ich zogen Michael zum letztenmal seine Waisenhauskleider aus. Es waren eine verdreckte alte Baumwollhose und ein schmutziges graues Hemd. Er trug keine Windel, und die Baumwollhose war klit-schnaß. Die Kleidungsstücke taugten nur noch fürs Feuer, aber ich ließ sie ehrfurchtsvoll auf dem Sofa liegen, weil ich annahm, daß sie noch gebraucht würden. Wir zogen ihm ein T-Shirt und Shorts an. Das T-Shirt für ein sechs Monate altes Kind war ihm, dank Omas guter Ernährung, ein bißchen zu eng. Die Shorts für 0-3 Monate paßten perfekt. Er war zwei Jahre und fünf Wochen alt. Beim Anblick seiner winzigen, weißen Beine hätte ich weinen können, wäre es nicht ein so glücklicher Augenblick gewesen. Er schien die Aufmerksamkeit, die wir beide ihm beim Anziehen schenkten, zu genießen. Dann ließ ich Locket mit ihm allein und ging nach unten zu Charlie.

Alan und Charlie waren mit einem sehr komplizierten Versteckspiel an den Schaukeln beschäftigt. Ich fing Charlie ein. »Endlich lernst du Michael kennen«, sagte ich. Das Lachen erstarb. Plötzlich war er sehr ernst, um Jahre älter als seine achtzehn Monate. Aufs Stichwort kam Locket um die Hausecke und hatte Michael auf dem Arm. Ich ging mit Charlie auf sie zu. Wir blieben nebeneinander stehen, beide mit einem Kind auf dem Arm. »Charlie«, sagte ich, »das ist Michael.«

Ohne zu zögern schlang Charlie die Arme um seinen Bruder und gab ihm einen Kuß, einen dicken, schmatzenden Kuß auf die Wange. Michael war sehr verwirrt. Er starrte Charlie ernst an, dann mich, und dann grinste er — dasselbe breite Grinsen, mit dem er uns bei unserem ersten Zusammentreffen erobert hatte.

Wir setzten sie nebeneinander auf die rostige Schaukel und gaben ihnen Zwieback und etwas zu trinken. Michael aß seinen Zwieback, dann Charlies, trank sein Getränk aus, dann Charlies. Charlie war in einem Zustand ungeheurer Aufregung, Michael vorsichtig, aber freundlich. Der Anblick der beiden zusammen, der eine so kräftig und gesund, der andere so schwach und blaß, war rührend bis zur Unerträglichkeit.

Dr. Unescu kam und ließ ein oder zwei Fotos von sich machen. Sie schien darauf bedacht zu sein wegzukommen und wirkte fast verlegen. »Sehen Sie zu, daß Sie mit den Einzelheiten zu den Schutzimpfungen schneller vorankommen«, sagte ich zu Christie. »Ich sehne mich danach, diesen Ort zu verlassen.«

Während Alan und ich auf Michaels Papiere warteten und mit den beiden Jungen spielten, hatte Locket einen eigenen Auftrag zu erfüllen. Ein paar Tage, bevor wir nach Bukarest abgereist waren, hatte sie den Anruf einer Frau angenommen, die verzweifelt versuchte, einen kleinen Jungen mit Namen Thomas Dinca zu adoptieren. Er war wie Michael in Waisenhaus Nr. 4. Auch diese Frau war von Suzy Gale an uns verwiesen worden. Locket hatte sich alle Einzelheiten geben lassen und versprochen, mit dem Personal im Waisenhaus über Thomas zu reden und ein paar Fotos von ihm zu machen. Die Frau hatte ihn seit Januar unterstützt, aber jedesmal, wenn sie versuchte, die Adoption einzuleiten, hatte das Waisenhaus ihr erklärt, daß er nicht zur Adoption freigegeben war. Mit ihrem Fotoapparat und Christie als Dolmetscher machte sich Locket auf die Suche nach ihm. »Soll ich auch mitkommen?« fragte ich, während ich an ihr blasses, kleines Gesicht bei ihrem ersten Besuch des Waisenhauses dachte.

»Nein, nein, ich komme zurecht«, sagte sie fröhlich.

Ich sah ihr nach, wie sie mit Christie wegging. Sie war erwachsen geworden, hatte sich in den letzten paar Monaten sehr verändert. Es war mehr als das Vergehen von Zeit, es war der Wechsel vom Kind zur Erwachsenen. Rumänien hatte sie verändert, wie es uns alle verändert hatte. Sie hatte ein neues Selbstbewußtsein, eine neue Reife entwickelt, die Ichbezogenheit des Teenagers war verschwunden.

Sie war zehn Minuten später wieder da. »Hast du ihn gesehen?«

»Ja«, sagte sie, »er ist unheimlich süß. Er ist etwa drei Jahre alt, sehr dünn, aber ansonsten in ganz guter Form. Ich hab' herausgefunden, wo das Problem liegt.«

»Wo?« fragte ich.

»Er ist ein Zigeunerkind.« Sie guckte zu Christie, der sich mit Michael beschäftigte. »Christie hat gesagt: ›Die englische Dame darf ihn nicht adoptieren, weil Thomas nicht gut ist.‹ Das ist natürlich lächerlich, aber ich glaube, darum ist das Personal vom Waisenhaus so wenig hilfreich. Ich ruf' sie an, wenn ich wieder zu Hause bin. Er ist ein Schätzchen, und es wäre wunderbar, wenn sie ihm helfen könnte.«

Als er sah, daß seine Schwester zurückgekommen war, rannte Charlie aufgeregt im Garten herum, was mir bei all den Scherben und Spritzen Angst machte. Michael versuchte verzweifelt, ihm zu folgen, machte zwei oder drei Schritte und fiel dann hin. Es war eine Erleichterung, als Christie wieder auftauchte und mit den Notizen winkte, um die wir gebeten hatten. Ich nahm sie ihm ab. Auf der einen Seite des Zettels stand eine Liste der Schutzimpfungen mit Daten. Auch wenn sie in Rumänisch geschrieben war, war sie ziemlich leicht zu entziffern. Es schien, daß Michael gegen alles geimpft worden war bis auf Masern und Röteln. Auf der Rückseite standen in Englisch kurze Einzelheiten über seinen Tagesablauf: Aufstehen um acht, waschen und anziehen, Frühstück – Brot, Obst, Müsli, Joghurt. Vormittags – Kekse. Mittags – Käse, Brot, Fleisch, Obst. Mittagsschlaf …

Ich konnte nicht weiterlesen, Tränen nahmen mir die Sicht, Tränen des Zorns, Tränen der Frustration. Wie konnten sie solche Lügen niederschreiben, wie konnten sie einen Augenblick lang annehmen, daß wir ihnen glauben würden? Als wir Michael gefunden hatten, war er am Verhungern, und wir hatten genug von den anderen Kindern im Waisenhaus gesehen, um zu wissen, daß auch sie kaum genug bekamen, um am Leben zu bleiben. Ich fand dieses lächerliche Dokument unglaublich obszön. Ich wußte, daß ich versuchen mußte, die andere Seite zu sehen, zu erkennen, daß die Leute vom Waisenhaus mitteilten, was sie den Kindern gern geben würden, statt anzuführen, was sie ihnen tatsächlich gaben. Vermutlich war dies das Werk der Leiterin; kein Wunder, daß Dr. Unescu so verlegen geguckt hatte. »Bitte, laß uns hier weggehen«, bat ich Alan.

»Ja, laßt uns gehen«, sagte er ruhig. Er nahm Charlie hoch, ich trug Michael, und mit Locket und Christie verließen wir zum letztenmal den Garten, gingen über den kaputten Betonweg und an den Hühnern vorbei. An der Pforte blieben wir alle stehen und sahen noch einmal kurz zurück, uns ganz und gar dessen bewußt, was wir hinter uns ließen. Wir trugen ein Kind in die Freiheit, aber es blieben immer noch mehr als hundertfünfzig Kinder zurück, für die die Zukunft keine Hoffnung bereithielt. Niemand kam, um sich zu verabschieden, niemand winkte, niemand nahm überhaupt Notiz von unserem Weggang. Aber die einsamen, freudlosen Tage waren für Michael vorbei. Jetzt hatte er uns, jetzt hatte er eine Familie.

Es war das Ende vom Anfang.

12. Eine neue Familie

Das Ende vom Anfang ... Man könnte sagen, daß der letzte Weg aus dem Waisenhaus heraus der richtige Punkt wäre, um die Geschichte von Michael zu beenden. Das ist aber nicht so, denn um die Leiden von Ceaucescus Kindern wirklich zu verstehen, ist es wichtig, daß man nicht nur sieht, wie Michael war, als wir ihn fanden, sondern auch wie er hätte sein sollen und was aus ihm wurde.

An ihrem dritten Geburtstag werden alle Waisen und verlassenen Kinder in Rumänien überprüft. Wenn sie nicht laufen können und nicht an den Topf gewöhnt sind, gelten sie als »unheilbar« und werden in Irrenanstalten gesteckt. Wenn er am Leben geblieben wäre, wäre das Michaels Schicksal gewesen, trotz der Tatsache, daß er so offensichtlich normal war, und es ist dieses Wissen darüber, was die Zukunft für ihn bereitgehalten hätte, das mir das Gefühl gibt, erzählen zu müssen, was aus Michael in den ersten paar Monaten als unser Sohn wurde.

Wenn wir heute Leute kennenlernen, hat die Herkunft unserer verschiedenen Kinder überhaupt keine Bedeutung für uns. Doch sehr oft wird Michael von wohlmeinenden Enthusiasten als der kleine Junge vorgestellt, den wir aus Rumänien gerettet haben. Die gleichermaßen wohlmeinenden, freundlichen Leute, die die Empfänger dieser Information sind, sagen uns dann, wie wunderbar wir sind, wie priviligiert Michael ist, wie christlich unsere Einstellung ist, wie liebevoll ... Ich muß leider zugeben, daß ich dabei unvermeidlich zornig werde und meine Empörung kaum verbergen kann. Es ist nicht, daß ich Michaels Herkunft verschweigen will, davon bin ich weit entfernt, ich will, daß er stolz darauf ist. Es ist die Vorstellung, daß er unser Akt der Wohltätigkeit ist, daß wir ihm einen Gefallen getan haben, die ich nicht ertragen kann, denn nicht Michael hat Glück, uns zu haben, sondern wir haben Glück, Michael zu haben. Das ist vor allem so, weil vor dem dramatischen Hintergrund des Golfkriegs, der zweifellos die menschliche Natur von ihrer schlimmsten Seite gezeigt hat, Michael uns die menschliche Natur von ihrer besten Seite zeigte. Natürlich hat er, wie jeder andere, auch seine Fehler, aber sein ungeheurer Mut, sein Humor und seine recht außergewöhnliche Liebenswürdigkeit sind für uns alle Inspiration gewesen. Wir sind bessere Menschen, weil wir ihn kennen.

An jenem glühendheißen Tag in Bukarest, als wir mit Michael von einer Welt in die andere fuhren, konnten wir das noch nicht wissen, auch wenn wir, rückblickend gesehen, merkwürdig zuversichtlich waren. Man hatte uns reichlich viele Horrorgeschichten erzählt. Waisenhauskinder galten als hoffnungslos aggressiv – das mußten sie sein, um zu überleben. Charlie würde gebissen, geboxt, gekniffen werden, würde nie mit etwas spielen, etwas essen dürfen, ohne darum kämpfen zu müssen. Da sie altersmäßig so dicht beieinander lagen, bestand gar keine Aussicht, daß ihre Beziehung funktionieren würde. Man erzählte uns, daß Waisenhauskinder sich in den ersten paar Tagen anklammern und dann jeden körperlichen Kontakt verweigern. Daß sie nicht richtig essen, sondern sich vollstopfen bis zum Erbrechen und dann wieder hungern, weil sie es so gewohnt sind; daß einige keine feste Nahrung zu sich nehmen und nur mit der Flasche gefüttert werden können, selbst mit vier oder fünf Jahren noch. Dann war da das Sprachproblem. Michael schien gar nicht zu sprechen: Er reagierte weder auf uns noch auf Oma, wenn sie rumänisch liebevoll auf ihn einredete. Es hätte ja sein können, daß er ernste Probleme mit dem Gehör hatte, doch nichts davon machte uns Sorgen, wir verschwendeten nicht einen Gedanken daran. Aus irgendeinem idiotischen Grund hatten wir vollkommenes Vertrauen − in uns selbst, aber vor allem in Michael. An diesem Tag schien ihn nichts zu stören. Die geschäftige Hotelhalle, der Fahrstuhl mit seinen merkwürdigen Geräuschen und schließlich der lange, dunkle Korridor zu unseren Zimmern, all das schien spurlos an ihm vorüberzugehen. Als er erst einmal in unserem Zimmer war, ging er mit tapsigen Schritten hinter Charlie her, untersuchte alles, sah sich um, nahm dankbar die Spielsachen an, die Charlie ihm brachte. Wir hatten uns von Christie in der Hotelhalle verabschiedet, und es war ein gutes Gefühl, daß wir fünf zum erstenmal allein waren.

Michael, das muß man sagen, roch entsetzlich. Der Waisenhausgeruch bleibt in den Sachen hängen, lange nachdem man es verlassen hat. Wir wollten nichts überhasten bei ihm, aber er brauchte dringend ein Bad. Wir spielten über eine Stunde zusammen, die Jungen liefen zwischen unserem und Lockets Zimmer hin und her. Michael bekam immer mehr Zutrauen ins Laufen, da das Hinfallen auf dem weichen Hotelteppich nicht wehtat. Er fiel oft, weinte aber nie, sagte nur ein kleines »Oh!«, bevor er wieder aufstand und seinen Weg fortsetzte. Es dauerte sechs Wochen, bis er einmal weinte und getröstet werden wollte, als er sich wehgetan hatte. Im Waisenhaus hatte es keinen Sinn zu weinen. Das war Energieverschwendung, wenn da niemand war, der einen aufhob und sich um einen kümmerte.

Schließlich nahmen wir allen Mut zusammen, als wir einsahen, daß wir ihn baden mußten, sonst würde Oma schon mit dem Mittagessen kommen, und danach war Zeit für seinen Mittagsschlaf. Wir legten Charlie zu seinem Vormittagsnickerchen in sein Bettchen, und um ihn nicht zu stören, beschlossen wir, Michael in Lockets Zimmer zu baden. Wir ließen Wasser ein, nicht zu tief, und taten Schaum dazu. Als ich vorsichtig anfing, ihm die Sachen auszuziehen, gab es plötzlich eine riesige Explosion, gefolgt von einem Strom von fürchterlichem Durchfall, der sich einfach überall zu verbreiten schien. Oma hatte uns erst am Tag zuvor erzählt, daß Michael sich von seinem Durchfall erholt hatte, aber offensichtlich war das nicht der Fall. Zumindest fühlten wir uns weniger gemein wegen des Bades, jetzt war es wirklich nötig.

Er schrie vor Entsetzen, als ich ihn von oben bis unten wusch, einschließlich seiner Haare, und ich fühlte mich schrecklich, als ob ich sein Vertrauen bereits mißbrauchte. Ich konnte nichts mit seinem verfilzten Haar am Hinterkopf machen, das an den schrecklichen Wunden festklebte. Es dauerte Wochen, bis vorsichtiges Saubermachen und die Behandlung der Wunden das Problem lösten. Am Ende des Bades jedoch war er sauber, roch frisch, und er war wunderbarerweise offenbar bereit, mir vollkommen zu verzeihen. Als ich ihn in der Nähe des Hotelfensters abtrocknete, sah ich, daß nicht nur die Haut in seinem Gesicht kalkweiß und merkwürdig war, die Haut an seinem gesamten Körper war seltsam. Sie hatte eine Art von totem, grauem Aussehen, nicht richtig schmutzig, obwohl ich annehme, daß es daher kam, daß er nie richtig gewaschen worden war. Da war nicht diese glänzende, wunderbare Elastizität, an die man im allgemeinen bei Babyhaut denkt. Es hätte die Haut eines sehr alten Mannes sein können, und in der Tat war sie stellenweise ein bißchen schrumpelig, wo er, wie man fühlen konnte, sie nicht richtig ausfüllte. Mir fielen wieder seine zarten Hände auf, seine Füße waren genauso. Bemerkenswerterweise wirkten die Nägel an Fingern und Zehen so gepflegt, als ob er direkt von der Maniküre kam. Damals verstand ich das nicht. Das Personal im Waisenhaus war zu sehr damit beschäftigt, die Kinder ordentlich zu füttern und anzuziehen. Wie, um alles in der Welt, sollte es mit hundertfünfzig Sätzen von Nägeln fertigwerden, vor allem mit denen von sich wehrenden Kleinkindern? Die nächsten paar Monate lieferten die Antwort. Haare und Nägel von schwer unterernährten Kindern wachsen einfach nicht. Michael war schon fünf Monate zu Hause, als ich ihm zum erstenmal die Nägel schneiden mußte.

Wir zogen ihm saubere Sachen an, einschließlich wasserdichter Unterhosen gegen zukünftige Unfälle, und trockneten sein Haar in der Sonne auf dem Balkon von Lockets Zimmer. Als wir fertig waren, kamen Oma und Christie mit einer riesigen Mahlzeit für die Kinder: ein ganzes Hähnchen, Reis, Brot, Suppe, Nudeln, Reispudding und Trauben. Charlie wollte nichts essen. Er wachte ganz vergnügt auf, aber außer Saft rührte er nichts an. Auch Michael hatte keinen großen Hunger, doch Oma führte buchstäblich eine Zwangsernährung durch, stopfte das Essen in ihn hinein, schimpfte mit ihm, wenn er einen Mundvoll verweigerte. Ich bemerkte plötzlich, daß sich meine Gefühle für Michael und unsere Beziehung an einem einzigen Morgen verändert hatten. Ich war Oma ungeheuer dankbar für das, was sie getan hatte, aber ich wollte, daß sie mein Kind in Ruhe ließ. Ich mochte es überhaupt nicht, wie sie ihn anschnauzte, damit er aß, und ich war entsetzt, wie grob sie mit ihm umging. Im Waisenhaus hatte ihr Verhalten durchaus akzeptabel gewirkt, weil, wie ich annehme, das, was sie ihm anzubieten hatte, soviel besser war als das, was er sonst bekommen hätte. Doch hier und jetzt in unserer Welt wirkte ihre Art, ihn zu behandeln, brutal. Nach einem Blick auf Alan wußte ich, daß er es genauso empfand, und Locket hatte sich in die hinterste Ecke des Zimmers zurückgezogen, als ob sie es nicht ertragen konnte, zuzusehen. Wir hatten für den Rest von uns Mittagessen beim Zimmerservice bestellt. Oma trank ein wenig Wein, Christie nahm ein Bier und einen Hamburger und Chips. Als er seine Portion gegessen hatte, aß er auch alle anderen, denn keiner von uns hatte Hunger. Es war eine große Erleichterung, als sie gingen, auch wenn wir ein sehr schlechtes Gewissen hatten, weil sie so freundlich gewesen waren.

Aus irgendeinem Grund war ich unglaublich müde, und Alan schlug vor, daß ich bei Michael blieb, während er seinen Mittagsschlaf hielt. Er, Locket und Charlie würden zur Britischen Botschaft gehen, um Michaels Paß abstempeln zu lassen. Ich protestierte pro forma, stimmte dann aber zu. Ich wollte unbedingt einige Zeit allein mit ihn verbringen. Als sie gegangen waren, gab ich ihm etwas zu trinken und legte ihn in sein Bett. Ich hielt seine Hand und sang ihm etwas vor, und trotz meiner schrecklichen

Stimme war er innerhalb von Sekunden eingeschlafen. Ich fragte mich, ob es immer so einfach sein würde. Lange Zeit stand ich da und beobachtete ihn im Schlaf – dieses Kind, meinen Sohn. In Ruhestellung sah er sehr alt aus, weit über seine Jahre hinaus, aber er hatte ja auch mehr von der rauhen Seite des Lebens gesehen als die meisten von uns in ihrem gesamten Leben. Sein Magen knurrte schmerzhaft. Unten auf der Straße war eine Demonstration mit viel Geschimpfe und Geschrei im Gange, aber nichts störte ihn. Ich streichelte seinen Kopf. Sofort zuckte er zusammen und bewegte sich. Während ihm Krach nichts Unbekanntes war, war er es nicht gewöhnt, berührt zu werden. Mit Bedauern ließ ich ihn allein und legte mich aufs Bett. Innerhalb von Sekunden war ich eingeschlafen.

Alan, Locket und Charlie kehrten gutgelaunt aus der Botschaft zurück. Der Paß war abgestempelt. Wir konnten Rumänien mit Michael verlassen. Charlie hatte im Empfang der Botschaft viel Spaß gehabt. Einer der Pflanzen fehlten nun ein paar Blätter, aber sonst war alles glatt verlaufen.

Als Michael aufwachte, gingen Locket und ich mit den Jungen zum Swimmingpool im obersten Stockwerk des Hotels, während Alan nach unten zum Lufthansabüro ging, um zu sehen, ob eine Chance bestand, einen früheren Heimflug zu bekommen. Jetzt, wo uns nichts mehr davon abhalten konnte, Rumänien zu verlassen, wollten wir auch unbedingt weg. Es klingt dumm, denn hier waren wir, wohnten im Inter-Continental Hotel, das, wenn auch etwas seltsam im Vergleich zu den meisten internationalen Hotels, sehr komfortabel war. Wir hatten alle Kinder bei uns, Michaels Paß und einen für Sonntag gebuchten Flug. Ich kann nicht erklären, warum wir unbedingt nach Hause wollten, es war irgendwie instinktiv. Als Alan vorschlug, eine andere Fluggesellschaft zu suchen, diskutierte natürlich keiner mit ihm.

Michael saß zufrieden mit Locket am Beckenrand, während Charlie und ich uns umzogen und schwimmen gingen. Es war eher ein Planschbecken und sehr kalt, und Charlie wollte nicht lange im Wasser bleiben. Michael sah zu, fasziniert und ungläubig. Wie konnte es jemand genießen, im Wasser zu sein? Ich trank Tee, die Kinder bekamen Saft, und Alan erschien mit einem Kopfschütteln − Lufthansa konnte uns nicht helfen und die Österreicher auch nicht. Unsere einzige Chance war, bis zum nächsten Tag zu warten und zu sehen, ob Tarom uns noch auf die Samstag-Maschine setzen konnte.

Michaels anhaltender Durchfall brachte uns ziemlich schnell ins Hotelzimmer zurück, wo wir für die Kinder Spaghetti bestellten. Michael aß recht gut, doch Charlie immer noch nichts, keinen Keks, kein Müsli, kein Obst, keinen Zwieback. Er war bei guter Laune, wenn auch ein bißchen schläfrig, blaß und merkwürdig gelb. Ich versuchte, mir keine Sorgen zu machen, aber als ich ihm die Windel vor dem abendlichen Bad abnahm, hatte er auch Durchfall.

Der »rumänische Dünnpfiff«, wie ihn die meisten Eltern kennen, die Adoptivkinder aus rumänischen Waisenhäusern haben, gleicht keinem anderen Durchfall in der Welt − in Umfang, Flüssigkeit und Geruch ist er eine Klasse für sich. Es tut mir leid, daß ich hier in so genaue Einzelheiten gehe, aber alle Eltern von kleinen Kindern können sich vorstellen, daß es nicht gerade ideal ist, mit zwei Kindern mit chronischem Durchfall in einem Hotel zu sein, wenn der Vorrat an Windeln und Kleidung begrenzt ist. Zum Glück hatten wir eine Flasche mit einem Desinfektionsmittel dabei. Ich schnitt meine Fingernägel ganz kurz, und wusch mir immer, wenn ich einen von den beiden saubergemacht hatte, ausführlich die Hände in dem verzweifelten Versuch, nicht auch noch die anderen Familienmitglieder anzustecken. Wenigstens damit hatte ich Erfolg.

Trotz der Probleme mit dem Durchfall war der erste gemeinsame Abend ein sehr glücklicher. Charlie genoß ein ausführliches Bad in tiefem Wasser, was Michael mit Interesse beobachtete, dann tauchten wir ihn schnell zum Waschen hinein und zogen beiden Pyjamas an. Wir lasen ihnen Geschichten vor, dann gab ich Charlie seine Flasche, das einzige, was er noch nahm, und legte ihn ins Bett. Wir zogen uns mit Michael in Lockets Zimmer zurück. Allein, umgeben von drei liebevollen Erwachsenen, blühte er auf, und zum erstenmal erkannten wir, was für eine Persönlichkeit er werden sollte. Er war in großartiger Form, rannte im Zimmer herum, ungeachtet der Stürze, die er immer noch machte, lachte, flirtete mit uns, kuschelte sich an uns. Er hatte einen Gang wie ein Pinguin, und tatsächlich sah er einem Pinguin nicht unähnlich mit seinen dünnen, kleinen Beinchen und seinem vergleichsweise großen Körper. Er liebte es, wenn wir ihn kitzelten, und mochte jede Art von körperlichem Kontakt. Als unser Abendessen vom Zimmerservice kam, schloß er sich uns mit Begeisterung an. Wir legten ihn nur widerstrebend schlafen, er leistete uns so schön Gesellschaft, aber schließlich brachte Locket ihn in sein Bett, schaukelte ihn, sang ihm ein paar Minuten etwas vor, und bald war er eingeschlafen.

Beide Jungen schliefen die Nacht durch, waren aber sehr unruhig, vor allem wegen ihrer rumpelnden Bäuche und Michaels Rastlosigkeit. Ohne nachzudenken hatten wir ihn mit einer Decke zugedeckt, denn durch die Klimaanlage war das Zimmer ziemlich kühl. Natürlich gab es im Waisenhaus kein Bettzeug, und daher war er es nicht gewohnt, zugedeckt zu sein. Die ganze Nacht kämpfte er mit der Decke, bis Alan sie ihm in den frühen Morgenstunden wegnahm. Charlie und Michael wachten um sechs Uhr auf, immer noch müde, die Windeln in schrecklichem Zustand und die Pos sehr wund. Michael hatte auch ein ganz verklebtes Auge, das ich eine Zeitlang baden mußte, bevor er es öffnen konnte, und die wunden Stellen auf seinem Rücken waren, verstärkt durch den Durchfall, knallrot. Dennoch machte er den Eindruck, als ob alles in Ordnung wäre. Er lächelte und lachte während des gesamten Säuberungsprozesses, verschlang ein Frühstück mit Rührei und Brot und schien keinerlei Beschwerden zu haben.

Die Frage der Ernährung machte uns große Sorgen. Die traditionelle Behandlung bei Durchfall ist natürlich der Nahrungsentzug, aber unter diesen Umständen konnten wir Michael auf keinen Fall, auf gar keinen Fall Essen vorenthalten. Selbst wenn es zu seinem besten war, der Gedanke, ein Kind, das gerade aus einem Waisenhaus gekommen war, hungern zu lassen, war einfach undenkbar, vor allem weil sein Appetit nicht beeinträchtigt zu sein schien.

An diesem Morgen machten Locket, Michael und Alan einen Rundgang bei den Fluggesellschaften, um zu sehen, ob auf einer früheren Maschine Platz war. Charlie und ich machten einen Spaziergang in Bukarest. Daß Charlie nichts aß, zeigte seine Wirkungen. Er war müde und lethargisch, ganz zufrieden, in seiner Karre zu sitzen und geschoben zu werden, was normalerweise nicht seine Vorstellung von Spaß war. In einer der Straßen, durch die wir gingen, trafen wir auf eine Demonstration, die mir angst machte – alle Leute waren so zornig –, Gewalt lag in der Luft, und wir kehrten eilig ins Hotel zurück. In der Halle trafen wir auf den Rest der Familie, die wieder kein Glück bei den Fluggesellschaften gehabt hatte. Auf dem Weg nach oben zu unseren Zimmern teilten wir den Fahrstuhl mit einigen deutschen Geschäftsleuten, und zum erstenmal wurde uns die Frage gestellt: »Sind das Brüder?«

»Ja«, sagte Alan, »der hier ist ein Jahr alt«, und er zeigte auf Charlie, »und der hier ist zwei«, auf Michael zeigend. Verständlicherweise guckten die Deutschen irritiert, denn Michael war halb so groß wie Charlie. »Das hab’ ich falsch gemacht, nicht?« sagte Alan, als wir den Fahrstuhl verließen, »ich hätte einfach sagen sollen, daß einer ein Jahr alt und einer zwei ist, ohne darauf hinzuweisen, wer wie alt ist. Naja, wir werden es lernen.«

Der Rest des Tages verlief weitgehend nach demselben Muster wie der vorherige, mit Schlaf für die Kinder, Oma und Christie zum Mittag und einem Spätnachmittag am Pool. Es war schwere Arbeit, denn keins der Kinder fühlte sich wohl. Wir waren alle erschöpft, und Charlie, der junge Mann, der mit so viel Begeisterung im Freien war, wurde bei dem Mangel an frischer Luft, den das Hotelleben mit sich brachte, ganz schlapp, von dem Mangel an Essen gar nicht zu reden.

Beim Essen mit Christie und Oma fragte ich sie, ob es in Bukarest einen Park gab. Es stellte sich heraus, daß es tatsächlich einen gab, und wir verabredeten mit Christie,

271

daß wir am Samstagmorgen sehr früh, solange es noch kühl war, hinfahren würden, damit die Kinder wenigstens ein bißchen frische Luft bekamen. Omas Umgang mit Michael machte uns beträchtlichen Kummer. Es war unmöglich einzugreifen, aber sie zwang Essen in ihn hinein, das er wirklich nicht wollte. Daß wir den nächsten Vormittag im Park verbrachten, lieferte uns einen Vorwand, das Mittagessen ausfallen zu lassen, und wir kamen überein, zum Tee und zum Abschiednehmen in ihre Wohnung zu kommen.

Nachdem wir am Nachmittag kurze Zeit am Swimmingpool verbracht hatten, kehrten wir auf die Zimmer zurück, und Locket und Charlie fielen in Tiefschlaf. Alan, Michael und ich hinterließen eine Nachricht und gingen in eine der zahlreichen Hotelbars, um zwei Gin-Tonic zu trinken, die wir sehr nötig hatten. Es war das erstemal, daß Alan und ich mit Michael allein waren, und es war merkwürdig, mit einem kleinen Sohn, der nicht Charlie war, in einer Bar zu sitzen. Merkwürdig, aber nicht unangenehm; tatsächlich war es sogar sehr angenehm. Er saß zwischen uns auf dem Sofa, spielte mit einem Spielzeug, war glücklich in unserer Gesellschaft und wir in seiner. Es war keine bedeutungsvolle Gelegenheit, nichts Dramatisches passierte, aber ich vermute, daß es eine bindende Erfahrung war. Wir saßen nicht viel länger als eine halbe Stunde da, aber Alan und ich hatten das Gefühl, daß wir etwas erreicht hatten.

Am Abend beschlossen wir, Michael und Charlie zum Schlafen zu trennen, weil sie sich in der Nacht zuvor so sehr gestört hatten. Wir legten sie in unserem Zimmer ins Bett, so daß Locket, Alan und ich ein friedliches Abendessen genießen konnten, und dann trugen wir Charlies

Bett in Lockets Zimmer. Locket, Charlie und ich verbrachten die Nacht dort, so daß Charlie mich vorfinden würde, wenn er morgens aufwachte, und Alan schlief bei Michael. Das funktionierte viel besser, und Samstagmorgen fühlten wir uns alle viel ausgeruhter.

Gegen neun Uhr waren wir im Park, und wir waren überrascht von dem, was wir vorfanden. Er war riesig, fünf-, sechs-, vielleicht siebenmal so groß wie der Hyde Park, mit einem großen See, mit Tennisplätzen, Kinderspielplätzen und einer Fülle von Bäumen, Sträuchern und Blumen, alles sehr gepflegt. Auf den ersten Blick klingt das idyllisch, doch wie der Rest von Bukarest schaffte es der Park, ein trauriger, verkommener Ort zu sein. Der ganze Park litt natürlich unter Wassermangel. Er sah trocken, verdorrt und staubig aus, was nicht überraschte, wenn man das Klima bedachte, aber in Verbindung mit dem Rost und der abblätternden Farbe an Sitzen, Bänken und Schaukeln vermittelte er ein Gefühl von Verfall. Er war auch vollkommen verlassen. Warum kommen die Leute aus Bukarest nicht hierher?

Christie schien das nicht erklären zu können, aber er versicherte, daß der Park für jedermann zugänglich war. Auch die Tennisplätze waren frei. Auf manchen gab es keine Netze, oder die Netze waren kaputt, doch andere standen offenbar zur Verfügung, wurden aber nicht genutzt. Der See war schön, bis wir genauer hinsahen und entdeckten, daß er wenig mehr als ein Abwasserloch war. Als eine leichte Brise in unsere Richtung blies, konnten wir das riechen. Um den See herum gab es eine Reihe von Gartenrestaurants. Sie waren einmal schöne, chaletähnliche Gebäude gewesen, doch jetzt sahen sie eher wie baufällige Gartenschuppen aus. Wir machten in keinem von ihnen eine Pause, um etwas zu trinken, denn wir hatten Angst, vergiftet zu werden, aber es schien sowieso niemand da zu sein. Wir hatten die Karre mitgenommen – Charlie lief, und wir schoben Michael. Wir probierten einige der Schaukeln aus und machten im Schatten Pause, um dem Jungen Kekse und etwas zu trinken zu geben. Wir konnten uns in diesem merkwürdigen, unheimlichen Park nicht normal fühlen, aber es ging uns allen an der frischen Luft besser, und wir kehrten nur ungern ins Hotel zurück, als es Zeit für Charlies Ruhepause war.

Zum Mittagessen kamen wir an diesem Tag ganz gut mit dem Zimmerservice des Hotels zurecht, wobei Michael bei Hähnchen und Kartoffeln kräftig hinlangte, während Charlie wie üblich nichts aß. Nach Michaels Mittagsschlaf holte Christie uns zu einem letzten Besuch bei Oma ab. Es ist nicht überraschend, daß dies eine sehr gefühlsbetonte Angelegenheit war. Meine Verärgerung der letzten Tage über ihren Umgang mit Michael schwand. Alles, was jetzt zählte, war, daß ihre Familie dafür verantwortlich gewesen war, Michael am Leben zu erhalten, und wir waren zutiefst dankbar.

Am Nachmittag, als Michael geschlafen hatte, ordnete ich unsere Sachen für den Rückflug am folgenden Tag. Einen großen Teil der Kinderkleidung mußte ich wegwerfen, sie war hoffnungslos verschmutzt von dem ständigen Durchfall, und ohne richtige Waschmöglichkeiten konnte ich nicht viel machen. Ich hatte gerade noch ausreichend Kleidung, wasserdichte Unterhöschen und Windeln für den Heimflug, dazu Saft, Milch und Knabbereien. Alles andere, ob es nun Babycreme, Watte, Schaumbad oder Seife war, hatte ich in eine Tragetasche für Oma und ihren Mann getan. Wir hatten auch noch ein paar Zigaretten, ein bißchen Cognac und zwei Korsetts für Oma, die mitzubringen sie mich gebeten hatte. Sie waren offensichtlich beide sehr erfreut über ihre Geschenke.

Omas Mann, den wir Opa getauft hatten, öffnete eine große Flasche Pflaumenschnaps, als wir kamen. Er hatte ihn selbst gebrannt, erklärte er uns stolz. Er war köstlich, schmeckte und roch aber unglaublich stark. »Kann der uns schaden?« fragte Alan Christie im Flüsterton.

Der zog eine Grimasse. »Zwei, vielleicht drei Gläser, und Sie sind okay. Fünf Gläser, und Sie sind tot.« Keiner von uns konnte ganz sicher sein, daß er sich einen Scherz erlaubte.

Wir tranken auf Michael, dann auf Adrian, Marianna und Irena. Oma brach in Tränen aus. »Sie sind bald wieder zu Hause, nicht?« fragte ich Christie.

Er schüttelte den Kopf. »Ich glaube nicht, daß sie jemals zurückkommen. Oma hat gestern abend mit Marianna telefoniert. Karen und Alan haben ihnen eine Dauerunterkunft angeboten und wollen ihnen helfen, amerikanische Staatsbürger zu werden. Oma ist traurig, Adrian und Marianna zu verlieren, aber Irena ist ihrem Herzen am nächsten. Ihr fehlt das kleine Mädchen so sehr.« Ich setzte mich neben Oma und umarmte sie. Sie wischte sich die Augen und fing an, schnell zu sprechen. »Oma sagt, daß es ein zu großer Kummer ist, Irena und Michael gleichzeitig zu verlieren, aber sie verspricht, daß sie nicht weinen wird, wenn wir uns heute von Michael verabschieden.«

Ich ließ Oma in der Küche, damit sie Michael allein füttern konnte, weil ich das Gefühl hatte, das würde ihr gefallen. Charlie jedenfalls aß immer noch nichts. Ich ging mit ihm auf den Balkon. Er war begeistert von den alten Straßenbahnen, die durch die Straßen von Bukarest rumpeln. Für ihn waren der Lärm und die Geschäftigkeit der Stadt nach der Stille von Hampton Gay faszinierend. Wir tranken Kaffee, machten Fotos, und fragten Oma und Opa, ob sie die offiziellen rumänischen Großeltern von Michael sein wollten. Sie weinten beide und stimmten natürlich zu.

Bald war Schlafenszeit für die Kinder und Zeit zu gehen. Was sagt man zu einer Frau, die vermutlich entscheidend für Leben oder Tod des Sohnes gewesen war? Was sagt man zu einer Frau, die ihn unter schwierigsten Umständen so gut wie jede Mutter versorgt hatte? Wir wußten alle, daß es möglich, sogar wahrscheinlich war, daß wir uns nie wiedersehen würden. Oma und Opa sind nicht mehr die jüngsten, und Rumänen werden nicht alt – ihr Leben ist zu schwer.

Wir umarmten und küßten Opa und ließen ihn oben in der Wohnung, wo er sich die Tränen wegwischte. Wir nahmen zum letztenmal den altersschwachen Fahrstuhl nach unten zu Christies Auto. Ich gab Oma Michael, und trotz ihres Versprechens weinte sie, wischte aber die Tränen entschlossen aus dem Gesicht. Wir versprachen, ihnen regelmäßig Pakete mit Lebensmitteln und Kleidung zu schicken. Was sie sich jedoch am meisten wünschten, waren regelmäßig Fotos von Michael.

Wir stiegen ins Auto, und Locket und ich saßen mit den Jungen hinten. Als wir wegfuhren, löste sich Michael plötzlich von meinem Schoß, stand auf und winkte durch das Rückfenster Oma zu, bis sie nicht mehr zu sehen war. Dann saß er ganz still auf meinem Schoß, während lautlose Tränen über sein Gesicht liefen. Es war einer der anrührendsten Anblicke, die ich je gesehen habe. Seine

Tränen waren nicht die Tränen eines Kindes, sondern die eines Erwachsenen. Es bestand kein Zweifel, er wußte, daß er sich für immer von ihr verabschiedet hatte, und das ließ mich plötzlich erkennen, wie leicht man sein Verständnis unterschätzen konnte. Er war ein Zweijähriger mit dem Körper eines Babys, und wir mußten uns in Zukunft sehr viel Mühe geben, daran zu denken. Er hatte die Situation weit besser begriffen, als wir ihm zugetraut hatten. Vielleicht hätten wir ihn auf irgendeine Weise auf die Trennung vorbereiten oder den gefühlsbeladenen Abschied ganz vermeiden müssen. Es hatte in Michaels kurzem Leben zu viele traurige Abschiede gegeben. Wir hätten mehr Rücksicht auf seine Gefühle nehmen müssen.

Einen großen Teil des Abends blieb er still, und erst als wir Charlie ins Bett gebracht hatten, wurde er wieder lebhaft. An dem Abend drehte er eine wirklich fröhliche, lautstarke Runde nach der anderen im Zimmer, lachte, hatte viel Spaß. Er war schon so anders als der kleine Waisenjunge, der bei jedem still auf dem Schoß saß und vollkommen passiv war. Dieses Kind war ein freches Kerlchen, zu allem Unsinn bereit und offensichtlich voller Energie. An diesem Abend hatten wir das Gefühl, bereits beträchtliche Fortschritte gemacht zu haben, und morgen, morgen würden wir nach Hause fliegen.

Natürlich fuhr Christie uns am nächsten Morgen zum Flughafen. Der Durchfall bei beiden Jungen war schlimmer als je, und Charlie war mit verklebten Augen aufgewacht. Michaels Augeninfektion war abgeklungen, nachdem ich die Augen gebadet hatte, doch Charlies Augen tränten weiter und waren wund und gereizt. Er wollte nicht einmal seine morgendliche Flasche mit Milch haben und wirkte sehr müde und kratzbürstig. Wie sehnte ich mich danach, zu Hause zu sein. Der Gedanke an die unvermeidlichen Verspätungen bei den Tarom-Flügen, der Flug mit zwei kleinen Jungen, die beide nicht gesund waren, der vierstündige Flug selbst und dann weitere Verzögerungen in Heathrow bei der Einwanderung erfüllten mich mit Schrecken. Dennoch, es war die letzte Wegstrecke, und wir drei halfen uns untereinander sehr. Ich hätte wissen müssen, daß der Abflug aus Rumänien unmöglich glattgehen konnte.

Obwohl wir früh am Flughafen waren, stand am Schalter für den Flug nach Heathrow schon eine lange Schlange. »Gehen Sie zum Manager, Christie«, sagte Alan, »erklären Sie ihm, daß wir zwei Kleinkinder dabeihaben – eins direkt aus dem Waisenhaus –, und fragen Sie, ob wir vor der Schlange einchecken können.« Er gab Christie ein paar Lei und Zigaretten. Locket und ich grinsten uns an. In den letzten Wochen war Alan ziemlich rumänisch geworden. Er wäre früher nie auf die Idee gekommen, eine Schlange zu überspringen, da er in jedem Sinne des Wortes ein wahrer Engländer war. Nun war das für ihn eine vollkommen normale Verhaltensweise. Christie war ganz schnell zurück, winkte uns heran, und zu unserer Erleichterung wurden wir durch einen Seiteneingang neben dem Schalter zum Einchecken geführt, wo wir warteten, während Alan die Tickets vorlegte.

Sekunden später blickte das Mädchen von unseren Tickets auf. »Sie sind nicht auf der Passagierliste«, sagte sie. »Sie müssen hierbleiben, bis ich alle anderen eingecheckt habe, damit ich sehen kann, ob wir freie Plätze für Sie haben.«

278

»Was soll das bedeuten?« explodierte Alan. »Was zählt schon die Passagierliste. Wir haben gültige Tickets für heute, sehen Sie!«

Sie zuckte mit den Achseln. »Sie müssen warten, ich kann Ihnen nicht helfen.«

»Aber wir bekommen Plätze auf der Maschine?« fragte Alan verzweifelt.

»Ich weiß nicht, vielleicht.«

Wir konnten es nicht glauben! Drei lange Tage hatten wir in Bukarest herumgehangen und auf diese Maschine gewartet, nur um festzustellen, daß wir nicht auf der Liste standen. Wir sahen Christie hilflos an. »Was machen wir jetzt?«

»Ich kann zum Manager gehen«, sagte er. »Wieviel Geld haben Sie?« Wir zählten nach: etwa eintausend Lei und fast einhundert Dollar. Zusammen mit unseren restlichen Zigaretten gaben wir, bis auf etwas Kleingeld für Kaffee, alles Christie.

Wie das Schicksal so spielte, hatte der Manager, der uns erlaubt hatte, die Schlange zu überspringen, Dienstschluß, und jetzt war an seiner Stelle eine Frau, die nicht das geringste Mitgefühl zeigte. Sie konnte gar nichts tun, versicherte sie Christie, wir würden warten müssen. Christie bat inständig. Alan ging noch mal mit ihm hin und bat sie auch inständig. Sie winkten mit dem Geld, den Zigaretten. Sie wollte nichts davon wissen, wir sollten warten. »Wie lange?« fragten wir.

»Eine Stunde, vielleicht auch zwei.«

»Und wenn wir nicht auf die Maschine kommen?« fragte Alan.

»Dann müssen Sie bis Mittwoch warten«, lautete die Antwort.

Wir konnten nicht bis Mittwoch warten. Ich hatte alles weggegeben, alle unsere Lebensmittel, unsere gesamte Kleidung, selbst unsere Zahnpasta. Der Durchfall der Jungen war so schlimm, daß sie schnellstens zum Arzt mußten, und Charlie hatte inzwischen seit einer Woche nichts mehr gegessen. Ich hatte an dem Morgen auch das Gefühl, daß er wieder ein Fieber ausbrütete. Unsere Hotelzimmer würden weg sein, und das Inter-Continental war sehr voll.

»Paß auf«, sagte Alan, als er mein Gesicht sah, »keine Panik. Wenn wir nicht auf diese Maschine kommen, werden wir trotzdem heute aus Bukarest abfliegen, irgendwohin – nach Paris, Amsterdam, New York, wohin auch immer wir einen Flug kriegen können, wie teuer es auch werden mag, solange es ein zivilisierter Ort ist. Wie wir das bezahlen, werden wir später überlegen.«

»Wenn wir doch nur irgendwo wären, wo man Babynahrung und Windeln kaufen könnte, wo man zu einem Arzt gehen könnte ...« fing ich an.

»Ich weiß, ich weiß«, sagte Alan. »Ich sehe mich mal am Flughafen um, welche Flüge heute noch aus Bukarest hinausgehen.«

Als er weg war, setzte Locket Charlie in die Karre und deckte ihn zu. Sie schob ihn vor und zurück, und bald war er eingeschlafen. Mit nur einem unruhigen Kind wurde man viel leichter fertig.

»Wollten nicht Carol Sarler und ihre Freunde mit dieser Maschine zurückfliegen?« sagte Locket.

»Sie dachten, das könnte sein«, meinte ich.

»Warum halten wir nicht Ausschau nach ihnen?« sagte Locket. »Vielleicht überlassen sie uns ihre Plätze.«

»Darum können wir sie nicht bitten«, sagte ich, »aber

vielleicht könnten sie ein paar Nachrichten mit nach Hause nehmen.« Fran wollte uns abholen, und ich wußte, sie würde sich bei den gegebenen Umständen zu Tode ängstigen, wenn wir nicht auf der Maschine waren, und sich ausmalen, daß mit Michael etwas schiefgegangen war.

Alan kehrte zurück. »Es gibt einen Flug nach Paris, etwa zwei Stunden nach unserem. Im Augenblick sind keine Plätze frei, aber wir könnten uns auf die Warteliste setzen lassen. Später am Nachmittag gibt es auch einen Flug nach Wien, damit könnten wir es probieren.« Er versuchte zu lächeln, aber nicht sonderlich erfolgreich. »Du rätst nie, wer auf der Maschine ist.« Ich schüttelte den Kopf. »Brian Cavill. Miranda ist auch da. Sie stehen in der Schlange, ich hab' grade mit ihnen gesprochen.«

»Ob sie uns wohl in einem Anfall von schlechtem Gewissen, weil sie uns so im Stich gelassen hat, ihren Platz anbietet?« meinte ich.

»Das glaub' ich nicht«, sagte Alan.

»Kommt sie sich Michael ansehen?«

»Sie weiß, daß er hier ist, aber sie hat nichts davon gesagt. Willst du mit ihm zu ihr gehen?«

Ich schüttelte den Kopf. »Ich glaube, in meinem gegenwärtigen Seelenzustand könnte ich etwas sagen, was mir später leid tun würde.«

»Da ist sie!« rief Locket plötzlich aus. In dem Meer von Köpfen sahen wir plötzlich Carol Sarler. »Ich geh' hin und erzähl' ihr, was passiert ist«, sagte Locket.

Carol kam mit Locket zurück. Sie nahm Michael in den Arm. »Was kann ich tun, um Ihnen zu helfen?« fragte sie. »Ich würde Ihnen meinen Platz überlassen, aber ich muß heute nach London zurück.«

»Zwei Dinge, glaube ich«, sagte Alan. »Wenn nur noch

ein oder zwei Plätze frei sind, dann möchte ich Debbie und die Jungen nach Hause schicken, und Locket und ich werden dann schon irgendwie zurückkommen. Wenn das passiert, könnten Sie ihr dann ein bißchen bei den Jungen helfen?«

»Natürlich«, antwortete Carol, »natürlich werden wir helfen.« Ihre Freundlichkeit brachte mich an den Rand der Tränen. »Werden Sie am Flughafen abgeholt?«

»Ja«, sagte Alan, »das ist die zweite Sache. Wenn wir nicht auf diese Maschine kommen, versuchen wir es mit dem Paris-Flug, und wenn das nicht klappt, mit dem Wien-Flug. Wenn ich Ihnen die Flugnummern und die ungefähre Ankunftszeit aufschreibe, könnten Sie unsere Fahrerin Fran bitten, zu den entsprechenden Anschlußflügen in London zu kommen? Sagen Sie ihr, sie soll Kontakt zu British Airways an Terminal 2 aufnehmen, und wenn es möglich ist, schicken wir ihr dahin eine Nachricht und lassen sie wissen, wann wir ankommen.«

»Nichts leichter als das«, sagte Carol. »Ich stell' mich besser in die Schlange. Viel Glück!«

Als sie weg war, gingen Alan und Christie noch einmal zu der Managerin. Wir hatten über eine Stunde herumgestanden. Charlie war aufgewacht und sehr fiebrig und durstig. Michael dagegen war vollkommen ohne Beschwerden und offenbar ganz entspannt. Das geschäftige Treiben und der Lärm des Flughafens schienen ihn nicht zu beunruhigen, auch nicht die Atmosphäre, die sehr angespannt gewesen sein mußte. Solange er von Alan, Locket oder mir herumgetragen wurde und solange er einen Zwieback in der Hand hatte, war er glücklich.

»Es sieht nicht gut aus«, sagte Alan, »es dauert noch mindestens eine Stunde, bis alle eingecheckt sind. Warum gehst du nicht mit den Jungs nach oben ins Restaurant, da kannst du wenigstens einen Kaffee trinken und hast ein bißchen Tapetenwechsel, und vielleicht können wir sie überreden, etwas zu essen.«

Wir hatten das Hotel ziemlich früh verlassen, und keiner von beiden hatte Frühstück bekommen. Wir ließen Christie bei unserem Gepäck und gaben ihm die Tickets, dann bahnten wir uns den Weg durch die dichtgedrängte Menschenmenge und die Treppe hinauf ins Restaurant. Es war voll besetzt, aber man führte uns nach hinten in ein Restaurant im Freien. Wir setzten uns. Alan gab mir ein paar Lei und eilte zu Christie zurück. Wir warteten und warteten, niemand bediente uns. Ich stand auf und fragte einen Kellner. Er sagte, er würde uns jemanden schikken ... Nichts passierte. Ich fragte einen zweiten Kellner, er sagte, er würde gleich wiederkommen und unsere Bestellung aufnehmen ... Nichts passierte. Die Jungen waren sehr unruhig, Locket sah so erschöpft aus, wie ich mich fühlte. Endlich erschien ein Mann, der wie der Oberkellner aussah. Ich stand vom Tisch auf und ging zu ihm. »Wir sind sehr müde und hungrig, die Kinder brauchen etwas zum Frühstück, könnten Sie uns jetzt, bitte, bedienen?«

Er starrte mich an, als wäre ich verrückt. »Dieses Restaurant ist geschlossen«, sagte er, »Sie müssen nebenan essen.« Wir hatten eine halbe Stunde gewartet. Erschöpft standen Locket und ich auf und trugen die Jungen in das Restaurant nebenan. Es war immer noch voll, und die Leute standen Schlange, um einen Platz zu bekommen. Wir gaben auf. Wir griffen die Kinder und unser Gepäck und begannen, uns die Treppe hinunter und durch die Menschenmenge zu zwängen. Die Hitze war drückend, und plötzlich merkte ich, daß ich weinte. Es war lächerlich. Nach all den Wochen des Kampfes, um Michael aus dem Waisenhaus herauszuholen, hatten wir es jetzt geschafft. Nichts anderes zählte mehr, er war am Leben und gehörte zu uns. Es hatte ein Durcheinander bei unseren Tickets gegeben, das war alles, nicht das Ende der Welt, aber in diesem Augenblick sah es so aus, als würden wir nie nach Hause kommen, als würden die Kinder nie gesund werden. Als wir bei Alan ankamen, nahm er mir Michael ab und ließ mich auf einem Koffer sitzen. Die Schlange für den Flug war fast abgebaut. Carol kam durch. »Wir sehen uns in ein paar Minuten, wetten?« sagte sie.

Hinter uns sah ich plötzlich ein weiteres Paar mit einem Baby herumstehen. »Wer ist das?« flüsterte ich.

»Es sind Engländer mit ihrem Adoptivkind. Sie sind auch nicht auf der Maschine«, sagte Alan.

Ich ging hin und redete mit ihnen, und als wir anfingen, Horrorgeschichten auszutauschen, fühlte ich mich sofort besser. Sie waren sehr beunruhigt. Sie hatten die Einreisegenehmigung, sie hatten den Paß ihrer Tochter und die Adoptionspapiere, aber weil die Botschaft geschlossen war, hatten sie das Visum im Paß nicht abstempeln lassen können. Im stillen segnete ich Bob House. »Wir können keinen Augenblick länger in Bukarest bleiben, wir müssen 'raus. Ich vermute, daß das Risiko besteht, daß sie uns in Heathrow zurückschicken, aber alles ist besser, als hierzubleiben«, sagte die Frau. Sie war ein hübsches, blondes Mädchen von Mitte Zwanzig. Ich habe nicht nach dem Namen gefragt, aber auf einmal schien meine eigene Verzweiflung nicht mehr so schrecklich zu sein. Sie hatten nur ein Baby zu versorgen, das gut aussah, nur ein paar

Monate alt war und friedlich in ihren Armen lag. Ich hatte zwei Kleinkinder, beide krank — vielleicht war ich doch gar nicht so schwach.

Als die Schlange noch kleiner wurde, sahen wir, daß ein paar weitere Personen auf freie Plätze warteten, einige von ihnen hatten nicht einmal Tickets. Alan verließ uns und drängte sich nach vorn, so dicht wie möglich an den Eincheckschalter heran. Endlich drehte sich die Frau in seine Richtung, eine Menschenmenge schob sich nach vorn. Locket legte einen Arm um meine Schultern. »Er schafft das schon, da bin ich ganz sicher.«

Sie behielt recht. Wenige Augenblicke später tauchte Alan triumphierend mit den Bordkarten auf. »Wir sind drauf«, sagte er, »aber es war knapp. Sie haben Leuten mit Tickets keinen Vorrang eingeräumt, und es war einfach eine Frage der Ellenbogen, um an die Spitze der Schlange zu kommen.«

Wir waren unterwegs. Ich konnte es kaum glauben. Wir schnappten uns die Jungen und bahnten uns den Weg zur Paßkontrolle. Da bisher nichts reibungslos gelaufen war, glaubte, als wir uns in die Schlange stellten, keiner von uns, daß irgendeine Chance für uns bestand, ohne Diskussionen durchzukommen. Während wir warteten, wurde unser Flug aufgerufen. »Ich denke, wir können ihn immer noch verpassen«, sagte Alan verzweifelt.

Ein Mann mit dickem Schnauzbart nahm unsere Pässe. Ich erklärte, daß wir Michael adoptierten. Wir hielten die Adoptionsurkunde bereit. Er guckte uns gleichgültig an, zählte uns, zählte die Pässe und gab sie zurück. Wenn ich ihn über den Schalter hinweg hätte erreichen können, dann hätte ich ihn in beide Arme genommen. Wir waren durch, wir waren auf dem Weg nach Hause.

»An die Bar«, sagte Alan mit Nachdruck. Wir rannten fast die Treppe zur Bar hinauf, umklammerten Kinder, Taschen, die mit Sachen schwerbeladene Karre. Carol mußte uns gesehen haben, denn als wir oben an der Treppe ankamen, drückte sie uns kalte Dosen mit Bier in die Hand.

»Ich muß die Windeln wechseln«, sagte ich. Es waren unglaubliche viereinhalb Stunden gewesen, seit wir das Hotel verlassen hatten. Man konnte nirgends hin, es gab keinen Waschraum. »Wer keinen starken Magen hat, sollte lieber weggucken«, sagte ich, und dann befaßte ich mich auf dem Fußboden der Bar so diskret und so schnell wie möglich mit den beiden Durchfallwindeln.

Unser Flug wurde noch einmal aufgerufen, und aus Angst, ihn zu verpassen, trabten wir alle in den Abflugbereich. Es war glühend heiß. Michael war in Hochform, wurde von einem zum anderen gereicht, lächelte und war glücklich. Charlie war freundlich, aber still. Carol reiste mit drei Leuten zurück, die etwas mit dem Projekt des *Sunday Times Magazine* zu tun hatten. Sie nahmen unser Gepäck, so daß wir außer den Kindern nichts zu tragen hatten. »Sie sind alle so nett«, sagte ich.

»Ist schon gut«, sagte Carol. »Können wir sonst noch was tun?«

»Ja, reservieren Sie uns die besten Plätze im Flugzeug.«

»Überlassen Sie das mir«, sagte sie. »Wenn nötig, zieh' ich meine Sachen aus.« Ich glaube nicht, daß sie einen Scherz machte, und tatsächlich, ungefähr eine halbe Stunde später, als wir uns endlich die Stufen zum Flugzeug hinaufkämpften, hatte sie die besten Plätze reserviert, ganz vorn, mit Beinfreiheit und einem eigenen Tisch.

Bevor wir an Bord der Maschine gingen, mußten wir uns von Christie verabschieden. Wir gaben ihm alles, was wir noch hatten, als Dank für all seine Hilfe. Es war nicht viel, aber ich glaube, er hatte gar nichts erwartet. Adrian ist ein sehr geschäftstüchtiger Mann, Christie dagegen nicht, und auch wenn er uns manchmal geärgert hatte, war er doch ein echter Freund gewesen und hatte Michael und Charlie ehrlich gemocht. Er gab uns allen einen Kuß, und plötzlich, wie er da im Flughafen stand, wirkte er sehr klein und verloren. Während wir in die Zivilisation zurückkehrten, ließen wir ihn in der tristen Realität des Alltagslebens in Rumänien zurück. Durch uns, durch Telefongespräche mit seinem Cousin hatte er einen flüchtigen Blick auf eine andere Welt geworfen, die er vermutlich nie sehen würde. Ich wünschte mir, wir wären wie Alan und Karen und hätten das Geld, um sagen zu können: »Kommen Sie mit uns, Christie.« Er hätte es gemacht, das weiß ich.

»Michael ist ein glücklicher Junge«, sagte er zu mir, »ich weiß, daß Sie ihn sehr lieben.«

»Es ist auch ein Glück für uns, daß wir ihn haben, aber das wissen Sie ja.«

»Ja«, sagte Christie. »Ich mag Ihre Kinder, alle.« Er lächelte Locket an. »Eines Tages kommen Sie zurück und besuchen mich, ja?«

»Das versprechen wir«, sagte ich. »Es ist ein Versprechen, das wir auch halten wollen.« Er wandte sich ab, aber wir sahen noch die Tränen in seinen Augen. »Danke, Christie«, rief ich ihm nach. Er drehte sich noch einmal halb um, winkte und verschwand dann in der Menge. Christie, Oma und Opa, Adrian und Marianna, Dr. Unescu, Miranda Cavill, Dinu Ianculescu und natürlich

Nicolae Ivan — sie alle hatten uns zu diesem Augenblick verholfen, dem Augenblick, in dem wir Michael tatsächlich mit nach Hause nahmen.

Der Flug ist für mich ein einziges Durcheinander von Eindrücken. Michael genoß ihn. Er war müde, weil ihm sein Mittagsschlaf fehlte, aber vergnügt und sehr gesellig. Er sah immer noch schrecklich aus mit seinem leichenblassen Gesicht, den wunden Stellen, der laufenden Nase, den dunklen Ringen unter den Augen, seinem albernen kleinen Körper mit dem dicken Bäuchlein und den winzigen Beinen, seinem Waisenhaus-Haarschnitt, aber der tote Ausdruck in seinen Augen war vollkommen verschwunden. Er schien unfähig zu sein, mit dem Lächeln aufzuhören. Es ist fast lächerlich zu sagen, daß er wußte, was passierte, aber er wußte es wirklich. Das Aufheulen der Düsenmotoren, diese Leute, die er kaum kannte, die ihn aber wegholten von allem, was ihm vertraut war, das merkwürdige Essen und die Getränke, die er bekam, der Zusammenbruch seines gewohnten Tagesablaufs, all das hätte viele Kinder, die meisten Kinder, verunsichert, aber Michael schien darin eine aufregende Möglichkeit zu sehen, neue Erfahrungen zu sammeln. Und so ist er insgesamt: hungrig auf Lebenserfahrung. Und natürlich hat er viel nachzuholen. Damals wußten wir ein wenig von seinem Leid, aber später sollten wir noch mehr darüber erfahren. Während unser Wissen über ihn und seinen Hintergrund wächst, erscheint es noch außergewöhnlicher, daß er sich darüber erheben konnte. Aber immerhin hat Michael Stil. Er verließ sein altes Leben ohne einen Blick zurück, reckte den Kopf, um einen Blick auf das zu erhaschen, was vor ihm lag.

In Heathrow trugen Carol und ihre Kollegen unser

Gepäck durch die Paßkontrolle, und dann besorgten sie uns zwei Gepäckwagen. »Ich sag' Ihrer Fahrerin, daß Sie unterwegs sind«, sagte sie.

»Ich weiß gar nicht, wie ich Ihnen danken soll«, begann ich.

»Es ist wunderbar zu sehen, daß Ihre Familie komplett ist. Auf jeden Fall ein glückliches Ende für ein Kind.« Sie waren weg, und wir gingen zur Einwanderungsstelle.

»O nein, nicht noch eins!« sagte der Mann an der Paßkontrolle.

»Das ist alles in Ordnung«, sagten wir, »er kommt ganz legal.«

»Ich hab' gedacht, es gibt zur Zeit kein Adoptionsgesetz in Rumänien.«

»Es gibt ein neues, und wir glauben, daß Michael das erste Kind ist, das nach diesem Gesetz kommt.«

»Sie kommen lieber mit mir.«

Sie führten uns in einen Empfangsbereich neben der Gepäckabfertigung. »Wenn die uns lange warten lassen«, sagte ich zu Alan, »raste ich komplett aus, glaube ich.«

»Das brauchst du nicht«, sagte Alan, »ich warte nur auf einen Streit. Sie sollten uns überhaupt nicht aufhalten, Michaels Paß ist so gültig wie unsere.«

Ein jüngerer Mann in Zolluniform kam auf uns zu. Inzwischen war das Paar, das wir in Bukarest kennengelernt hatten, dazugekommen. »Fertigen Sie diese Leute erst ab«, sagten die beiden großzügig, »bei uns ist es komplizierter, und sie haben zwei Babys.«

Der Beamte prüfte Michaels Paß. »Es ist alles in Ordnung«, sagte er in überraschtem Tonfall.

»Ich weiß«, sagte Alan geduldig, »genau das habe ich eben an der Paßkontrolle erklärt.«

»Trotzdem, ich meine, er sollte von einem Arzt untersucht werden.«

Ich platzte. Ich weiß nicht mehr, was ich gesagt habe, und wenn ich es noch wüßte, sollte man es vermutlich in diesem Buch besser nicht wiederholen. Alles, an das ich mich erinnere, ist, daß der Beamte ein bißchen blaß wurde und sagte, es wäre vollkommen in Ordnung, wenn wir sofort gingen, und nein, genaugenommen, sei eine Untersuchung nicht nötig.

»Ui!« sagte Locket.

»Beeindruckend«, meinte Alan.

Ich wußte nicht, ob ich lachen oder weinen sollte. »Habe ich die Situation richtig erklärt?« fragte ich. Sie bestätigten, daß ich das hatte.

Niemand hielt uns an, als wir durch den Zoll gingen. Ich glaube, ein Blick auf unsere erschöpften Gesichter hätte gereicht, um sie davon abzuhalten. Auf einmal waren wir im Terminalgebäude, und da stand Fran, und die Tränen liefen ihr übers Gesicht. Fran weinte – Fran, die nie zuließ, daß jemand ihre Gefühle sah. Fran, die nicht einmal geweint hatte, als sie mit sechzehn Jahren eines Morgens zur Arbeit gekommen war und mir gesagt hatte, daß ihre Mutter in der vergangenen Nacht gestorben war. Als ob er spürte, daß das etwas Besonderes war, streckte Michael die Arme nach ihr aus. Sie starrte ihn ungläubig an, und dann nahm sie ihn ganz fest in die Arme. Wir weinten alle, stolperten voran mit unseren Gepäckwagen voll mit schmuddeligen, verdreckten Koffern. Wir mußen ein schrecklicher Anblick sein, aber das war egal. Wir waren zu Hause. Wir hatten es geschafft.

13. Erste Eindrücke

Es fällt mir schwer, unsere Gefühle an diesem ersten Abend zu beschreiben, als Alan, Locket und ich mit einer Flasche Wein am Küchentisch saßen, während die Jungen in ihren Bettchen oben sicher schliefen. Wir waren froh, erschöpft, aber in dem Augenblick wirkte die ganze Erfahrung vollkommen unwirklich. Wir hatten uns danach gesehnt, aus Bukarest herauszukommen, aber als wir jetzt zu Hause waren, stellten wir fest, daß Rumänien sich noch an uns klammerte, wir konnten es nicht abschütteln. Ich glaube, es war vermutlich an diesem allerersten Abend, als Alan und ich merkten, daß unsere Beziehung zu Rumänien nicht damit beendet war, daß wir Michael gerettet hatten. Erinnerungen warfen ihre Schatten, und sie tun es immer noch. Ich glaube, es vergeht kein Tag, an dem ich nicht an das Leid der Kinder denke, die wir zurückgelassen haben. Während sich unsere Beziehung zu Michael vertieft, kommen wir zu einem besseren Verständnis seiner Vergangenheit, und das wiederum frustriert uns immer stärker, wenn wir an die Tausende von Kindern denken, denen man helfen könnte und sollte wie ihm.

Aber diese Gefühle stellten sich später ein. An diesem ersten Abend war uns nur bewußt, daß wir den Staub Rumäniens nie von unseren Schuhen schütteln könnten, aber das machte nichts, denn wir hatten ein kleines Stück Rumänien oben in seinem Bettchen. Denn während Michael zwar als unser Sohn, als kleiner englischer Junge, erzogen wird, ist es auch unsere Aufgabe, ihn auf sein Erbe stolz sein zu lassen, ihm klar zumachen, wer er ist und woher er kommt.

Unsere Ankunft zu Hause verlief nicht ohne Zwischenfall. Wir haben drei Hunde, zwei Cairn-Terrier und einen alten Golden Retriever. Wir hatten geahnt, daß Michael vor den Terriern Angst haben würde, und hatten sie deshalb eingesperrt, bevor wir ihn aus dem Auto holten. Was wir nicht geahnt hatten, war seine Angst vor Katzen. Bei ihrem Anblick schrie er vor Entsetzen, und seine Angst beschränkte sich nicht auf sie, sondern jedes kuschelige Spielzeug, wie groß oder wie klein es auch sein mochte, versetzte ihn in Panik.

In der Tat schien das ganze Haus ein Angriff auf seine Sinne zu sein. Bei dem Versuch, es durch seine Augen zu sehen, wurde mir plötzlich klar, wie bunt es war, verglichen mit der Tristesse in Bukarest. Der Umzug vom Waisenhaus ins Hotel war, wenn auch in mancher Hinsicht dramatisch, nicht so ein Kontrast gewesen, denn das Hotel war sehr düster, in Braun- und Beigetönen dekoriert. Zum Glück hatte ich seine Reaktion ein bißchen vorausgeahnt, und anders als die Farborgie in Charlies Zimmer war Michaels kleines Zimmer ziemlich schlicht. Während Alan und Locket auf die Jungen aufpaßten, rannte ich dennoch mit einem Müllbeutel durchs Haus und stopfte alle kuscheligen Spielsachen hinein, bis auf die paar in Charlies Bett.

Man muß allerdings sagen, daß diese anfängliche Reaktion von nur sehr kurzer Dauer war. Wir kamen um drei

Uhr zu Hause an, und gegen fünf Uhr hatte Michael sich eingewöhnt. Er leerte die Spielkiste mehrmals, lernte, wie das Erdgeschoß aufgeteilt war und, höchst wichtig, wo die Keksdose stand.

Charlie war direkt zu den Reeves gegangen. Obwohl er sehr stark fieberte, berichtete Anne Reeve, war er überglücklich, wieder zu Hause zu sein, und hatte zur Feier des Tages mehrere Ehrenrunden um den Tennisplatz gedreht. Wir öffneten eine Flasche Champagner. Michael verliebte sich auf Anhieb in alle, und ich muß sagen, es war wunderbar, sie zu sehen. Sie gaben uns das Gefühl zurück, normal zu sein.

Die nächsten paar Tage verliefen wie hinter einem Schleier. Da waren endlose Telefongespräche mit Freunden, verzweifelten adoptionswilligen Paaren, die aus allen Ecken an uns verwiesen worden waren – von der Einwanderungsbehörde, dem Außenministerium, Suzy Gale, verschiedenen Adoptionsvermittlern –, und alle wollten sie wissen, wie wir es geschafft hatten, Michael so schnell zu retten. Blumen wurden geschickt, wie zur Geburt eines Babys, und da war ein endloser Strom von Besuchern, den wir so gut wie möglich einzuschränken versuchten. An Michael ging das alles spurlos vorüber. Er schlief gut, aß gut, seine einzige Eigenart bestand darin, daß er immer irgend etwas zu essen in der Hand haben mußte, sonst fühlte er sich unsicher, was sehr verständlich war, wenn man daran dachte, daß er einen so großen Teil seines Lebens am Rande des Verhungerns verbracht hatte.

Charlie machte immer noch Sorgen. Am Montagmorgen nach unserer Rückkehr ging ich mit den Jungen zum Arzt. Es war schwierig, die Leute dahin zu bringen, daß sie sich auf Charlie konzentrierten, alle waren fasziniert von Michael, seinem ungewöhnlichen Pinguingang und seiner leichenblassen Haut. In Oxfordshire, der Region der »fetten Katzen«, hatte noch nie jemand einen Fall von Unterernährung und chronischer Vernachlässigung gesehen. Wir bekamen Flaschen mit Medikamenten gegen den Durchfall der Jungen und ein Mittel gegen Charlies Fieber und wurden wieder nach Hause geschickt.

Weil Michael nicht immer in einem Waisenhaus gewesen war, wußten wir natürlich nicht, welche Erfahrungen er mit dem normalen Leben hatte, aber wir gingen davon aus, daß er nur das Stadtleben kannte. An seinem ersten Morgen in England saß er eine gute halbe Stunde lang auf dem Rasen, zupfte Gras heraus, drehte es in den Fingern, betastete es, kaute darauf. Gras war offensichtlich ein brandneues Erlebnis. Eine Kuh kam an den Zaun getrottet. Wir liefen hin, um ihn auf den Arm zu nehmen, weil wir vermuteten, daß er wie bei den Hunden und Katzen mit Entsetzen reagieren würde. Keineswegs. Er watschelte zu ihr hin und versuchte, ihr Maul zu streicheln. Am selben Abend konnte er »muh« sagen, und am Ende des zweiten Tages in seinem neuen Zuhause hatte er mindestens ein Dutzend Wörter gelernt: Katze, Hund, Tick-Tack, Kuh, Trecker, kalt, heiß, Kuchen und am besten und schönsten von allem Mummy und Daddy. Es war eine so natürliche Sache, daß ich nicht einmal sagen kann, wann genau er sich Charlie anschloß und uns Mummy und Daddy nannte – es passierte einfach. Vielleicht hätte uns das wie ein großartiger Durchbruch vorkommen müssen, aber zumindest in unseren Gedanken waren wir von dem Tag an, an dem wir ihn zum erstenmal gesehen hatten, sein Vater und seine Mutter gewesen.

In unsere Tage kehrte eine Art von Ordnung ein. Charlie wurde immer noch vor dem Mittagessen in der Karre ausgefahren, wobei er sein Tagesnickerchen machte. Wir versuchten, Michael in die Karre zu setzen, aber er schrie, und während Charlie seine Spazierfahrt machte, schlief Michael in seinem Bettchen. Es wurde schwieriger, ihn hinzulegen. Während seine Beziehung zu uns sich weiterentwickelte, wollte er die Zeit lieber mit uns verbringen statt zu schlafen. Aber wie lange es auch dauern mochte, Alan und ich hatten eine Verabredung getroffen. Die Tage, an denen Michael allein in seinem Bettchen weinte, sollten auf jeden Fall vorüber sein. Wir ließen ihn immer erst allein, wenn er eingeschlafen war, ganz gleich, ob es tagsüber oder abends war.

An einem Abend in der ersten Woche versuchte ich, ihm eine Flasche mit Milch zu geben, wie Charlie sie bekam. Michael war es gewohnt, aus einer ganz gewöhnlichen Tasse zu trinken, aber während ich durchaus erkannte, daß die Rückkehr zur Flasche ein Rückschritt war, dachte ich, daß es beruhigend sein könnte. Doch als ich ihn in den Armen hatte und ihm die Flasche zu geben versuchte, schien er sich gegen mich zu wehren, er schien fast unfähig zu sein zu saugen. Ich verstand das nicht. Ich ließ es ein paar Abende lang und versuchte es dann noch einmal – dieselbe Reaktion. Ich legte ihn in sein Bett. Ich weiß nicht, warum ich das tat, aber nur um zu sehen, was passieren würde, gab ich ihm die Flasche. Er nahm sie sofort und fing an, kräftig zu saugen, wobei er die Augen in offensichtlicher Zufriedenheit schloß. Diese einfache Geste sagte mehr über sein Leben aus als alles andere. Er wußte nicht, wie es war, in den Arm genommen zu werden und eine Flasche zu bekommen. Er wußte nur, wie es war, allein im Bett zu liegen und die Flasche selbst zu hal-

ten. Jetzt, sechs Monate später, trinkt er sein Abend-
fläschchen in Alans Arm. Ja, theoretisch ist das ein Rückschritt für ein Kind von zweieinhalb Jahren, aber uns
kommt es wie ein großer Schritt nach vorn vor.

Mitte der ersten Woche, in er Michael zu Hause war,
fing ich an, mich krank und vergrippt zu fühlen. An
einem Morgen maß ich Fieber und war überrascht, daß es
fast 39 Grad waren. Es gab keine weiteren Anzeichen für
eine Erkältung oder eine Halsentzündung, mir tat einfach
alles weh, irgendwie war mir schlecht, und ich hatte dauernd Fieber. Auch ich hatte die Bindehautentzündung
bekommen, mit der Michael schon Charlie angesteckt
hatte, was bedeutete, daß ich ohne meine Kontaktlinsen
durch die Gegend stolperte, was nicht einfach war.

Charlie ging es ein bißchen besser, aber er aß immer
noch nicht richtig und wirkte sehr still, als ob er gar keinen Mumm mehr in den Knochen hatte. Es war schwer zu
sagen, ob das daran lag, daß er sich krank fühlte, oder an
Michaels Ankunft. Die Beziehung zwischen den beiden
Jungen war immer noch gut. Sie hatten ihre Probleme wie
alle Brüder, aber Michael zeigte keineswegs die Aggressio-
nen, die man uns vorausgesagt hatte. Wir warteten fast
darauf, daß etwas schiefging zwischen ihnen, aber ihre
Beziehung wurde von Tag zu Tag besser.

Charlie neigte dazu, Michael Spielsachen wegzunehmen, aber das schien Michael nichts auszumachen, da er
nie so lange mit einem Stück spielte, daß ihm das plötzliche Verschwinden etwas ausgemacht hätte. Das war einer
der schwerer wiegenden Aspekte, der seine weitere Entwicklung wahrscheinlich beeinflussen würde, soweit ich
es beurteilen konnte. Sein vollständiger Mangel an Kon-
zentration bedeutete, daß er von einer Sache zu anderen

sprang, manchmal warf er etwas schon wieder auf den Boden, bevor er es richtig aufgenommen hatte, und ging zum nächsten über. Ich konnte mir nicht vorstellen, daß er je in einem Klassenzimmer stillsitzen würde. Offenbar hatte er noch nie ein Buch gesehen. Für ihn war das nur ein rechteckiges Ding, das man durchs Zimmer schmeißen konnte. Er verstand nicht, daß man Seiten umblättern und Bilder angucken konnte. Er fand Charlies Interesse an Büchern ziemlich ungewöhnlich. Doch indem wir mit Charlies allererstem Büchern anfingen, begriff er nach und nach, aber er konnte nie lange genug stillsitzen, um eins durchzublättern.

Das waren allerdings belanglose Probleme, und tatsächlich hatten wir auch keine größeren. Es ist so leicht, Michael liebzuhaben. Selbst in jenen Anfangstagen ging er sehr freigiebig mit seinen Umarmungen und Küßchen um. Vielleicht zu freigiebig, denn er begrüßte jeden wie einen lange vermißten Freund, was, wenn auch schmeichelhaft, nicht normal war. Alles passierte so schnell. Am Donnerstag, dem 23. August, hatte ich in meinem Tagebuch festgehalten, daß er vor den Katzen keine Angst mehr hatte, und am Samstag, dem 25., warf er einen Ball für die Terrier und entwickelte mehr als eine vorübergehende Freundschaft mit Frans Dobermann Boogy.

Am Sonntag fühlte ich mich beim Aufwachen ziemlich krank, aber auch sehr glücklich. Es war mein dreiundvierzigster Geburtstag und der schönste, den ich je erlebt hatte. Locket schenkte mir vier Pfauen. Ich hatte mir immer Pfauen gewünscht – sie passen zu Hampton Gay. Es waren junge Vögel, und sie hatte vier gekauft, um sicherzugehen, daß mindestens ein Männchen dabei war. Murray und Claire kamen zum Mittag und schenkten mir ein Paar knallige Baseballstiefel, die besser zu einer Acht-zehnjährigen gepaßt hätten. Sie waren genau das, was ich brauchte, um den Beginn der mittleren Jahre abzuweh-ren. Meine Mutter kam mit einem Pullover, den ich sehr gut brauchen konnte, aber Alans Geschenk für mich war das schönste Geburtstagsgeschenk meines Lebens. Alans Geschenk war Michael.

Bei der Vorbereitung dieses Buchs habe ich viele Freunde und Verwandte nach ihren ersten Eindrücken von Michael gefragt. Sie waren alle überrascht davon, wie klein und blaß er war. Es war seine weiße Haut, die sie erschreckte, die und seine wunden Stellen und seine unge-wöhnliche Figur. Meine Mutter sah an dem Tag, als sie Michael kennenlernte, also an meinem Geburtstag, von all dem gar nichts. »Darf ich deine Oma sein?« fragte sie ihn feierlich, als ich ihn zu ihrer ersten Begegnung nach unten trug. Er streckte ihr die Arme entgegen, und sie brach in Tränen aus. Es war Liebe auf den ersten Blick, eine Beziehung, die in den Monaten seither gewachsen und aufgeblüht ist. Michael nennt sie jetzt Unartige Oma-Oma, und darüber sind beide sehr glücklich.

An dem Montag, an dem Michael zwei Wochen zu Hause war, standen die Dinge immer noch nicht zum Besten. Unsere Krankheiten schienen sich zu verschlim-mern, wenn sich überhaupt etwas veränderte. Trotz der Antibiotika hatte ich immer noch hohes Fieber. Charlie ging es etwas besser, er war aber immer noch sehr ruhig. Wir hatten alle noch Bindehautentzündung, und Michael hatte starken Ausschlag im Gesicht, der aussah wie eine schlimme Akne bei Teenagern. Dr. Young meinte, daß die Ursache dafür darin lag, daß die Verunreinigungen aus seinem Körper herauskamen, seit seine Haut der Sonne ausgesetzt wurde. Beide Jungen hatten immer noch schweren Durchfall, und als Folge davon war Charlies Po in schlimmem Zustand, weil er wund war. Es war schwere Arbeit, doch die wesentlichen Dinge stimmten: Wir alle liebten Michael, und Michael, so schien es, liebte uns. Wir fühlten uns als eine Familie, wir waren eine Familie – aber wenn wir doch nur gesund wären. Das Wartezimmer des Arztes wurde uns so vertraut wie unser eigenes Haus, aber wir konnten das Problem Durchfall nicht lösen. Das John Radcliffe Hospital hatte vier Stuhlproben untersucht, aber niemand fand eine Spur, wo der Grund liegen könnte.

Bei der Durchsicht von Michaels medizinischen Berichten stellte sich heraus, daß er mehrfach mit chronischem Durchfall und Fieber im Krankenhaus gewesen war. Tatsächlich war das zum erstenmal der Fall gewesen, als er neun Monate alt war. Offensichtlich steckte ein immer wiederkehrender Bazillus in seinem Körper, und was auch immer das war, Charlie hatte ihn jetzt auch. Wir mußten das Problem lösen, und zwar schnell, denn das gute Essen und die Vitamine, die wir in Michael hineinstopften, brachten nichts, und Charlie schien vor unseren Augen immer weniger zu werden. Ich machte einen Riesenaufstand im Krankenhaus, und sie versprachen, neuen Proben Vorrang einzuräumen. Um nicht das Risiko einzugehen, daß sie irgendwo verschwanden, brachte Alan sie direkt ins Labor. Wir warteten.

Neulich fragte ich Locket nach ihren Eindrücken jener ersten paar Wochen. »Entsetzlich«, sagte sie, »sehr angespannt, und dann dieser ganze Durchfall. Aber ich möchte sie nicht missen. Ich bin froh, daß ich nicht mit auf die Chorreise gegangen bin.« Nach der Rückkehr aus

Bukarest sollte Locket, die Mitglied im Mädchenchor von Oxford ist, eigentlich auf eine Reise nach Südirland gehen. Sie hatte abgesagt, und sie waren sehr verständnisvoll gewesen, weil sie merkten, daß sie in den ersten Wochen des neuen Lebens ihres kleinen Bruders zu Hause sein mußte. »Es war so schade, daß alle so krank waren«, sagte sie.

Ja, es war schade, aber auf merkwürdige Weise brachte es uns einander näher. Unser geselliges Leben war gleich null. Nach dem Haufen von Leuten, vorwiegend Familie, die alle Michael sehen wollten, hielten wir alle fern, weil wir das Gefühl hatten, es sei nicht fair, sie mit dem anzustecken, was uns belastete. Wir schlossen die Reihen, blieben zu Hause und konzentrierten uns auf unsere verschiedenen Beziehungen. Vor allem Charlies Reaktion war ungewöhnlich. Bis auf ganz seltene Gelegenheiten, bei denen er extrem provoziert wurde, schien er sich überhaupt nicht über Michaels Anwesenheit zu ärgern. Michael neigte dazu, den Löwenanteil der Aufmerksamkeit auf sich zu ziehen, obwohl wir uns Mühe gaben, das Gegenteil zu erreichen, doch Charlie akzeptierte die Situation sehr friedlich. Zu einer Zeit, zu der er es eigentlich genießen sollte, wenn seine Mutter viel Aufhebens von ihm machte, sauste ich zwischen den beiden hin und her, aber ihm schien das nichts auszumachen.

Am 3. September rief schließlich Dr. Young an. »Wir haben den Übeltäter gefunden«, sagte er, »es ist Lambliasis. Sie wird verursacht durch einen Parasiten, der in den Darm gelangt. Es ist vor allem eine Tropenkrankheit, tritt manchmal allerdings auch im Mittelmeerraum auf.«

»Und daran hat Michael die ganze Zeit gelitten?«

»Zweifellos.«

»Und Charlie auch?«

»Ja, es sieht so aus.«

»Und was machen wir jetzt?« fragte ich mit wachsender Besorgnis.

»Es könnte nicht einfacher sein«, sagte er. »Ich gebe Ihnen eine Medizin für die beiden. Davon kriegen sie drei Tage lang jeden Tag eine hohe Dosis von zwölfeinhalb Milliliter, und danach sind sie gesund.«

»Das kann doch nicht so einfach sein«, sagte ich.

»Doch, das ist es. Es ist ein ekelhaftes Zeug, und Sie werden Mühe haben, es in sie hineinzubekommen, aber wenn Sie es schaffen, sind alle Ihre Probleme gelöst, das versprech' ich Ihnen.«

Er hatte recht. Der Durchfall hörte mit der letzten Dosis der Medizin auf. Michael hatte mehr als sein halbes Leben daran gelitten, und dank des John Radcliffe Hospitals war er innerhalb von drei Tagen geheilt.

Zwei Wochen später warf ich Margaret vor, daß sie seine Hosen beim Waschen einlaufen ließ. »Hab' ich nicht«, beteuerte sie. »Wenn Sie mich fragen, dann verändert Michael seine Form, nicht die Hosen. Haben Sie ihn mal gemessen?« Wir hatten ihn seit dem ersten Tag zu Hause nicht mehr gemessen. Wir stellten ihn an die Tür zu Alans Büro, die die Meßlatte der Familie ist. Er war in vier Wochen volle viereinhalb Zentimeter gewachsen. Wir konnten es nicht glauben.

Auf dem Küchenboden sitzend und immer noch eine leichte Beute der Tränen, fing ich an zu weinen. Michael wackelte ins Bad davon und kehrte gleich darauf mit einem Papiertaschentuch zurück, das er mir feierlich überreichte. »Ungezogene Mummy«, sagte er.

14. Die Taufe von
Michael Aurel Burnett Fowler

Meine alte Schulfreundin Di wurde während ihres Studiums an der Universität Marxistin. Als Locket geboren war und ich Di bat, Patin zu werden, sah sie mich an, als sei ich verrückt. Vierzehn Jahre später, als Charlie geboren wurde, traute ich mich nicht, dieselbe Bitte noch einmal zu äußern. Sie hatte da selbst einen Sohn, den sie nicht hatte taufen lassen, doch als sie mich im Krankenhaus besuchte, spürte ich, daß sie vielleicht angenommen hätte, wenn ich sie gefragt hätte. Als ich ihr von Michael erzählte, war sie sehr hilfsbereit und lieb. Wir sollten zu der Zeit eigentlich zusammen an einem Buch arbeiten, aber ich war so sehr damit beschäftigt, Michael nach Hause zu holen, daß das an die zweite Stelle gerückt war. Als ich allen Mut zusammengenommen und sie gebeten hatte, Michaels Patin zu werden, war ihre Reaktion einfach. »Gott sei Dank«, sagte sie, »ich hatte schon Angst, daß du mich dieses Mal nicht fragen würdest. Ja, natürlich, mit Vergnügen.«

Wir hatten das Gefühl, daß die Auswahl von Michaels Paten sehr wichtig war. Er braucht einen Stamm von Freunden und Verwandten, die ihm immer helfen und ihm die Sicherheit vermitteln, die er so notwendig braucht, vor allem in den turbulenten Jahren der Pubertät, wenn er wahrscheinlich Augenblicke des Selbstzwei-

fels und der Isolation durchmacht. Wir suchten keine
Paten, die ihm einen Sittenkodex für das Leben vermittelten, wir suchten Menschen, die gute Freunde sein würden. Wir baten Sally Drummond-Hay, seine Patin zu werden; sie ist eine echte, loyale Freundin, die wir bei der
Überprüfung unserer häuslichen Verhältnisse als Referenz angegeben hatten, und sie ist die Mutter von Caroline, Lockets bester Freundin aus der Kinderzeit. Als
Patenonkel baten wir Adam Norton, den besten Freund
aus meiner Kinderzeit, und John Runacres, Alans
Geschäftspartner. Die Taufe fand natürlich in unserer kleinen Kirche hier in Hampton Gay statt. Als Charlie
getauft wurde, hatten wir um einen besonderen Gottesdienst für ihn gebeten, aber in Michaels Fall hatten wir das
Gefühl, es wäre angemessener, seine Taufe zum Bestandteil unseres normalen monatlichen Gottesdienstes zu
machen, um ihn in der Gemeinde zu begrüßen. Da im
Oktober unser Erntefest stattfand, entschieden wir uns
für September. Die Vorbereitungen waren ein wildes
Gerangel. Anne Reeves sorgte für wunderschöne Blumen
in der Kirche, das war ihr Taufgeschenk, die örtliche Bäckerei gab sich unendliche Mühe mit der Tauftorte, und der
Kinderladen in Woodstock schneiderte für Michael ein
weißes Hemd und marineblaue Hosen, denn zu der Zeit
paßte er nicht in Sachen der herkömmlichen Größen. Wir
luden nur die Paten und unsere engste Familie ein, allerdings auch Margaret und Tante Vi, unsere Sekretärin. Es
gab drei weitere ganz besondere Ehrengäste: Kerry, Ehemann Steven und Baby Alexander, dessen Visum zum
Glück verlängert worden und der so gewachsen war, daß
man ihn kaum wiedererkannte.

David Wilcox leitete den Gottesdienst, und wir nannten unseren neuen Sohn Michael Aurel Burnett Fowler, wobei wir seinen ursprünglichen mittleren Namen beibehielten und den Familiennamen meines Vaters, Burnett, hinzufügten.

Es war ein etwas verrückter, aber sehr anrührender Tag. Die Atmosphäre war ungewöhnlich, und die Wärme und die guten Wünsche kamen offensichtlich von Herzen. Die Kirche war sehr gut besucht. Es waren so viele Menschen da, die wir nicht kannten; sie waren gekommen, so schien es, um zu sehen, wie der kleine rumänische Junge aus Hampton Gay getauft wurde. Sie schienen aber nicht gekommen zu sein, um ihre Neugier zu befriedigen. Es war ein Gefühl, als ob sie anwesend wären, um uns zu helfen und Gutes zu wünschen.

David ist ein ungewöhnlicher Pfarrer, weil er nämlich der Ansicht ist, Kinder sollten in der Kirche das tun dürfen, was sie wollen. Während des Gottesdienstes wanderten Charlie und Michael umher, Michael natürlich mit dem unvermeidlichen Zwieback in der Hand. Er schrie angemessen, als David Wasser auf seinen Kopf spritzte, posierte aber wunderbar für die Fotos. Wenn ich sie mir jetzt ansehe, wird mir klar, wie sehr er sich seit seiner Ankunft bei uns schon verändert hatte. Seine Flecken waren vollkommen verschwunden, ebenso die wunden Stellen, bis auf die tiefe Wunde am Hinterkopf. Die Sonne hatte Farbe in sein Haar gebracht. War es vorher stumpf und mausgrau, so war es jetzt kräftig kastanienfarben. Der Bürstenschnitt wuchs langsam heraus, und auch wenn er noch sehr blaß war, so hatte sein Gesicht doch das leichenblasse Aussehen verloren, und die dunklen Ringe unter den Augen waren auch verschwunden. Dennoch, der Gegensatz zwischen Michael und Adam Nortons zweieinhalbjähriger Tochter war riesig. Er ließ mich erkennen, wie weit der Weg noch war, der vor uns lag.

Es war ein schöner Tag. Nach dem Gottesdienst gab es zur Feier der Taufe Tee im Garten, und die Kinder spielten an einem neuen Klettergerüst. Michael wanderte zwischen seinen Gästen umher. Ich habe Bilder von ihm gemacht, eins, wie er mit einer der Katzen auf dem Rasen herumrollt, eins, wie er die Rutsche hinunter auf den Schoß seines Großvaters rutscht, und das schönste, wie er bis zu den Ellenbogen im Kuchen steckt — Kuchen war zu der Zeit seine besondere Leidenschaft.

Als die Feier vorbei war, fiel es verständlicherweise besonders schwer, ihn zum Schlafen zu bringen. Er war nicht ungezogen und weinte auch nicht, er war in Hochstimmung und furchtbar aufgeregt. An diesem Abend fielen mir die ungewöhnlichen Veränderungen bei ihm besonders auf. Körperliche, ja, aber noch auffallender war seine Einstellung zum Leben — das freundliche, aber passive Baby aus der Waisenhauszeit war vollkommen verschwunden, und an seine Stelle war ein höchst aktiver, höchst geselliger, höchst intelligenter kleiner Junge getreten. Ich hatte keinerlei Zweifel, daß er sich bewußt war, daß dieses sein ganz besonderer Tag gewesen war, und er hatte ihn genossen. Und jetzt, als er aus dem Bettchen sprang, wollte er einfach nicht, daß dieser Tag zu Ende ging. Es war diese Liebe zum Leben gewesen, die den Funken geliefert hatte, der ihn während seiner Qualen im Waisenhaus am Leben erhalten hatte, und ich fragte mich, wie lange es wohl noch gedauert hätte, bis dieser Funke ganz erloschen wäre. Der Gedanke daran, daß er in ein Heim für »Unheilbare« gesteckt worden wäre, erfüllt mich jetzt mit so viel Entsetzen, daß ich verzweifelt versuche, ihn zu verdrängen. Als Alan und ich darüber sprachen, stellten wir beide fest, daß — obwohl wir uns alle Mühe geben, die Vergangenheit hinter uns zu lassen —, die Schrecklichkeit der Situation, in der wir Michael gefunden hatten, immer unerträglicher wurde. In Gesprächen mit anderen Eltern erfuhren wir, daß es ihnen genauso ging.

In der Nacht darauf hatte Michael Alpträume. Natürlich haben alle Kinder Alpträume, aber dieser war anders. Seine Schreie waren verzweifelt, er zitterte am ganzen Körper, und im warmen Zimmer war er eiskalt, so daß ich unfreiwillig fröstelte, als ich ihn an mich drückte. Wir haben immer versucht, die Kinder aus unserem Bett herauszuhalten, außer wenn sie krank waren, aber hier war es etwas anderes. Wir legten Michael zwischen uns, wärmten und beruhigten ihn, als er schluchzte. Es geschah noch einmal in der nächsten Nacht und in der übernächsten, so als ob all sein Leid, alle seine Schmerzen aus ihm herauskamen. Wir wurden ganz hohläugig durch den Schlafmangel, und ihm ging es genauso, aber instinktiv hatten wir das Gefühl, daß es sich um einen lebenswichtigen Teil seines Heilungsprozesses handelte. Nach und nach kamen die Alpträume seltener, und jetzt treten sie nur noch gelegentlich auf. Eines Tages, da sind wir ganz zuversichtlich, wird es gar keine mehr geben.

Abgesehen von den Alpträumen waren die nächsten paar Wochen eine glückliche Zeit, und wir erreichten mehrere Meilensteine. Als wir Michael nach Hause brachten, hatten wir beschlossen, daß anfangs immer zwei Leute auf die Jungen aufpassen sollten, damit sie sich nicht um die Aufmerksamkeit eines einzigen Menschen streiten mußten. Diese Taktik zahlte sich eindeutig aus, und inzwischen geht es, daß nur eine Person über eine lange Zeit auf sie aufpaßt, ohne daß sie in Konkurrenzkampf um die Aufmerksamkeit treten. Nur wenn sie müde waren oder sich weh getan hatten, wurde die Lage angespannter, vor allem für mich, denn beide wollten sie zur Mama, und Mama hatte nur einen Schoß und ein paar Arme.

Locket ging jetzt wieder in die Schule, und wir holten sie jeden Tag ab. Auch wenn Michael sich im Auto nie wohl fühlt — er kann nicht lange stillsitzen —, genießen es beide Jungen, die große Schwester von der Schule abzuholen. Sie freuen sich nicht nur, sie zu sehen, sondern lieben die Aufmerksamkeit, die ihnen Lockets Freundinnen schenken.

An einem Freitag, gut einen Monat, nachdem Michael nach Hause gekommen war, machten wir uns für unseren ersten größeren Ausflug bereit, zum Mittagessen bei Großmutter. Ich war etwas besorgt, wie Michael auf eine einstündige Autofahrt reagieren würde, aber es schien kein Problem zu sein. Jetzt, wo beide Jungen gesund waren, hatten wir auch wieder ein bißchen mehr Gesellschaft. Charlie hat eine ganz besondere Freundin, Georgina, die er heiß und innig liebt, und beide Jungen besuchten sie. Georgina hat hinreißendes rotes, lockiges Haar und ist zehn Tage älter als Charlie. Michael schien ihr sehr zugetan zu sein, und es schien ihm auch gar nichts auszumachen, in einem unbekannten Haus zu Besuch zu sein. In vieler Hinsicht war er sogar selbstbewußter als Charlie.

In der letzten Septemberwoche bekamen wir einen Anruf von Dr. Magdalena Dragon, die Michael in Bukarest untersucht hatte. Damals hatte sie jede Bezahlung abgelehnt, und Alan hatte angeboten, daß sie, wenn sie je in England sein sollte, bei uns wohnen könnte. Wohl wissend, wie schwierig es für Rumänen war, ein Visum für den Besuch des Vereinigten Königreichs zu bekommen, hatte er gedacht, daß das noch lange nicht passieren würde, und so war er überrascht, als er hörte, daß sie bereits in England war. Sie fragte, ob sie und ihre Mutter am Wochenende, dem 29./30. September, bei uns wohnen könnten. Natürlich stimmten wir zu, waren aber beide ein bißchen widerwillig, zum Teil deshalb, glaube ich, weil wir versuchten, die rumänischen Erlebnisse hinter uns zu lassen, und teils deshalb, weil wir ehrlich besorgt waren, daß es Michael beunruhigen würde, wenn Rumänisch gesprochen wurde. Wir waren uns jetzt ganz sicher, daß er ziemlich alles verstand, was wir sagten, daher sprachen wir nie von seiner Vergangenheit, wenn er dabei war. Dennoch, es war eine alte Schuld, und wir wollten sie einlösen.

Ich hatte Magdalena Dragon nie kennengelernt und fand sie sehr angenehm. Sie war Mitte Fünfzig, ihre Mutter irgendwo zwischen siebzig und achtzig. Sie waren wunderbare Gäste, die das Essen und Trinken richtig genossen. Wir fuhren mit ihnen nach Oxford, zeigten ihnen etwas von der Landschaft Oxfordshires, einschließlich Woodstock. Doch Michael fühlte sich nicht gut während ihres Besuchs. Erst dachte ich, ich bildete mir das ein, aber Alan empfand es genauso. Michael war unruhig, reizbar und sehr anhänglich, und ich machte mir schreckliche Sorgen darüber, ob er vielleicht denken könnte, daß Magdalena und ihre Mutter ihn mitnehmen würden. Wir baten sie, in seiner Gegenwart nicht Rumänisch zu sprechen, aber natürlich taten sie das manchmal trotzdem. Um ehrlich zu sein, ich war froh, als sie wieder wegfuhren, auch wenn Magdalena viel Interessantes zum Thema Rumänien zu sagen hatte.

Als Kinderärztin fand sie die Waisenhäuser natürlich sehr schrecklich, aber wie sie sagte, war das Leben der Waisenkinder in vieler Hinsicht nicht schwerer als für alle anderen in Rumänien. Was die Zahl der verlassenen Kinder anging, so war sie überzeugt, daß sie viel höher als allgemein angenommen war – sie nannte die Zahl von 450 000 und sagte, sie habe Zugang zu offiziellen Unterlagen. Als ich ihr von Michaels und Charlies Erkrankung erzählte, bestätigte sie, daß das häufige Beschwerden bei den Kindern in Rumänien waren, die viel Leid verursachten. Doch das Medikament, das wir von unserem Arzt bekommen hatten, stand einfach nicht zur Verfügung. Wenn sich die Kinder den Parasiten erst einmal eingefangen hatten, setzte er sich im Darm fest, Fieber und Durchfall begleiteten sie durch die gesamte Kindheit, schwächten sie in ihren Kräften und verringerten den Nährwert aller Kost, die sie bekamen.

Während des gesamten Besuchs von Magdalena Dragon fühlte ich mich wieder krank. Margaret war am Freitag zuvor wegen Krankheit zu Hause geblieben, und am Montag hatte ihr Mann angerufen, um uns zu sagen, daß sie sich immer noch unwohl fühlte. Ihre Symptome schienen meinen ähnlich zu sein – hohes Fieber und Übelkeit. Was sollte es, am Montagmorgen war keine Zeit, um mich mit meinen Beschwerden zu befassen, denn Jane Allan kam, um sich Michael zum erstenmal anzusehen.

Michael und Charlie benahmen sich sehr gut, und wir erzählten Jane, was uns in den letzten Wochen alles passiert war. Sie sagte uns, daß sie Michaels Fall weiter in der Hand behalten würde, bis seine Adoption im Vereinigten

Königreich abgeschlossen war, was uns natürlich besonders recht war. Gegen Ende ihres Besuchs fühlte ich mich immer schlechter, und als sie gegangen war, mußte ich die Zubereitung des Mittagessens Alan überlassen. Nachmittags fuhr ich wie üblich mit den Jungen zur Schule, um Locket abzuholen. Die ganze Fahrt war eine Anstrengung, und als wir zu Hause waren, schaffte ich es gerade noch, den Jungen etwas zu essen zu geben und sie ins Bett zu bringen, dann fiel ich selbst ins Bett. Als ich am nächsten Morgen aufwachte, wußte ich, daß ich wirklich krank war. Ich maß Fieber – es waren 41,1 Grad. Ich half Alan dabei, die Jungen fertig zu machen, dann ging ich wieder ins Bett und überließ es ihm, sich um das Frühstück zu kümmern. Margaret war immer noch krank, aber Sue Timms, die uns manchmal beim Putzen geholfen hatte, seit Michael nach Hause gekommen war, erklärte sich bereit, zu kommen und auszuhelfen, bis Margaret wieder gesund war.

Die nächsten beiden Tage erlebte ich wie hinter einem Schleier, wobei meine Temperatur innerhalb von Minuten zwischen unglaublicher Hitze und Schüttelfrost schwankte. Ich wankte zum Arzt, der sich nicht erklären konnte, was bei mir nicht stimmte, sich aber zu einer Blutprobe entschloß. Die Jungen kamen mich regelmäßig besuchen, und ich tat mein Bestes, um sie zu beruhigen, aber es war sogar eine Anstrengung, ein Glas Wasser anzuheben. Alan ging zu den Reeves, und die beiden jüngeren Mädchen, Vickie und Karen, erklärten sich bereit, nachmittags bei der Beaufsichtigung der Jungen mitzuhelfen, bis es mir besser ging. Am Mittwochnachmittag bemerkte ich, daß Alan, als er zu mir nach oben kam, in einem bereits sehr warmen Zimmer einen zusätzlichen

Pullover trug. »Du fühlst dich auch nicht wohl, nicht?« sagte ich. Er gab zu, daß das so war. An dem Abend hatte auch er hohes Fieber.

Am nächsten Tag kam der Arzt zu uns, um uns zu untersuchen und Blutproben zu nehmen. Keiner von uns beiden konnte das Bett verlassen, ohne daß ihm schlecht wurde, und unsere Temperaturen schwankten immer noch auf und ab, waren heftig aus der Kontrolle geraten. Ich hatte dauernd die entsetzlichsten Träume, gewalttätige, erschreckende Träume, und die ganze Zeit fragten wir uns immer wieder, was mit uns nicht stimmte. In Augenblicken, in denen ich kurz vor dem Delirium war, war ich überzeugt, daß wir uns in Rumänien AIDS geholt hatten, was natürlich absurd war. Mit Hilfe von Sue und den Reeves taumelten wir durch den Tag, und am Abend rief Margaret an — die Ergebnisse ihrer Blutuntersuchung waren da, und sie war gerade strahlend gelb geworden. Sie sagte Locket am Telefon, daß sie Gelbfieber hatte. Ich sah in einem medizinischen Nachschlagewerk nach und wäre fast auf der Stelle ohnmächtig geworden. Es klang nach einer absolut schrecklichen Krankheit, die ungeheuer ansteckend war. Es schien wahrscheinlich zu sein, daß wir die gesamte Grafschaft infizierten.

Am nächsten Morgen rief ich voller Panik in der Sprechstunde an. Locket und Margaret hatten sich mißverstanden. Nein, sie hatte kein Gelbfieber, sie hatte Gelbsucht, eine Folge, wie sie vermuteten, von Hepatitis. In den nächsten paar Tagen löste der Arzt das Geheimnis: Wir hatten alle Hepatitis A. Wegen der Inkubationszeit sah es so aus, als ob Alan und ich uns auf unserer ersten Rumänienreise angesteckt und sie an Charlie weitergegeben hatten, weswegen der arme kleine Kerl so viele Wochen lang so blaß gewesen war. Margaret ihrerseits hatte sich vermutlich über Charlies Windeln angesteckt. Locket und Michael schienen davongekommen zu sein, auch wenn Michael aller Wahrscheinlichkeit nach die Krankheit irgendwann schon gehabt hatte, denn mindestens sechzig Prozent der Bevölkerung Rumäniens bekommen Hepatitis A oder B. »Drei Monate lang keinen Alkohol, sonst fühlen Sie sich danach drei Wochen lang schrecklich krank und weitere zwei Monate müde und deprimiert«, lautete das Urteil.

Als wir erst einmal wußten, was bei uns nicht stimmte, war die Erleichterung groß, aber gleichzeitig erkannten wir, daß es ein weiter Weg sein würde, bis wir wieder gesund waren.

Dr. Young meinte, daß wir eine Krankenschwester brauchten, denn in unserem Zustand konnten wir keinesfalls mit zwei Kleinkindern fertig werden. Auf den ersten Blick schien das ein vernünftiger Vorschlag zu sein, aber instinktiv hatten wir das Gefühl, daß es falsch war, in dem Moment eine Fremde ins Haus zu holen, in dem Michael sich eingewöhnte und er und Charlie so gut miteinander auskamen. Die Lösung des Problems kam in Form von wirklich wunderbarer Hilfe von denen, die den Kindern am liebsten waren und am nächsten standen. Sue arbeitete Vollzeit, kam jeden Morgen um halb neun und ging nicht vor vier, und dann übernahmen die Reeve-Kinder. An den Wochenenden kümmerten sich die Reeve-Mädchen vormittags um Charlie und Michael, und Murray und Claire kamen an beiden Tagen bis sechs. Diese Hilfe wurde ergänzt durch Tante Vi, unsere Sekretärin, die ihre Schreibmaschine verließ und wochentags jeden Nachmittag herüberkam, und durch Fran, die ihr Leben auf den

Kopf stellte, damit sie sich um die Tiere kümmern konnte, was sie jeden Morgen vor der Arbeit tat. Sobald Locket aus der Schule zurück war, übernahm sie jeden Tag die Betreuung und half uns, die Jungen ins Bett zu bringen.

Leute, die wir kaum kannten, waren unglaublich nett. Wir lernten Lesley Burt, die Mutter einer Freundin von Locket kennen; sie war mit einem Arzt verheiratet und selbst Krankenschwester. Sie hatten ein besonderes Interesse an Rumänien, und als sie von unseren Problemen hörte, kochte sie für die Kinder die köstlichsten Mahlzeiten, die ihnen, wie ich vermute, immer noch fehlen. Michaels Patin, Sally Drummond-Hay, tauchte immer wieder mit heißer Suppe und Einkäufen auf, und die ganze Zeit waren Alan und ich richtige Miesepeter. Wir wurden kräftig gelb, uns war dauernd schlecht, uns tat von Kopf bis Fuß alles weh, es schien zu dauern und zu dauern. Ständig dachten wir an Charlie – kein Wunder, daß er wochenlang nichts gegessen hatte. Armer, kleiner Kerl, wenn wir nur gewußt hätten, wie krank er wirklich war. Adrian Young versicherte uns, daß Charlies Symptome im Vergleich zu unseren sehr milde gewesen waren, aber dennoch hatten wir ein schlechtes Gewissen, weil wir nicht gemerkt hatten, was mit ihm los war.

Fast auf den Tag genau drei Wochen, nachdem ich angefangen hatte, mich krank zu fühlen, ging es uns langsam besser. Weitere Blutuntersuchungen wurden gemacht, die zeigten, daß die Leber bei uns auf dem Wege der Besserung, wenn auch noch nicht ganz in Ordnung war. Dr. Young bestätigte, daß das Fieber und die Übelkeit, woran ich im vergangenen Monat gelitten hatte, Vorboten der sich entwickelnden Hepatitis waren, genau wie Alans Fieberanfall in Bukarest.

Als wir langsam wieder auf die Beine kamen, stellten wir fest, daß die Kinder überhaupt nicht gelitten hatten. Unsere Erkrankung hatte sogar ihr Gutes. Lockets Bindung an ihre Brüder war viel, viel fester geworden, sie beteten sie an und nannten sie Yuggie. Auch die Bindung zwischen Michael und Charlie war enger geworden. Natürlich, als ihre Eltern krank gewesen waren, hatten sie sich gegenseitig gebraucht. Gelegentlich stritten sie sich noch, aber oft legte einer den Arm um den anderen, vor allem wenn er verletzt oder traurig war. Sie gaben sich Küßchen, als ob sie für ewige Zeiten getrennt gewesen wären, und es war jetzt unmöglich, Michael etwas zu geben — einen Keks, ein Stück Obst, etwas zu knabbern —, ohne daß er auch ein Stück für »Chardie« verlangte. Charlie hatte angefangen, Michael »Mikey« zu nennen, und ich fürchte, daß dieser Spitzname an ihm kleben bleiben wird. Tatsächlich hatten wir das Gefühl, daß wir mit Zuversicht sagen konnten, die Beziehung der Jungen war ein voller Erfolg, ein riesiger Erfolg, und das sagt viel über die beiden aus. Wenn Charlie nicht eine so gelassene und großzügige Person wäre, hätten sich die Dinge ganz anders entwickeln können. Wenn Michael dem Ruf vieler Waisenhauskinder entsprochen hätte, hätten sie sich oft gestritten. So wie es war, schienen sie sich wirklich zu lieben. Wir stellten auch fest, daß sie gewachsen waren.

Der 10. November war Lockets sechzehnter Geburtstag, und inzwischen waren wir, wenn auch müde, mehr oder weniger zur Normalität zurückgekehrt. Auf ihre Bitte aßen wir alle in Browns Restaurant in Oxford zu Mittag. Es war Michaels erste Mahlzeit in einem Restaurant, und es gefiel ihm sehr. Der Abstand zwischen den beiden Jungen hatte sich beträchtlich verringert, während wir krank gewesen waren, und mehrere Leute fragten uns, ob sie Zwillinge wären. Zur Teezeit halfen uns die Reeves und die Drummond-Hays, Lockets Geburtstagskuchen zu vernichten, und zähneknirschend schenkten wir für alle Champagner ein, während wir ihr mit Orangensaft zuprosteten. Am Abend fuhr sie mit Simon und ein paar Freunden zum Essen nach Oxford, und Alan und ich tauchten in Erinnerungen ein. Was war mit uns allen in diesen Jahren geschehen, wie konnte mein kleines Mädchen plötzlich so erwachsen sein? Mit Orangensaft und Tonic stießen wir noch einmal auf sie an und befanden, daß die Familie an einem Wendepunkt angekommen war. Wir hatten Bindehautentzündung, Lambliasis und Hepatitis durchgemacht, verbunden mit dem üblichen Husten und den Erkältungen, und wir hatten Michaels Unterernährung, wunde Stellen und Flecken besiegt. Die Jungen wuchsen schnell heran, und Locket war sehr glücklich sowohl mit ihrem neuen Schuljahr als auch mit ihrem geselligen Leben. Es waren dramatische Monate gewesen, aber wir waren uns danach näher und wir waren stärker. Wir wußten, daß wir nach dem, was wir in Rumänien gesehen hatten, unser bequemes Leben nie wieder als selbstverständlich hinnehmen würden. Unsere Erlebnisse hatten uns bis ins Mark erschüttert, und das war keine schlechte Sache. Zum erstenmal hatten wir das Gefühl, wirklich nach vorn schauen zu können, daß nicht mehr die Notwendigkeit bestand, über die Schultern nach hinten zu blicken. Michael war, was er war: ein richtiges Familienmitglied. Er hatte seinen Platz gefunden, es ging ihm gut, er holte schnell auf. Die Dinge konnten nur noch besser werden.

15. Leo und Mirella

Michael Fowler war nicht der einzige Überlebende in unserer Familie. Mit einer komplizierten Mischung aus Medikamenten, die er etwa ein Jahr lang brauchen würde, war Leo Mackillop jetzt stabilisiert worden. Es ging ihm gut, aber Lorne und Geraldine waren erschöpft. Nachdem wir unsere verschiedenen Bazillen erst einmal hinter uns gelassen hatten, meinten wir, daß es ungefährlich war, sie einzuladen, ein Wochenende bei uns zu verbringen, was sie Mitte November auch taten. Keiner von uns ahnte, was für ein Drama dieses Wochenende für uns alle auf unterschiedliche Weise werden sollte.

Leo hatte sich tatsächlich sehr gut gemacht. Es war klar, daß er für ein Kind von dreieinhalb Monaten immer noch ein bißchen klein war, aber er war ein so reifes Baby, ein so weltweises. Tatsächlich ist er ein so gelassener Mensch, daß man in seiner Gegenwart merkwürdigen Respekt empfindet, wenn man weiß, was er in seinem kurzen Leben erlitten hat. Michael und Charlie liebten ihn auf Anhieb heiß und innig, vor allem Michael, der Babys sehr mag und sie »Babbys« nennt. Sie streichelten ihn und kuschelten mit ihm und machten ein Riesentheater um ihn. »Komischer Gedanke, daß sie in ein paar Jahren alle zusammen in die Kneipe gehen«, sagte Lorne weise.

Am Samstagnachmittag wollten wir zu einer Amateuraufführung der *Nußknackersuite* gehen, bei der Murrays Frau Claire auftrat. Lorne und Geraldine waren sehr müde und beschlossen, zu Hause zu bleiben. Sue kam, um auf die Jungen aufzupassen, weil Margaret immer noch krank war, und Alan, Locket, Murray und ich gingen, um Applaus zu spenden. Als wir zurückkamen, stand Lorne an der Tür. »Da war ein Mann aus Sizilien am Telefon, eine Reaktion auf euren Brief. Ich spreche nicht italienisch, er nicht englisch, aber wir haben es geschafft, uns mit ein bißchen Französisch durchzuwursteln. Er möchte, daß ihr zurückruft. Ich vermute, er ist der Adoptivvater von Michaels Schwester, kann das sein?«

So war es. Mit Ivans Hilfe hatten wir es geschafft, nicht nur Christina-Daniellas Adoption weiterzuverfolgen, sondern auch Mirellas. Erst vor zehn Tagen hatten wir einen Brief von ihm bekommen, in dem er uns die Namen und Adressen der beiden italienischen Familien nannte, die Mirella und Christina-Daniella adoptiert hatten. Wir konnten es nicht glauben. Wir waren in bezug auf Christina-Daniellas Zukunft vorsichtig optimistisch gewesen, hatten aber angenommen, daß Mirella für eine Adoption zu alt war. Wir waren begeistert über die Neuigkeit und noch begeisterter, als wir entdeckten, daß beide Familien auf Sizilien lebten und, nach den Postleitzahlen zu urteilen, etwas außerhalb von Palermo. Ich hatte beiden sofort geschrieben, ein Foto von Michael dazugelegt und mitgeteilt, daß es zwar für die Mädchen unbedingt wichtig war, sich einzugewöhnen und ihre eigene Identität innerhalb ihrer neuen Familien zu finden, wir es aber auch wichtig fanden, daß die Trifan-Familie in Kontakt blieb. Ich schrieb, daß wir der Ansicht waren, daß wir das, wenn die Kinder älter waren und sich treffen wollten, ermöglichen sollten.

Bis jetzt hatte es noch keine Antwort von Christina-Daniellas Eltern gegeben, während die von Signore Gabriele, Mirellas Adoptivvater, fast postwendend kam. Wir hatten mit der Hilfe einer Freundin den Brief auf italienisch geschrieben, und er hatte daher in der Annahme angerufen, daß wir seine Sprache beherrschten. Wir riefen unsere Freundin sofort an und baten sie, ihn anzurufen und ihm zu erklären, daß wir nicht italienisch sprachen, aber sehr froh waren, von ihm zu hören. Sie machte das, rief uns zurück und erzählte, daß die Gabrieles außerordentlich glücklich gewesen waren, von uns zu hören, und daß sie sehr froh wären, wenn sich die Kinder treffen würden, wenn die Zeit für Michael gekommen war. Wir waren begeistert. Was noch außergewöhnlicher war, die Gabrieles hatten keine Ahnung, daß Christina-Daniella auch auf Sizilien war, und hatten um ihre Adresse gebeten. Wir waren Ivan und Adrian sehr dankbar für ihre ausgezeichnete Detektivarbeit. Ohne sie wären die Schwestern vielleicht in unmittelbarer Nachbarschaft auf Sizilien aufgewachsen und hätten nie erfahren, daß die andere nur ein paar Kilometer entfernt war.

Unsere Erleichterung darüber, daß die Kinder alle in Kontakt miteinander standen, war von besonderer Bedeutung, denn wenn ein Kind in Rumänien adoptiert ist, hört es auf, zu existieren. Es gibt in der Zukunft keine Möglichkeit, daß die Kinder nach Rumänien fahren können, um herauszufinden, wer sie sind und woher sie stammen — die Akten werden nicht mehr vorhanden sein. Es liegt daher bei den Adoptiveltern, Aufzeichnungen über die Vergangenheit ihrer Kinder zu machen, so daß sie, wenn sie mehr über ihre leiblichen Eltern erfahren wollen, wenigstens einen Ausgangspunkt haben. In Michaels

Fall war es für uns immer vorrangig gewesen, seine Schwestern im Auge zu behalten, und zwar aus zwei Gründen. Erstens: Wenn wir Michael zu dem Kind und später zu dem Mann erziehen, der er nach seinem sich entwickelnden Charakter zu sein scheint, dann wird er ein sehr freundlicher und liebevoller Mensch. Er ist der Sohn in seiner leiblichen Familie, und daher wird er sich meiner Überzeugung nach immer für seine Schwestern verantwortlich fühlen und dafür sorgen wollen, daß sie glücklich sind und gut betreut werden. Zweitens: Eine der großen Geißeln für Adoptivkinder ist das Gefühl, abgelehnt zu werden. Man kann jedes beliebige Adoptivkind fragen, und das, was sie am meisten beschäftigt, ist die Frage, *warum* ihre leiblichen Eltern sie abgegeben haben. Die Geschichte wird zweifellos zeigen, daß viele der Frauen in Rumänien keine andere Wahl hatten, als ihre Kinder wegzugeben. In Michaels Fall beweist wenigstens die Tatsache, daß nicht nur er, sondern auch seine beiden Schwestern zur Adoption freigegeben wurden, daß nicht er persönlich abgelehnt wurde. Die Familienstruktur war zusammengebrochen, wem auch immer man die Schuld daran zuweisen mag — Ceaucescu, Michaels Vater Vasile, weil er der Sache der Revolution Vorrang vor seiner Familie einräumte, seiner Mutter Lenuta, weil sie sich nicht mehr Mühe gab, die Kinder bei sich zu behalten, ihrem Lebensgefährten, weil er sich weigerte, ihren Kindern ein Zuhause zu geben ... Wie immer man es betrachtet, Michael braucht sich nicht persönlich abgelehnt zu fühlen, weil er weiß, daß das, was ihm passierte, auch seinen Schwestern passierte.

Als wir an diesem Abend ins Bett gingen, waren wir sehr glücklich. Wir warteten zwar immer noch auf eine

Antwort von Christina-Daniellas Eltern, aber zumindest die von Mirella empfanden genauso wie wir. Um elf wurden wir von Locket geweckt. »Da ist eine Frau am Telefon, sie ist eine gute Freundin der Gabrieles, sie spricht sehr gut englisch und wohnt bei ihnen nebenan. Wir haben ganz lange geredet, aber jetzt möchte sie mit euch sprechen. Es ist schrecklich, aber es scheint, als ob Michael eine gräßliche Kindheit hatte.«

»Wie meinst du das?« fragte ich, noch ganz benommen vom Schlaf.

»Seine Mutter hat sie immer in einem Zimmer eingeschlossen und ihnen nichts zu essen gegeben. Mirella ist sehr verbittert. Red mal selbst mit ihr.«

Ich ging ans Telefon. Die Frau stellte sich als Freundin und Nachbarin der Gabrieles vor. Sie sprach ein ausgezeichnetes Englisch und erzählte mir, daß sie selbst rumänischer Abstammung war, auch wenn die Familie schon seit mehreren Generationen auf Sizilien lebte. Mirella ging es gut, hatte sich wunderbar in ihrer neuen Familie eingelebt und ließ einige der häßlichen Erinnerungen aus ihrer Vergangenheit hinter sich, so erzählte sie mir.

Als Mirella nach Italien gekommen war, hatte sie sich sehr viel Sorgen um ihre jüngeren Geschwister gemacht. Sie waren getrennt worden, als sie in die Waisenhäuser gekommen waren, und sie wußte nicht einmal, ob die beiden noch lebten. Die Gabrieles hatten ihr versprochen, daß sie versuchen wollten, die Kleinen zu finden, doch zunächst ging es ihnen darum, daß Mirella selbst zu Kräften kam und sich in ihrem neuen Leben zurechtfand. Sie hatten auch viel Geld dafür ausgegeben, Mirella aus Rumänien herauszuholen, und sie hatten ihr erklärt, daß es ungefähr ein Jahr dauern würde, bis sie es sich leisten konnten, wieder hinzufahren. Mein Brief, der wie ein Blitz aus heiterem Himmel kam, war die Antwort auf alle ihre Gebete gewesen. Auf einmal konnten sie Mirella erzählen, daß ihre kleinen Geschwister am Leben und adoptiert worden waren. Sie quälten sich eine Weile mit der Entscheidung herum, ob sie Mirella das Foto von Michael zeigen sollten. Schließlich taten sie es. Schweigend sah sie es sich eine Weile genau an. Er hatte sich sehr verändert, und sie hatte ihn ein Jahr lang nicht gesehen. »Das ist mein Bruder«, sagte sie schließlich und brach in Tränen aus. Tränen des Glücks, versicherte mir die Frau, sie war einfach so froh, daß er am Leben und in Sicherheit war.

Mirella Trifans Geschichte war keine glückliche gewesen. Es sah so aus, daß sie oft die kleine Mutter ihrer jüngeren Geschwister gewesen war. Ihr Vater, sagte sie, war sehr nett, und sie hatte ihn sehr geliebt. Es war die schmerzliche Aufgabe ihrer Adoptiveltern gewesen, ihr zu sagen, daß er tot war, denn er hatte noch im Krankenhaus gelegen, als sie ins Waisenhaus geschickt worden war. Sie haßte ihre Mutter. Soweit es sie betraf, war Lenuta jemand, den sie nie wiedersehen wollte. Sie war sehr verbittert. Sie sprach davon, daß sie in einen Schrank eingeschlossen worden war, daß sie alle drei stundenlang und ohne Essen allein gelassen wurden. Sie erzählte die Geschichte einer Kindheit voller Elend, Grausamkeit und Härte. Ich ließ die Worte an mir abprallen, versuchte sie abzuwehren – ich konnte es nicht ertragen, sie zu hören.

»Vielleicht«, sagte ich und klammerte mich verzweifelt an einen Strohhalm, »vielleicht übertreibt sie. Nach dem, was sie durchgemacht hat, wäre es nur natürlich, um so Mitgefühl und Aufmerksamkeit von ihren neuen Eltern zu bekommen.«

»Mirella lügt nie«, sagte die Frau. »Ich kenne sie sehr gut. Manchmal wünscht man sich, daß sie nicht die Wahrheit sagen würde, denn sie sagt immer genau das, was sie denkt, ob es angenehm ist oder nicht. Ich glaube nicht, daß sie das Elend ihrer Kindheit übertrieben hat. Ich weiß, daß sie das nicht hat. Sie hat nur die Wahrheit gesagt.«

Sie erzählte mir noch ein bißchen mehr über Mirella. Die Gabrieles konnten sie Anfang September aus Rumänien herausholen und hatten sie bis Ende Oktober nicht in die Schule geschickt, um ihr Gelegenheit zu geben, sich einzuleben. Sie hatte innerhalb von drei Wochen Italienisch gelernt und war in der Schule in die ihrem Alter entsprechende Klasse gekommen. Sie war immer an der Spitze ihrer Klasse. »Sie ist absolut brillant«, erzählte mir die Frau. »Niemand kann glauben, wie schnell sie gelernt hat.«

»Und ist sie glücklich?«

»Sehr, und jetzt, wo sie etwas über ihre Geschwister weiß, ist ihr Glück vollkommen.«

Ich vereinbarte telefonisch, daß die Gabrieles keinen Kontakt zu Christina-Daniellas Eltern aufnehmen sollten, bevor ich nicht eine Antwort auf meinen Brief bekommen hatte. Ich dankte ihr sehr für die Mühe, die sie sich gemacht hatte, und die riesigen Kosten für das Telefongespräch. Dann sagte ich Locket gute Nacht und ging zu Alan zurück. Seine Reaktion war genau dieselbe wie meine – schreckliche Traurigkeit.

Während die Wochen vergangen waren und wir Michael immer besser kennengelernt hatten, wünschten wir uns immer mehr, ihn als Baby erlebt zu haben. Wir hatten das Gefühl, es sei uns etwas entgangen. Wir liebten ihn so sehr, daß wir uns wünschten, er wäre von Anfang an bei uns gewesen. Doch fanden wir Trost in der Tatsache, daß er nur acht Monate im Waisenhaus verbracht hatte und bis dahin Teil einer Familie gewesen war, eins von drei Kindern. Wir wußten, daß ihr Leben sehr schwer und entbehrungsreich gewesen sein mußte, aber wir hatten das Gefühl gehabt, daß es in der Familie Liebe und Trost, Gemeinsamkeit und Teilnahme gegeben hatte. Mit einem Schlag waren unsere Illusionen zerstört worden. Michaels Leben als Baby klang nach einem Alptraum, aber wenn das so war, warum hatte er alles so gut überstanden? War es wegen seines Vaters?

Von Anfang an, als wir mit Michael zuerst durch die Straßen von Bukarest gingen, selbst als er noch im Waisenhaus lebte, hatten wir festgestellt, daß er sich immer zu Männern mit Bärten hingezogen fühlte. Er drehte sich immer um, und seine Blicke folgten jedem bärtigen Mann auf der Straße. Selbst heute noch, wenn Freunde zu Besuch kommen und der Mann zufällig Bartträger ist, fühlt sich Michael auf Anhieb zu ihm hingezogen. Offenbar hatte sein Vater einen Bart, und offenbar hatte er dem kleinen Jungen viel bedeutet. Vielleicht reichte die Liebe seines Vaters aus, um Michael die Kraft und den Mut zu geben, den er jetzt besitzt und immer besitzen wird. Vielleicht ist das sein Vermächtnis an seinen Sohn, denn ich schwöre, daß Liebe nichts Unbekanntes für Michael ist. Als er zu uns nach Hause kam und wir ihn liebten, war das nichts Neues für ihn. Er war früher schon geliebt worden, und zwar sehr.

Wie bei so vielen anderen Gelegenheiten in den letzten Monaten lagen wir im Dunkeln und überdachten das, was man uns gesagt hatte. Es ist schwer zu sagen, warum wir zutiefst verstört waren. Wir brauchten Tage, um das zu verarbeiten, was wir gehört hatten, und irgendwie haben wir es immer noch nicht geschafft, wir hoffen immer noch, daß Mirella, wenn wir sie eines Tages wirklich treffen, uns ein bißchen Trost spenden wird. Wir werden es sehen.

Charlie weckte uns früh am Morgen, früh selbst nach seinen Maßstäben. Wir hatten durch den Schlafmangel ganz kleine Augen. Als Alan nach unten ging, um eine Tasse Tee aufzugießen, traf er auf Lorne, der für Leo etwas zu essen machte. Er erwähnte, daß Leos Atmung ein wenig unregelmäßig war. Vermutlich hatte das nichts zu bedeuten, meinte er. Gegen zehn Uhr atmete Leo schnell und flach, und er hatte eine schlechte Farbe. Wir fackelten nicht lange. Lorne, Geraldine und Leo fuhren mit Lokket, die ihnen den Weg zeigte, direkt zur Notaufnahme des John Radcliffe Hospital. Ich blieb zu Hause, um auf die Jungen aufzupassen, Mahlzeiten vorzubereiten und Babywäsche zu waschen. Was auch immer mit Leo nicht stimmte, es schien wahrscheinlich, daß er im Krankenhaus bleiben mußte.

Das John Radcliffe Hospital ist dafür bekannt, eine der besten Kinderstationen im Land zu haben, und erst vor kurzem wurde die neue Herzstation eröffnet. Sie brauchten nicht lange, um herauszufinden, was dem Brompton Hospital unerklärlicherweise entgangen war: Außer der blockierten Aorta, die inzwischen repariert worden war, hatte Leo auch ein großes Loch im Herzen und eine fehlerhafte Klappe. Als die Diagnose erst einmal gestellt war, wurde er auf schnellstem Weg ins Brompton Hospital geschickt. Lorne und Locket kamen nach Hampton Gay zurück, um seine Sachen und Milch zu holen. Lorne sah abgespannt und sehr blaß aus; sie hatten gedacht, daß Leos Probleme alle hinter ihnen lagen. Es schien, als fingen sie gerade erst an.

An dem Abend rief Lorne von zu Hause aus an, nachdem er seine Frau und seinen Sohn im Brompton Hospital untergebracht hatte. Die Diagnose war bestätigt worden, Leo war stabil, und nach einem Scanning am nächsten Morgen würden sie in der Lage sein, uns zu sagen, was als nächstes passieren würde. Am nächsten Tag sprach ich mittags mit Geraldine. Leos Zustand konnte vermutlich bis zum Alter von zwei Jahren, wenn eine Operation möglich sein würde, mit Medikamenten unter Kontrolle gehalten werden. Man hatte das Gefühl, daß eine Reparatur des Lochs vermutlich ausreichen würde, und wenn das Herz erst einmal richtig arbeitete, würde die Klappe von ganz allein in Ordnung kommen. »Es wird ein langer Weg sein«, sagte Geraldine, »aber wir werden am Ende das Ziel erreichen. Leo ist ein Kämpfer, genau wie Michael. Weißt du, ich mußte gestern abend daran denken: Da ist Leo mit seinem verflixtem Problem, und er hat die bestmögliche Betreuung während meiner Schwangerschaft erfahren, und da ist Michael, der jede erdenkliche Form von Mangel erlebt hat, und der ist fit wie ein Turnschuh.« Sie klang mehr als nur ein wenig wehmütig.

Ich dachte über das nach, was sie gesagt hat. Ja, Michael war wirklich fit wie ein Turnschuh. Im Laufe der Wochen, seit jenem ersten dramatischen Bad im Inter-Continental, war seine Haut nach und nach von jenem toten Grau übergegangen zu der warmen, rosigen, glänzenden Babyhaut, die wir normalerweise als selbstverständlich hinnehmen. Seine Augen hatten ihren geisterhaften Blick verloren und tanzten jetzt vor Vergnügen und Interesse. Seine Wunden waren alle verheilt, auch wenn ich glaube, daß er ein paar seiner Wunden sein Leben lang mit sich herumschleppen wird. Nach viel Protest seinerseits hatten wir ihn zu einem sehr schnellen Haarschnitt überreden können, mit dem die ausgefransten Kanten beseitigt wurden. Mein Friseur Paul bestätigte, daß bisher ein Rasierapparat zum Haareschneiden benutzt wurde, weswegen das Haar so dünn war. Jetzt wurde es dicker, kastanienbraun und glänzend. Er hatte auch sein Pinguinaussehen abgelegt. Sein Körper war dünner geworden, oder vielleicht sollte ich sagen, er war gleichmäßiger geworden. Er hatte nicht mehr den Kugelbauch des unterernährten Kindes, und seine Beine hatten sich gestreckt und waren dicker geworden. Seine Proportionen stimmten immer noch nicht, aber wenn er mit anderen Kindern spielte, wirkte er nicht mehr so fehl am Platz.

Wir wurden von Sue und Giles, Georginas Eltern, eingeladen. Es war ein Mittagessen an einem Sonntag. Alle anderen Gäste hatten kleine Kinder, und Alan und ich waren den anderen altersmäßig um ein paar Jahre voraus. Weil Sue und Giles vernünftige Menschen sind, erwähnten sie Michaels Herkunft gegenüber keinem. Mehrere Leute fragten, ob die Jungen Zwillinge seien, und wir antworteten: »Nein, Brüder.« Einige Leute gaben Kommentare zu dem Selbstvertrauen und der Freundlichkeit des Kleinen ab. Die Versuchung zu sagen, »Sie hätten ihn mal vor ein paar Wochen sehen sollen«, war sehr groß, und während es zwar wichtig ist, daß Michael sich seiner Herkunft bewußt ist, so wollen wir nicht, daß er damit brutal konfrontiert wird. Die Leute können so taktlos sein. Bei einer Taufe vor ein paar Wochen waren die Kinder vorgestellt worden als »Michael, der kleine Junge, den die Fowlers in Rumänien adoptiert haben, und Charlie, ihr leiblicher Sohn«. Ich vermute, daß diese Schnitzer eine Sache sind, der wir uns in der Zukunft unausweichlich stellen müssen. Wichtig ist, Michael weiß, daß der einzige Unterschied, soweit es uns betrifft, darin liegt, daß er in Bukarest geboren wurde und Charlie in Oxford.

Als Jane Allan ihren Bericht über unsere häuslichen Verhältnisse vorbereitete, hatte sie uns eine Reihe von Broschüren der Sozialbehörde zu Problemen im Zusammenhang mit der Adoption eines älteren Kindes gegeben. Als »älter« bezeichneten sie jedes Kind, das nicht gerade neugeboren war. Ich hatte die gesamte Literatur, die sie mir gegeben und empfohlen hatte, sehr aufmerksam gelesen. Viel davon war ohne Bedeutung für Michaels Fall, weil er, wenn auch kein neugeborenes Baby mehr, zur Zeit der Adoption noch sehr jung war. Doch es gab zwei immer wieder auftauchende Themen, die wichtig zu sein schienen. Das erste war die Tatsache, daß ein geschädigtes Kind erst wieder normal sein konnte, wenn der Schmerz in irgendeiner Form herausgekommen war. Bei älteren Kindern konnte das Jahre dauern, bei manchen war es nur eine Frage von Wochen.

Zweifellos ist Michael ein geschädigtes Kind. Selbst wenn man einen Augenblick lang Mirellas Erzählungen über ihr Familienleben vergißt, so bleibt die Tatsache, daß er im Alter von achtzehn Monaten aus dem familiären Zuhause herausgenommen und in ein Waisenhaus gesteckt wurde, in dem die Bedingungen nicht viel anders als in einem Konzentrationslager waren. Als Trost hatte er allerdings seine ältere Schwester, mit der er immer ein Kinderbettchen geteilt hatte. Nach einigen Monaten war auch sie ihm weggenommen worden, und er war ohne einen Menschen zurückgeblieben. Dieses waren die nackten Tatsachen.

Wir lasen, daß sich der Schmerz in den meisten Fällen in Form von aggressivem, ungezogenem Verhalten, übertriebéner Anhänglichkeit und einer Reihe von anderen unangenehmen Symptomen manifestierte. Im Fall von Michael war der einzige echte Hinweis auf seine entsetzliche Vergangenheit (abgesehen von seinen körperlichen Problemen) das Auftreten der Alpträume gewesen, die jetzt so selten sind, daß sie nur noch ein kleineres Problem darstellen. Vielleicht liegen noch Probleme vor uns, doch er wirkt so stabil, so auf die Zukunft ausgerichtet und schaut überhaupt nicht zurück.

Der andere größere Problembereich ist die natürliche Selbständigkeit eines benachteiligten Kindes und sein Bedürfnis, sich zurückzuziehen. Kinder, die ständig im Stich gelassen und vernachlässigt werden, entwickeln eine harte Schale; das müssen sie, um sich selbst zu schützen. Sie sind jedem gegenüber auf eine gleichgültige Weise freundlich, zeigen aber keinerlei Vorlieben für die Personen, die sich um sie kümmern. Sie sind manchmal aggressiv unabhängig, und bis sie in der Lage sind, eine normale, enge, liebevolle Beziehung zu irgend jemandem aufzubauen, müssen sie fast in den Mutterleib zurückkriechen. Sie müssen die Stadien der Kindheit und der Zeit als Baby alle noch mal durchlaufen.

Die Broschüre der Sozialbehörde führte viele Beispiele von Kindern im Alter von sechs oder sieben Jahren an, die zurückkehrten in das Stadium, in dem sie die Flasche bekamen und nicht in der Lage waren, zu gehen. Manchmal dauerten diese Phasen nur ein paar Tage oder Stunden, in anderen Fällen mehrere Wochen, aber sie waren ein notwendiger Teil der Rehabilitation. Bis zu einem gewissen Punkt macht auch Michael dieses Stadium durch. Wenn er jetzt hinfällt, dann weint er und macht ein ziemliches Theater, was in starkem Gegensatz zu früheren Zeiten steht, als er niemals weinte. Er war es gewohnt, aus einer Tasse zu trinken, jetzt trinkt er aus der Flasche. Er aß immer selbständig, jetzt läßt er sich sehr oft gern füttern. Er brauchte niemanden, jetzt weint er, wenn ich das Haus verlassen muß, und er mag nicht von Charlie getrennt werden, nicht einmal für Minuten. Wenn Alan abends aus geschäftlichen Gründen nicht zu Hause ist, ist Michael unruhig und unglücklich, und er litt wirklich, als Locket nach den Ferien in die Schule zurückkehrte.

Interessanterweise läßt sich vieles auf den Fotos erkennen, die wir im Laufe der Monate gemacht haben. Unter rein körperlichen Gesichtspunkten zeigen die frühen Fotos von ihm, als er noch im Waisenhaus war, ein Baby. Jetzt ist er ein Junge, der in Jeans, Pullover und Gummistiefeln herumläuft, einen richtigen Jungenhaarschnitt hat und schnell sein Interesse an typisch jungenhaften Unternehmungen erweitert. Doch wenn man sich seinen Ausdruck heute genauer anschaut, sieht er in vieler Hinsicht *jünger* aus als zu der Zeit, als wir ihn fanden. Auf wunderbare Weise ist die Unschuld der Kindheit zurückgekehrt. Das halbe Stirnrunzeln, das die meiste Zeit im Waisenhaus zwischen seinen Brauen saß, ist genauso verschwunden wie das Mißtrauen in seinen Augen. Was da passiert ist, ist die Abgabe der Verantwortung, sich um ihn zu kümmern, an uns, und die Erleichterung darüber ist riesig.

Eines Tages Mitte Dezember ging ich zu Carol Cousins, unserer Gesundheitsfürsorgerin, um Michael wieder einmal wiegen zu lassen. Carol und ich hatten sehr früh gemeinsam beschlossen, daß wir nichts unternehmen wollten, um Michaels Rehabilitation zu beschleunigen, die Natur sollte einfach ihren Lauf nehmen, also keine spezielle Kost, keine Physiotherapie –, und so lange er sich in die richtige Richtung voranbewegte, wollten wir nicht in das Wiederaufbauprogramm von Mutter Natur eingreifen. Wie üblich hatte er beträchtlich zugenommen – mehr als ein Kilo in sieben Wochen. Während ich ihn anzog, sagte Carol: »Wenn Sie einen Augenblick warten, stell' ich ein paar Berechnungen an.« Sie beschäftigte sich ein paar Minuten mit irgendwelchen Diagrammen und Schaubildern. »Ich habe eine gute Nachricht für Sie«, sagte sie. »Wenn die augenblickliche Entwicklung, die sehr gleichmäßig und stabil zu sein scheint, so weitergeht, dann wird er an seinem dritten Geburtstag vermutlich vollkommen normal sein.«

»Was meinen Sie mit ›normal‹?« fragte ich.

»Durchschnitt für sein Alter in Größe und Gewicht.«

»Das glaube ich nicht«, sagte ich. »So schnell? Dann wird er es in elf Monaten geschafft haben.«

»Sie werden es geschafft haben«, korrigierte Carol. »Das geht wirklich auf das Konto von Ihnen beiden.«

Ich schüttelte den Kopf. »Nein, wir haben nur das Werkzeug bereitgestellt, es war Michael, der die Arbeit geleistet hat.«

An diesem Nachmittag verließ ich die Sprechstunde mit dem breitesten Grinsen aller Zeiten. Ich hatte immer gedacht, daß das Alter von drei Jahren ein Wendepunkt war, der Beginn der wirklichen Kindheit. Mit drei Jahren können die meisten Kinder laufen und sprechen, sind mehr oder weniger zur Sauberkeit erzogen und insgesamt außerordentlich gesellige Wesen. Sie haben die Baby- und die Kleinkinderzeit überlebt und sind bereit, voll anerkannte Mitglieder der menschlichen Rasse zu werden. Carols Neuigkeit bedeutete, daß Michael mit einer saubergewischten Schiefertafel in die wahre Kindheit einsteigen würde, die Vergangenheit wirklich hinter sich lassend. Ich dachte zurück an den Morgen seines zweiten Geburtstages, an dem ich mich seinetwegen so verzweifelt und elend gefühlt hatte. Ja, der dritte würde besser sein, viel besser. Dafür dankte ich Gott.

16. Elena

Der Weihnachtstag 1990 mußte einfach etwas ganz Besonderes für uns sein. Wir wußten, daß Michael vor zwölf Monaten im Waisenhaus Nr. 6 gewesen war, und wir gingen davon aus, daß Weihnachten dort ähnlich wie der Sonntag verlaufen war, er hatte ihn sicher frierend, einsam, hungrig und verwirrt verbracht.

Charlie wachte wie üblich um fünf Uhr auf und arbeitete sich mit immer lauter werdenden Schreien des Vergnügens durch einen Strumpf voller »Brmm-Brmms«. Er wurde dann überredet, sie ein paar Minuten zu verlassen, während ich die Windeln wechselte und ihn anzog, dann gingen er und Alan nach unten zu ernsthafteren Männerspielen. Locket und ich gossen noch einmal Tee auf. Großmutter hatte sich zum frühmorgendlichen Öffnen des Strumpfes eingefunden, war aber wieder ins Bett gegangen. Locket und ich redeten miteinander, als Michael aufheulte, um uns wissen zu lassen, daß er wach war. Wir holten ihn. Er kuschelte sich in unser Bett und machte es sich mit seiner Flasche bequem, wobei er den Strumpf, den wir neben ihn gelegt hatten, im Auge behielt. Nach einer Weile besiegte die Neugier den Hunger, er zog das erste Paket aus dem Strumpf und fing an, es auszuwickeln. In den letzten Wochen hatte er angefangen, sich nicht nur für anderer Leute Babys zu interessieren, sondern auch für Georginas Puppen, also hatten wir ihm zu Weihnachten eine kleine Puppe gekauft. »Babby!« rief er, als er die Puppe aus dem Papier zog, und er küßte und umarmte sie. Wir hätten ihm nichts Schöneres schenken können. Babby mit der einen Hand umklammernd, die Flasche Milch mit der anderen, kuschelte er sich zwischen Locket und mich — etwas, das er vor ein paar Monaten noch nicht zu tun gewußt hätte —, und zwischen den Schlucken aus seiner Flasche summte er vor sich hin. Für mich war das der Höhepunkt von Weihnachten. Michael hatte es warm und kuschelig, er wurde geliebt, und er war offensichtlich sehr, sehr glücklich. Über seinen Kopf hinweg lächelten Locket und ich uns zu. Wir brauchten einander nichts zu sagen.

Später, beim Frühstück, verglichen die Jungen ihre Spielsachen aus den Strümpfen ohne jeglichen Neid. In vieler Hinsicht, glaube ich, liegt das Geheimnis ihrer Beziehung in der Tatsache, daß sie so verschieden sind. Charlie ist besessen von allem, was Räder hat, und seine zweite Vorstellung von Spaß liegt darin, den Garten umzugraben. Er könnte nicht desinteressierter sein an Michaels Puppen und kuscheligen Spielsachen oder an seinen Phantasiespielen oder komplizierten Bauten. Charlie ist der Macher, Michael der Denker. Wenn sie den Plan fassen, etwas richtig Schlimmes zu tun — aus dem Garten herauszulaufen, das Bücherregal hochzuklettern, die Speisekammer leerzuräumen —, dann arbeitet Michael die Strategie aus, und Charlie führt die Tat aus. Aus ehrlicher Überzeugung kann ich sagen, daß Charlies Leben unendlich viel reicher und vergnüglicher geworden ist, seit er Michael als Bruder hat. Wenn man Michael jetzt aus seinem Leben entfernen würde, wäre das tatsächlich ein Verlust. Ich weiß, es klingt abstrus, aber was Michael angeht, so haben wir das Gefühl, daß er dazu bestimmt war, unser Kind zu sein. Wir passen zusammen.

Weihnachten wurde nur in einer Hinsicht für uns beeinträchtigt, denn es schien, als ob wir Christina-Daniella verloren hätten. Keiner unserer Briefe an ihre Adoptiveltern wurde beantwortet, und voller Verzweiflung hatten wir, gegen den Rat unseres englischen Anwalts, die Adresse an Mirellas Eltern geschickt und sie um eine Überprüfung gebeten. Die Nachricht war nicht gut. Sowohl der Name als auch die Adresse waren falsch. Entweder hatte Ivan uns unbeabsichtigt falsche Informationen gegeben, oder die Adoptiveltern hatten sich aus irgendwelchen Gründen dafür entschieden, sich nicht finden zu lassen. Ein anderer Gedanke schlich sich heimtückisch ein: was, wenn sie gar nicht adoptiert worden war? Was, wenn Ivan ihren Namen verwechselt hatte? Was, wenn sie immer noch im Waisenhaus war? Je mehr wir darüber nachdachten, desto größer wurde unser Entsetzen bei dieser Vorstellung. Wir waren zu selbstzufrieden gewesen, wir hatten es als selbstverständlich hingenommen, als Ivan uns informiert hatte, daß beide Mädchen adoptiert worden waren und für sie alles in Ordnung war.

Wir hatten uns natürlich auch vorher über Christina-Daniella Gedanken gemacht, doch jetzt waren unsere Sorgen größer geworden, weil sie sehr viel persönlicher waren. Michael war ein Teil von uns, und Christina-Daniella war ein Teil von ihm. In den ersten achtzehn Monaten seines Lebens waren sie und Michael einander so nahe gewesen, wie es zwei Menschen nur sein können. Sie hatten das Bettchen geteilt, jeden Augenblick des

Wachseins und des Schlafs. Sie hatten gemeinsam gelitten, sie hatten gemeinsam ihr Zuhause und ihre Eltern verloren, hatten gemeinsam die große Schwester verloren, und schließlich hatten sie sich gegenseitig verloren. Wir konnten nicht zulassen, daß das ein Verlust fürs Leben war. Wo auch immer sie sein mochte, wir mußten sie finden.

Wir riefen Ivan an, und er versprach, die Listen noch einmal zu überprüfen, sobald die Feiertage vorüber waren. Bis zu einem gewissen Maß zerstreute er unsere Angst, daß sie vollständig verschwunden sein könnte. Wenn ihre Adoptiveltern eine falsche Adresse angegeben hatten, dann würden sich die rumänischen Behörden mit Sicherheit genau damit befassen, denn sie war immer noch rumänische Staatsbürgerin. Sie würden sofort Nachforschungen anstellen, versicherte Ivan uns. Wir ließen uns von diesen Worten ein bißchen trösten.

Wäre da nicht die Tatsache gewesen, daß die Tarom streikte, dann hätten wir zu Weihnachten ein zusätzliches Familienmitglied begrüßen können. Als wir schließlich mit Michael aus Rumänien gekommen waren, hatten wir Russell und Mitch von dem Versuch abgeraten, ihre Adoption zum gegenwärtigen Augenblick voranzutreiben. Wir waren uns sehr bewußt gewesen, daß sich Bukarest in einem außerordentlich prekären Zustand befand. Es gab überall Demonstrationen und viele Gerüchte, daß es zu Weihnachten – dem ersten Jahrestag der Revolution – zu einer weiteren kommen würde. Es herrschte der allgemeine Eindruck, daß Präsident Iliescu, wenn überhaupt etwas verändert, die Dinge nur noch verschlimmert hatte. Angesichts dieser Tatsache hatten wir Russell und Mitch vorgeschlagen, noch ein paar Monate zu warten, aber sie hatten beschlossen, das Risiko einzugehen. Ivan hatte geschworen, keine britischen Adoptionen mehr durchzuführen, weil sie so kompliziert waren und die Britische Botschaft so schwierig, aber er stimmte zu, noch eine durchzuziehen – für Russell und Mitch. Sie hatten erwartet, wie wir einen langen, erschütternden Zug durch die Waisenhäuser machen zu müssen, aber in ihrem Fall war der ganze Vorgang sehr kurz. Sie hatten Ivan wissen lassen, daß sie vorzugsweise ein Kind haben wollten, das jünger war als ihre Tochter Madi. Eines Tages rief er sie an, um ihnen zu sagen, daß er ein kleines Mädchen gefunden hatte, das tatsächlich nicht in einem Waisenhaus, sondern gegenwärtig noch bei der Mutter war, auch wenn es demnächst der Obhut des Waisenhauses übergeben werden sollte. Russell und Mitch flogen Anfang Oktober nach Rumänien, warfen einen Blick auf die fünfzehn Monate alte Elena und verliebten sich in sie.

Die Geschichte ihrer Mutter war traurig. Sie hatte zwei Kinder, einen Sohn, der, merkwürdig genug, Michael hieß und fünf Jahre alt war, und Elena. Sie lebte allein mit den Kindern, die unehelich waren, und solange sie die Kinder bei sich hatte, bestand offenbar keine Hoffnung, daß sie heiraten würde. Sie mußte jeden Tag zur Arbeit gehen, wobei sie die Kinder manchmal allein ließ, und sie war an dem Punkt angekommen, an dem sie einfach nicht mehr konnte. In ihrem Fall kam die Frage gar nicht auf, zu versuchen, sie zu überreden, die Kinder zu behalten. Selbst wenn Russell und Mitch die Familie finanziell unterstützt hätten, wäre damit ihr Problem nicht gelöst gewesen. Sie sehnte sich verzweifelt nach einen Ehemann, und solange sie die Kinder hatte, bestanden einfach keine Aussichten. Das Beste, was Russell und Mitch mit Ivans

Hilfe erreichen konnten, war, daß sie sich weiter um Elena kümmern würde, bis sie die Adoption durchbekamen. Was Michael anging, so war seine Zukunft ungewiß. Einerseits erzählte die Mutter Russell und Mitch, daß sie gern eine gemeinsame Adoption der beiden Kinder wollte, aber dann schien sie ihre Meinung zu ändern, und sie dachte, daß sie vielleicht in der Lage sein würde, mit Michael allein fertig zu werden. Sie gerieten dadurch in eine sehr ähnliche Situation wie wir bei Christina-Daniella. Sie wußten, daß es Madi gegenüber nicht fair war, Bruder und Schwester zu adoptieren, aber gleichzeitig machten sie sich Sorgen um Michael. Auf jeden Fall löste sich das Problem für sie, als die Mutter beschloß, den Versuch zu machen, Michael zu behalten, da ein Kind, vor allem ein Sohn, ihre Aussichten auf eine Ehe nicht unbedingt zerstören mußte.

Der Adoptionsprozeß war für Russell und Mitch insgesamt weniger traumatisch. Elena war in gutem gesundheitlichen Zustand und nach rumänischen Maßstäben jedenfalls gut versorgt. Sie konnte laufen, war pummelig, und unter den meisten Aspekten war ihre Entwicklung vollkommen normal. Auch wenn ihr Leben aller Wahrscheinlichkeit nach schwer gewesen war, so war es doch um einiges besser gewesen als das eines Waisenkindes, und die Tatsache, daß sie unter der Obhut ihrer Mutter so prächtig gediehen war, bedeutete, daß Russell und Mitch sich für die Zeit, in der der Adoptionsprozeß lief, keine wirklichen Sorgen um sie machten. Das Gesetz hatte jetzt seine Gültigkeit, und Ivan wußte, was er tat. Weihnachten gehörte Elena ihnen, aber wegen der Auseinandersetzungen innerhalb der Tarom hatten sie keine Möglichkeit, sie aus Rumänien herauszubringen.

Mitte Januar flog Mitch endlich allein, um sie zu holen, wobei sie gezwungen war, die Lufthansa zum doppelten Preis zu nehmen. Der Flug verlief nicht ohne Probleme. Ihr Gepäck ging verloren, einschließlich der gesamten Babyausstattung, die sie für Elena brauchte, während sie auf den Heimflug wartete. Die Übergabe, vor der sie sich gefürchtet hatte, war gräßlich. Die Mutter gab Elena einfach an Mitch weiter und ging die Straße hinunter, ohne ein Wort zu sagen oder irgendwelche Emotionen zu zeigen. Mitch hätte gern mit ihr geredet, um sie zu beruhigen, um herauszufinden, was mit ihrem Sohn geschehen würde, um nach Elenas Gewohnheiten zu fragen, aber nichts von all dem war möglich. Als wir später darüber sprachen, konnte keiner von uns einschätzen, was Elenas Mutter wirklich empfand, ob es Erleichterung war oder der schrecklichste Augenblick ihres Lebens. Das eigene Kind an eine Fremde zu übergeben und dann davonzugehen — was für eine Qual. Wir konnten uns nicht vorstellen, wie wir selbst reagiert hätten.

Während Mitchs Abwesenheit verbrachten Madi und Russell den größten Teil der Zeit bei uns. Wir schimpften und ärgerten uns, wir stellten uns Fragen und machten uns Sorgen. Wenn Elena nach Hause kam, war die Situation ganz anders, aber in vieler Hinsicht schwieriger für Russell und Mitch, als sie es für uns gewesen war. Unser Michael hatte nichts gehabt, als wir ihn gefunden hatten, und alles, was ihm von dem Moment an passierte, in dem wir ihn aus dem Waisenhaus herausholten, war von Vorteil für ihn. Elena dagegen verlor sowohl ihre Mutter als auch ihren Bruder. Die Alternative war natürlich das Waisenhaus, und ein neues Leben in England mußte einfach besser als das sein, aber es wäre dumm von Russell und

Mitch gewesen, nicht neugierig darauf zu sein, wie sie sich anpassen würde. Sie hätten sich keine Sorgen machen müssen. Als wir Elena vierundzwanzig Stunden nach ihrer Ankunft im Vereinigten Königreich sahen, nannte sie Mitch schon Mummy und schien sich unglaublich gut eingewöhnt zu haben. Wie bei Michael waren dieselbe Unabhängigkeit und die offensichtliche Fähigkeit vorhanden, jede neue Situation eher als ein Angebot, nicht als eine verwirrende Erfahrung zu sehen. Sie ist ein äußerst hübsches Mädchen mit blondem Haar und großen braunen Augen, und abgesehen von ihrer ungesunden Blässe, verursacht dadurch, daß sie ständig im Haus war, sah sie sehr gut aus.

Ein kleines Mädchen war also sicher zu Hause, aber ein anderes verfolgte uns immer noch: Christina-Daniella. Zu Beginn des neuen Jahres riefen wir Nicolae Ivan an, und wie er versprochen hatte, hatte er die Listen noch einmal überprüft. Name und Adresse der Adoptiveltern waren genauso, wie er sie uns angegeben hatte, aber er hatte eine Zeile ausgelassen. Die Familie war nicht in Palermo, wie die Adresse anzudeuten schien, sondern in einer Straße mit Namen Palermo in einem Distrikt mit Namen Enna. Es war wahrscheinlich, versicherte er uns, daß wir nun die Familie finden würden. Mit einem kleinen Gefühl der Erleichterung beschlossen wir, daß wir am besten so vorgingen, Mirellas Eltern zu bitten, die Suche fortzusetzen, weil sie vor Ort waren. Wir teilten ihnen die Information telefonisch mit und warteten.

In der Zwischenzeit wurde die schreckliche Vorstellung, daß Christina-Daniella immer noch im Waisenhaus war, immer realistischer. Ich hatte das anhaltende Gefühl, daß etwas nicht stimmte, und eines Abends schlug Alan, der meine steigende Verzweiflung spürte, vor, das Problem durchzusprechen. »Wenn sie immer noch im Waisenhaus ist«, sagte ich zögernd, weil ich Angst vor seiner Reaktion hatte, »können wir sie doch nicht da lassen, oder?«

»Nein«, sagte Alan ohne zu zögern, »es wäre falsch gewesen, sie gleichzeitig mit Michael zu adoptieren, das wäre für Charlie und die Trifan-Kinder zu schwer gewesen, aber jetzt, wo Michael und Charlie sich so gut aneinander gewöhnt haben ...«

Meine Erleichterung war riesig. Mir war klar, daß ich sehr viel von Alan verlangte, überhaupt drei Kinder unter vier Jahren in Betracht zu ziehen, aber ich hätte wissen müssen, daß er Michaels Schwester nicht im Stich lassen konnte.

»Ich meine, wir hätten sie besser im Auge behalten sollen«, sagte Alan nach einer Pause. »Mir gefiel die Frau, die das Waisenhaus leitete, nie. Weißt du was, wir überzeugen uns wenigstens selbst, daß sie nicht mehr im Waisenhaus ist, während wir darauf warten, von Mirellas Eltern etwas zu hören.«

Keiner von uns beiden wußte noch die Adresse von Christina-Daniellas Waisenhaus. Ich selbst war ja nie dort gewesen und Alan nur zweimal kurz. Alles, was er noch wußte, war, daß das Waisenhaus neben dem Haus lag, in dem Ceaucescus Sohn mal gewohnt hatte.

Wir riefen Adrian in Amerika an. Die Dinge liefen nicht allzu gut für ihn. Die Rezession hatte zur Folge, daß er sich immer noch kein Haus kaufen konnte. Er und seine Familie hatten sechs Monate lang bei Karen gewohnt, mit all den unvermeidlichen Zwängen, die das verursachte. Zusätzlich hatte Marianna Heimweh und weinte die ganze Zeit. Dennoch, er wollte gern helfen, ja, er wußte die Adresse des Waisenhauses noch. Mit der notwendigen Information ausgerüstet, riefen wir Christie an, der auch mit Freuden half und sich bereit erklärte, dem Waisenhaus am nächsten Tag einen Besuch abzustatten.

Wieder warteten wir. Die erste Nachricht kam von Christie. Christina-Daniella war nicht mehr im Waisenhaus, aber niemand wußte, wo sie hingekommen war oder ob jemand sie adoptiert hatte. Dann kam ein Anruf von Mirellas Eltern — ein richtiger Schlag ins Kontor. Die neue Information über die Adresse hatte in eine weitere Sackgasse geführt. Sie waren überzeugt, daß es niemanden mit dem Namen, den Ivan genannt hatte, auf Sizilien gab.

Sofort unterrichteten wir Ivan, damit er die rumänischen Behörden über den Fall informierte und selbst Nachforschungen anstellte. Christie setzte seine Spurensuche nach dem kleinen Mädchen fort, indem er Waisenhäuser überprüfte, Beamte bestach, fragte, fragte ...

Bis jetzt gibt es keine Ergebnisse. Es ist, als sei sie vom Erdboden verschwunden. Bei Alan und mir hat die unerwartete Wende der Ereignisse alte Wunden aufgerissen. Wir fühlen uns so schuldig. Wir hätten Adrian mit Leichtigkeit erlauben können, die italienische Adoption, von der die Leiterin des Waisenhauses gesprochen hatte, zum Kippen zu bringen. Christina-Daniella hätte zu uns gehören, wieder mit ihrem Bruder zusammen sein können, zu Hause, in Sicherheit ... Statt dessen ließen wir zu, daß sie uns durch die Finger glitt, und jetzt haben wir sie verloren, für Michael verloren. In dunklen Augenblicken denken wir über ihr Schicksal nach. In der Presse war die Rede von Kinderpornographie-Banden, die Kinder aus Rumänien herausholten. Vielleicht ist sie noch irgendwo in einem Waisenhaus, vielleicht hat sie AIDS, vielleicht ist sie tot. Die Suche wird weitergehen, bis wir sie gefunden haben, und wenn das geschieht, machen wir nicht noch einmal denselben Fehler. Wenn sie ein Zuhause braucht, dann gehört sie zu uns, zu Michael.

Das Leben geht weiter, und während wir auf Nachrichten über Christina-Daniella warten, gibt es innerhalb der Familie viel zu feiern. Am Sonntag nach ihrer Ankunft hatte Elena sich so gut eingelebt, daß wir beschlossen, ein improvisiertes Familientreffen zu veranstalten, um sie willkommen zu heißen. Murray und Claire kamen genauso wie Russell, Mitch und ihre beiden Töchter und Sonja, die Mutter von Russell und Murray.

Während alle im Wohnzimmer saßen, etwas tranken und mit den Kindern spielten, bereitete ich das Mittagessen vor. Ich war gerade dabei, das Gemüse zu putzen, als Michael hereinkam, gefolgt von Elena. Sie liefen an mir vorbei in Richtung Spielzimmer, das eine Erweiterung der Küche ist. Elena setzte sich auf den Teppich, und Michael fing an, ihr Sachen zu bringen, wobei er alles sorgfältig benannte. »Ball, Buch, Babby, Mann, Pferd, Tasse ... Auto.« Er gab ihr eins von Charlies geliebten »Brmm-Brmms«, und sie nahm es voller Ehrfurcht. »Auto«, sagte sie ganz deutlich.

Michael war begeistert. »Auto«, stimmte er zu und strahlte von einem Ohr bis zum anderen.

Ich stand da und beobachtete sie, während mir die Tränen übers Gesicht liefen. Diese beiden kleinen Kinder, die soviel durchgemacht hatten, kommunizierten miteinander in einer für sie fremden Sprache. Es war fast zuviel, um es noch ertragen zu können. Sie würden Freunde werden, das war leicht zu erkennen, und ich hoffe, sie werden sich gegenseitig trösten, wenn sie unvermeidliche Zweifel und Sorgen in bezug auf ihre Herkunft haben werden. Zumindest in unserer Familie können sie sich nie als das fünfte Rad am Wagen fühlen. Wir werden Fehler machen wie alle Eltern, aber sie werden mit all unserer Kraft geliebt und liebevoll umsorgt werden, solange wir leben.

Ich dachte an die anderen rumänischen Kinder, die wir kennen und lieben gelernt hatten. Alexander Male: Er war nicht nur ein großer, quicklebendiger Junge, sondern es hatte sich herausgestellt, daß er der Katalysator im Leben seiner Mutter war, indem er anscheinend über Nacht Kerry von einer begeisterten berufstätigen Frau zu einer ergebenen Mutter gemacht hatte. Die kleine Amerikanerin Emily hatte in Karens liebevoller Fürsorge einen Ausgleich für die zwei Monate gefunden, in denen sie ums Leben gekämpft hatte. Paul und Stacey Vassis hatten ihren kleinen Jungen jetzt genauso sicher zu Hause wie Brian und Jo Leeman. Happy Ends. Aber ich mußte immer an Caroline Martin denken, mit der für uns alle und andere Familien, denen sie geholfen hatte, eigentlich alles angefangen hatte. Emily, ihre jüngste Tochter, hat AIDS, weswegen sie bei ihrer Ankunft in England so krank war. Die Tests waren negativ ausgefallen, weil sie noch in der Inkubationszeit war. Und Toby, Carolines geliebter Toby, hat Hepatitis B gehabt und wird vermutlich sein Leben lang ein Überträger bleiben. Und dann ist da noch Christina-Daniella ... Was für ein Land, was für eine Welt, die bei unschuldigen Kindern soviel Leid hervorruft. Wir hatten soviel Glück gehabt.

Ich ließ meinen Sohn und meine neue Enkelin weiter fröhlich zusammen spielen und ging ins Wohnzimmer, um die Familie zum Mittagessen zu rufen.

Epilog: Die Verteidigung der Adoption

»Die Liebe ist dieselbe, in welchem Land sie auch verschenkt wird.« So sprach Dr. Liliana Bacila aus dem Waisenhaus Nr. 1 im Januar 1990. Das sollte so sein, das sollte sicherlich so sein ...

Aus irgendwelchen Gründen, die ich nicht verstehen kann, gibt es ein beachtliches Maß an Vorurteil und Ablehnung gegen die Adoption eines Kindes aus einem anderen Land. Der Streit scheint mit dem Eintreten der rumänischen Krise einen Höhepunkt erreicht zu haben. Persönliche Kritik ist jedermanns Recht, aber viele Sozialämter in diesem Land haben die Dinge für zukünftige Adoptiveltern sehr erschwert, in manchen Fällen haben sie sich aus ungerechtfertigten Gründen sogar geweigert, überhaupt eine Prüfung der häuslichen Verhältnisse durchzuführen. Auf der ganzen Welt gibt es viele tausend Paare, die wunderbare Eltern abgeben würden und nur davon abgehalten werden, weil sie aus unterschiedlichen Gründen kein Kind bekommen können. Gleichzeitig schlagen sich rund um den Globus Millionen von Kindern mehr schlecht als recht durch ihr erbärmliches Leben ohne Liebe, ohne Fürsorge oder richtige Ernährung und ohne Hoffnung in der Gegenwart und wenig Hoffnung für die Zukunft. Mit Sicherheit lautet die vernünftige, praktische, menschliche Antwort auf dieses Problem, daß man die beiden Teile zusammenbringt und alle glücklich werden. Was bedeutet schon ein Unterschied in Hautfarbe, Religion oder kulturellem Erbe? »Die Liebe ist dieselbe, in welchem Land sie auch verschenkt wird.«

Wenn die Welt insgesamt irgendwelche ernstzunehmende Schritte dahin machen will, daß sie ein zivilisierter Ort wird, dann müssen wir des Menschen Unmenschlichkeit gegenüber dem Menschen überwinden und den Krieg ein für allemal abschaffen. Das kann nur erreicht werden durch ein besseres gegenseitiges Verständnis für die Länder, Kulturen und Denkprozesse. Am besten kann das natürlich durch die Kinder erreicht werden. Wir als Familie wissen bereits viel mehr über Osteuropa, als es ohne Michael je der Fall gewesen wäre, und natürlich steht unsere Beziehung zu Rumänien erst am Beginn ihrer Entwicklung. Ich habe festgestellt, daß die Leute, die schnell Kritik äußern, ob es überhaupt klug ist, ein rumänisches Kind aus seinem »kulturellen Erbe« herauszunehmen, im allgemeinen Leute sind, die noch nie in Rumänien waren. Was für ein kulturelles Erbe kann man haben, wenn man Tag für Tag, Woche für Woche, Monat für Monat in einem stinkenden Kinderbett verbringt? In den letzten Monaten habe ich mit Menschen gesprochen, die Rumänien schon viel länger kannten als nur in diesem letzten Jahr, als es stark im Blickpunkt der Öffentlichkeit stand. Ich habe kürzlich mit einem Mann aus der Fürsorge gesprochen, der über die Kirche viele Jahre in rumänischen Waisenhäusern gearbeitet hat, und er, ein sehr sanfter Mensch, wird fast hysterisch vor Wut über dieses Argument. Er hat Waisenhäuser besucht, in denen dieselben Kinder vier oder fünf Jahre lang in demselben Kinderbett, in demselben winzigen Raum verbracht und ihn nie verlassen haben.

Kinder, die sonst stark an Geist und Körper wären, sind emotionale und körperliche Krüppel, ihr Leben ist zerstört, bevor es überhaupt angefangen hat.

Es gibt gegenwärtig auch viel uninformierte Kritik am rumänischen Volk, weil ein so großer Teil der Hilfe für die Waisenhäuser verlorenging. Wohltäter sagen, sie werden versuchen, den Waisenkindern weiter zu helfen, aber sie müssen es tun, obwohl es das rumänische Volk gibt. Die Leute kritisieren die gleichgültige Haltung gegenüber dem Leiden der Kinder, und sie sagen, das Volk ist zu korrupt, als daß man ihm die Hilfe anvertrauen könnte, die in das Land strömt. Das alles stimmt, aber niemand fragt warum. Nichts kann ernsthaft unternommen werden, um das Leben der verlassenen Kinder in Rumänien zu verbessern, solange nicht etwas in bezug auf Rumänien selbst unternommen wird. Die Rumänen werden nicht zulassen, daß die Waisenhäuser kleine Nischen des Luxus werden, solange sie selbst ums Überleben kämpfen. Wer darf ihnen da einen Vorwurf machen? Ich glaube, daß die zweite Revolution zu Weihnachten nicht aus Mangel an Unterstützung oder wegen des Fehlens der Rechtfertigung für einen Aufstand ausblieb, sondern weil die Menschen zu entmutigt, zu müde, zu hungrig waren und zu sehr froren, um noch zu kämpfen.

Wohin also bringt das die Kinder mit ihrem Leiden? Nirgendwohin, bis man Rumänien helfen kann, sich von seiner Krankheit zu erholen, und das wird Jahre dauern. Dann werden Ceaucescus Kinder tot oder zu elenden, geschädigten Erwachsenen geworden sein. Die schnelle Antwort, die einzige kurzfristige Antwort ist die Adoption. Wieder werden die Kritiker sagen, daß Rumänien der Blüte seiner Jugend beraubt wird. Das ist Quatsch.

Die Kinder aus Rumäniens Waisenhäusern haben keine Chance, ihrem Land dienen zu können, aber ich bin vollkommen sicher, daß viele von denen, die adoptiert wurden, nach Rumänien zurückkehren werden, um selbst etwas zu geben, um auf irgendeine Weise beim Wiederaufbau ihres Landes zu helfen. Das können sie nur tun, wenn sie gesund, stark und selbstbewußt sind, mit anderen Worten: wenn sie den Segen einer glücklichen Kindheit genossen haben.

Unsere Kinder gehören keinem von uns. Ob wir sie auf die Welt bringen oder nicht, sie sind nur eine Leihgabe an uns. Es ist unsere Aufgabe, sie so gut wie möglich großzuziehen und ihnen das Fliegen beizubringen. Das muß so vielen rumänischen Kindern wie möglich passieren. Wenn Sie für ein Kind Platz in Ihrem Herzen, in Ihrem Heim haben, dann denken Sie ernsthaft über das Elend der rumänischen Kinder nach, und wenn Sie finden, daß Sie so einem Kind etwas anzubieten haben, dann kämpfen, treten und schreien Sie gegen den Bürokratismus, gegen das System, wie wir es tun mußten. Und reisen Sie nach Rumänien, suchen Sie sich Ihr ganz besonderes Kind und schenken Sie ihm die Liebe, die es ohne Sie nie bekommen hätte.

Ich habe dieses Buch den Kindern Rumäniens gewidmet, denn die Geschichte von Michael wurde für sie aufgeschrieben. Genauso gut hätte ich es Alan widmen können, denn ohne ihn wäre Michael zweifellos noch in Waisenhaus Nr. 4, wenn er einen weiteren Winter überhaupt überlebt hätte. Ja, ich unterstützte ihn dabei mit praktischen Dingen wie Babykleidung, Babynahrung und indem ich zu Hause das Feuer am Brennen hielt, aber es war Alan, der sich durch das System kämpfte, der »nein«

nicht als Antwort akzeptieren wollte, der Michael aus seinem Waisenhaus befreite, der uns unseren Sohn schenkte und Russell, Murray, Locket und Charlie ihren Bruder.

»Sie sind ein sehr netter Mann, Mister Fowler, und es gibt kein Aber, überhaupt kein Aber.«

Erfahrungen

Als Band mit der Bestellnummer 61244 erschien:

Als sich die Mutter aus Ostberlin
in den Westen absetzt, wird die zweijährige
Ursula Burkowski in die Anstalt Königsheide gesteckt,
ein Vorzeigeheim der DDR. – Eine Zeit unfaßbarer
Grausamkeiten beginnt …